폭력에서 전체주의로

카뮈와 사르트르의 정치사상

De la violence au totalitarisme : Essai sur la pensée de Camus et de Sartre
de Eric Werner

Copyright © ERIC WERNER (1972).
All rights reserved.
Korean translation copyright © Greenbee Publishing Company, 2012.
This Korean edition is published by arrangement with Eric Werner through Milkwood
Agency.

폭력에서 전체주의로 : 카뮈와 사르트르의 정치사상

초판1쇄 인쇄 _ 2012년 7월 25일
초판1쇄 발행 _ 2012년 7월 30일

지은이 · 에릭 베르네르 | 옮긴이 · 변광배

펴낸이 · 유재건
편집 · 고아영 | 웹마케팅팀 · 정승연, 한진용 | 영업관리팀 · 노수준, 이상원

펴낸곳 · (주)그린비출판사 | 등록번호 · 제313-1990-32호
주소 · 서울시 마포구 동교동 201-18 달리빌딩 2층 | 전화 · 702-2717 | 팩스 · 703-0272

ISBN 978-89-7682-382-3 93160
이 도서의 국립중앙도서관 출판시도서목록(CIP)은 e-CIP 홈페이지(http://www.nl.go.kr/ecip)
와 국가자료공동목록시스템(http://www.nl.go.kr/kolisnet)에서 이용하실 수 있습니다.(CIP제어번
호:CIP2012003190)

그린비출판사 나를 바꾸는 책, 세상을 바꾸는 책
홈페이지 · www.greenbee.co.kr | 전자우편 · editor@greenbee.co.kr

트랜스 소시올로지
Trans Sociology 013

폭력에서
전체주의로

De la violence
au totalitarisme

카뮈와 사르트르의 정치사상

에릭 베르네르 지음 · 변광배 옮김

그린비

뮈리엘에게

저자 서문

카뮈의 이름과 사르트르의 이름은 늘 함께 연결되어 있다. 1940년대와 1950년대에 프랑스를 지배했던 지적 분위기의 특징을 지적하기 위해 『시지프 신화』와 『존재와 무』가 항상 같이 거론되곤 한다. 일반적으로 문학이나 철학 교재에서도 '무신론적 실존주의'라는 항목하에 카뮈의 '부조리'(absurde)와 사르트르의 '정신적 고독'(déréliction)을 함께 묶어 놓고 있는 실정이다.

그렇다면 이와 같은 '묶음'은 어느 정도까지 정당화될 수 있을까? 이 책에서 다루고자 하는 문제가 바로 이것이다.

카뮈와 사르트르는 꽤 오랫동안 우정을 나누었다. 그들은 여러 차례에 걸쳐 같은 대의명분을 지지했고, 또한 많은 기회에 정치적으로 같은 진영에 속하기도 했다. 상호 존중, 나치즘과 그 동조자들에 대한 공동의 적대감 등을 통해 그들은 특히 제2차 세계대전 중에 가까워졌다. 프랑스의 해방 이후 그들의 우정은 더욱 돈독해졌다. 사르트르는 카뮈에 의해 주도되던 일간지 『콩바』(Combat)에 기사를 실었고, 카뮈도 사르트르의 주도로 창간된 『현대』(Les Temps modernes)지에 협력하기도 했다.

하지만 카뮈와 사르트르를 갈라놓게 되는 하나의 문제가 도사리고 있었다. 그들 각자가 '공산주의'와 어떤 관계를 유지했는가의 문제가 그것이다.

1945년 이래 카뮈는 공산주의에 대해 단호하게 반대 입장을 표명했다.

물론 카뮈는 서구 중심의 정치에 가담하는 데까지 나아가지는 않았다. 하지만 카뮈는 그 당시에 집필한 여러 저작에서 소련에 우호적이었던 많은 지식인들과 종종 불화를 드러내곤 했다. 카뮈에 따르면 '전체주의적 사회주의'와 화해할 수는 없으며, 사회주의는 나치즘과 마찬가지로 고발되어 마땅하다는 것이었다.

이와는 달리 사르트르는 소련에 대해 보다 '유연한' 태도를 견지했다. 1945년만 하더라도 사르트르는 "글쓰기라는 정직한 행위와 화해 불가능한"[1] 스탈린주의를 비판하는 입장에 있었다. 하지만 사르트르는 그 이후 점차 공산주의자들과 가까워지게 된다. 실패로 끝난 '민주혁명연합'(RDR, Rassemblement démocratique révolutionnaire)이라는 정치조직에서의 활동으로 설명되는 '중립' 단계를 거쳐, 사르트르는 결국 친소련주의로 '개종'(converti, 이 단어는 그가 직접 사용한 것이다[2])하고 만다. 사르트르의 눈에 비친 소련은 진정한 '노동자들의 나라'였다. 그래서 사르트르는 비싼 대가를 치르면서 그 나라를 지지했던 것이다.

카뮈와 사르트르의 불화는 1952년에 백일하에 드러나게 된다. 1951년에 카뮈의 『반항하는 인간』이 출간된다. 『현대』지에 이 저서에 대한 프랑시스 장송의 신랄한 서평이 실렸다. 카뮈는 이 서평에 맞대응했고, 사르트르 역시 그에게 응수했다. 급기야 카뮈와 사르트르 사이의 불화가 표면화된 것이다.[3]

그렇다면 왜 불화인가? 레이몽 아롱은 『지식인들의 아편』에서 카뮈와

---

1 Jean-Paul Sartre, "Qu'est-ce que la littérature?", *Situations II*, p.280.
2 Jean-Paul Sartre, "Merleau-Ponty vivant", *Situations IV*, p.249.
3 카뮈와 사르트르 사이의 불화는 다음과 같은 과정을 통해 전개되었다. ① Francis Jeanson, "Albert Camus ou l'âme révoltée", *Les Temps modernes*, n° 79, mai 1952, pp.2077~2090; ② Albert Camus, "Lettre au directeur des *Temps modernes*", *Les Temps modernes*, n° 82, août 1952, pp.317~333; ③ Jean-Paul Sartre, "Réponse à Albert Camus", *Les Temps modernes*, n° 82, août 1952, pp.334~353; ④ Francis Jeanson, "Pour tout vous dire", *Les Temps modernes*, n° 82, août 1952, pp.354~383.

사르트르가 주고받은 편지들을 분석하면서, "최근에 제기된 문제로 인해 카뮈와 사르트르가 서로 중돌하지 않을 수도 있었다"[4]고 지적하고 있다. 하지만 몇 쪽 뒤에서 아롱은 이렇게 쓰고 있다. "사르트르와 카뮈 두 사람 모두 공산주의자들의 편도 미국의 편도 아니었다. 그들은 이 두 진영 모두 적잖은 문제를 안고 있다는 사실을 인정하고 있었다. 카뮈는 이 두 진영을 모두 고발하고자 했다. 반면 사르트르는 공산주의 쪽의 현실을 부정하지 않으면서 오히려 미국 쪽을 고발하고자 했다. 분명 그들 각자의 태도에는 약간의 뉘앙스 차이가 있다. 그런데 이 약간의 차이가 그들 각자의 철학 전체와 밀접하게 연결되어 있는 것이다."[5]

이 책에서는 특히 카뮈와 사르트르를 불화로 몰고 갔던 문제의 **철학적** 측면에 주목하고자 한다. 이를 위해 그 당시 프랑스의 지적 분위기, 프랑스와 세계에서 그 당시 소련을 지지했던 자들과 그렇지 않았던 자들 사이에 벌어졌던 토론의 중요성 등을 자세히 살펴보고자 한다. 하지만 진짜 문제는 보다 더 깊은 차원에서 제기되었던 것이 아니었을까? 정확히 이 질문을 던지면서 상황 논리를 넘어 문제의 핵심에 보다 가까이 다가갈 수 있지 않을까? 카뮈와 사르트르를 대립으로 이끈 정치적 이견을 분석함으로써, 분명 이 두 작가 사이에 '시사 문제'에 대해 표면에 드러난 것 이상으로 깊은 불화가 있다는 사실을 보게 될 것이다. 또한 이 문제와 관련하여 위대한 이 두 작가의 예를 통해 오늘날 폭력과 전체주의에 관계된 여러 논의에 대한 '메타정치적' 배경을 포착할 수도 있을 것이다.

---

4 Raymond Aron, *L'Opium des intellectuels*, Paris, 1955, p.62.
5 *Ibid.*, p.65.

감사의 말

잔 에르쉬(Jeanne Hersch) 제네바대학 문리대 교수는 이 논문의 지도를 흔쾌히 수락해 주셨다. 이 자리를 빌려 교수님께 심심한 감사의 말씀을 전하는 바이다. 여러 문제에 대해 교수님께서 해주신 지적은 아주 유용했다. 또한 재정 지원을 해준 교육사회위원회와 국비과학연구 제네바위원회에도 역시 이 자리를 빌려 감사의 말씀을 전하는 바이다. 마지막으로 이 논문의 완성을 위해 적지 않은 도움을 주신 제네바대학 문리대 베르나르 가느뱅(Bernard Gagnebin) 학장님께도 역시 감사의 말씀을 드리는 바이다.

차례

일러두기

1 이 책은 Eric Werner의 *De la violence au totalitarisme: Essai sur la pensée de Camus et de Sartre* (Paris: Calmann-Lévy, 1972)를 완역한 것이다.

2 본문의 주석은 모두 각주로 표시되어 있다. 옮긴이 주는 끝에 '── 옮긴이'라고 표시했으며, 표시가 없는 것은 모두 지은이 주이다.

3 본문에 인용된 카뮈와 루소의 '전집'(Œuvres complètes)은 프랑스 갈리마르(Gallimard) 출판사에서 발간된 플레이아드(Pléiade) 총서본을 가리킨다. 출처 각주에는 *O.C.*로 축약하여 표기했다.

4 단행본·전집·정기간행물은 겹낫표(『』)로, 논문·단편·기사 등의 제목은 낫표(「」)로 표시했다.

5 외국 인명이나 지명, 작품명은 2002년 국립국어원에서 펴낸 외래어 표기법을 따르는 것을 원칙으로 하되, 통용되는 표기를 고려하여 예외를 두었다.

6 연보는 이 책의 원서에 실린 것을 중심으로 옮긴이가 새로 정리한 것이다.

서론

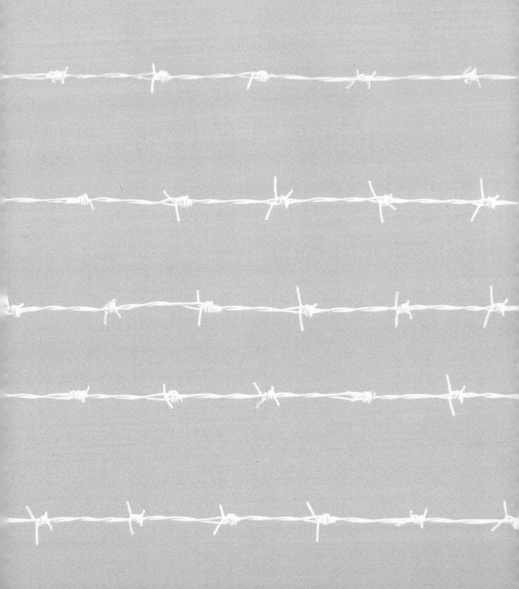

서론

I

해방 이후 프랑스에서 전개된 공산주의에 대한 찬반 논의에는 곧바로 눈에 띌 정도의 중요성을 갖는 하나의 문제가 도사리고 있었다. 공산주의의 **폭력**에 관련된 문제가 그것이다. 반(反)공산주의자들의 주장처럼 대체 이 폭력은 어느 정도까지 나치즘이 자행한 폭력과 동일시될 수 있는가? 또한 이 폭력에서 얼마 전까지만 해도 프랑스에서 볼 수 있었던 정치판의 또 다른 한 축, 즉 극우파 전체주의에서 드러났던 특징을 어느 정도까지 찾아볼 수 있을까?

제2차 세계대전이 끝난 직후 공산주의자들은 여론을 상대로 펼쳤던 선전을 통해 반공산주의와 파시즘이 밀접하게 연결되어 있다는 점을 집중적으로 부각시켰다. 선전의 주된 내용은 다음과 같았다. 프랑스공산당(PCF, Parti communiste français)을 공격하는 것은 '객관적으로' 과거 독일에 협력했던 자들의 편에 서는 것과 같다, 그 당시 프랑스에서 반파시스트임과 동시에 반공산주의자가 될 수는 없는 노릇이다, 파시즘에 대한 저항에는 반드시 공산주의에 대해 반대하지 않는다는 사실이 포함되어 있다 등……. 그들의 선전에서 볼 수 있었던 이와 같은 내용들은 그 당시 프랑스인들 사이에서 커다란 반향을 일으켰다. 특히 반(反)-반공산주의는 지식인들에게 큰 반향을 일으켰다. "잠재적이든 아니면 공공연히 선언된 것이든 간에, 반공산주의는 배반이다"[1]라는 말이 널리 회자되고 있었다. "반공산주의는 …… 파시즘의 재등장을 위한 필요하고도 충분한 힘의 결집이다"[2]라는 말도 또한 회자되었다.

하지만 거기에는 하나의 난점이 도사리고 있었다. 여러 측면에서 공산주의가 파시즘과 유사함에도 불구하고, 어떻게 반파시즘의 이름으로 반공산주의를 단죄할 수 있느냐 하는 난점이 그것이었다.[3]

제2차 세계대전 전에 프랑스에서 모스크바 재판[4]에 동요된 자들의 수는 그리 많지 않았다. 그 당시 사람들은 대체로 재판과 자백을 신뢰하는 편이었다. 바르뷔스(Henri Barbusse)와 특히 로맹 롤랑(Romain Rolland) 등과 같은 작가들은 모스크바 재판에 대해 우호적 선언을 하기도 했다.[5] 그런데 1945년 이후 이 재판에 대한 문제가 다시 제기되었다. 탈주병들이나 정치 망명객들을 포함해 많은 사람들의 증언을 통해 소련에서의 '대숙청'이 어떤 것이었는가를 자세히 알 수 있게 된 것이다. 그들 중에는 강제 자백의 과정을 폭로한 『영과 무한』(*Le Zéro et l'Infini*)의 저자인 아서 쾨슬러

---

1 Jean Lacroix, "Les catholiques et la politique", *Esprit*, juin 1945, p.75.
2 Emmanuel Mounier, "Débat à haute voix", *Esprit*, février 1946, p.165.
3 이와 같은 난점을 제기한 사람은 가스통 페사르였다(Gaston Fessard, *France, prends garde de perdre ta Liberté*, Paris, 1946, pp.221~223, 263~266).
4 1930년대 후반 스탈린시대에 이루어진 숙청재판을 총칭하는 말로, 보통 합동본부 음모사건(1936. 8), 병행본부 음모사건(1937. 1), 투하체프스키 사건(1937. 6), 우익 트로츠키스트 음모사건(1938. 3) 등 4대 숙청재판을 가리킨다. 전 세계적으로 이들 재판이 스탈린의 날조에 의한 것이라는 비난과 항의가 거셌지만, 재판에 연루된 자들은 모두 고문과 자백을 통해 소련 체제를 전복하려 했다는 혐의 사실을 인정했다. 하지만 1956년에 흐루시초프는 이들의 자백이 고문에 의한 것이었음을 공식적으로 밝혔다. — 옮긴이
5 Robert Conquest, *La Grande Terreur*, Paris, 1970, p.468을 참조하라.

(Arthur Koestler)도 있었다. 더군다나 소련에 강제수용소가 있다는 소문이 들려오기 시작했다.

　분명 이 강제수용소의 문제는 중요한 사안이었다. 아우슈비츠, 트레블링카, 부헨발트 등의 유대인 포로수용소에서 살아남은 자들의 증언 때문에 민감해진 사람들은, '사회주의 국가'를 표방하는 소련이 강제수용소의 나라라는 생각으로 인해 커다란 충격을 받지 않을 수가 없었다.

　그렇다면 강제수용소는 진정 소련의 현실이었던가? 물론 공산주의자들은 이 강제수용소의 존재를 극구 부인했다. 그들의 대변자들은 강제수용소를 "소련 체제의 영광을 보여 주는 가장 훌륭한 징표"[6]라고 소개하는 데 열중이었다. 이 문제에 대한 여론을 환기시키고자 하는 자들에 맞서 공산당 기관지는, 소련 내 강제수용소의 존재는 중상모략일 뿐이라는 캠페인을 대대적으로 펼치기도 했다.[7] 실제로 이 문제에 대해서는 한 치의 의심도 허락되지 않았다. 하지만 사실을 입증해 주는 정보들이 너무 많았다. 우후죽순처럼 등장한 여러 증언들에 대해 스탈린의 거짓말은 아무런 영향도 주지 못했다.

　이처럼 반-반공산주의는 전후 프랑스에서 급속도로 중요한 문제로

6　Pierre Daix, *Pourquoi David Rousset a inventé les camps soviétiques*, Paris, 1949. Kostas Papaioannou, *L'Idéologie froide*, Paris, 1967, p.177에서 재인용.

7　우선 프랑스공산당을 대변했던 『레 레트르 프랑세즈』(*Les Lettres françaises*)지에 의해 사기(詐欺)로 규정된 『나는 자유를 선택했다』(*J'ai choisi la liberté*)라는 제목의 책을 쓴 빅토르 크라브첸코(Victor Kravchenko)에 반대하는 캠페인을 지적하도록 하자. 소련의 강제수용소를 비난하는 이 책의 출간을 계기로, 프랑스 공산주의자들을 당황하게 만든 재판이 (1949년 1월 24일부터 4월 4일까지) 열리기도 했다(하지만 크라브첸코에 의해 고발된 내용은, 헤아릴 수 없을 정도의 많은 다른 증거들을 들먹일 필요도 없이, 흐루시초프의 보고서를 통해 진실로 확인되었다). 다른 한편, 소련의 강제수용소 체제를 반대하는 국제위원회 회원이었던 다비드 루세(David Rousset)를 겨냥한 공격 또한 지적하도록 하자. 이를 계기로 재판이 열리기도 했으며, 이 재판에서도 역시 소련의 강제수용소를 비난했던 루세에게 유리한 판결이 내려졌다(1950).

부각되기에 이르렀다.

문제의 방정식은 복잡했다. 그 당시 소련 체제의 전체주의적 성격을 쉽게 부정하지 못했을 수도 있다. 게다가 프랑스에서 공산당은 '노동자계급의 당'이었다. 전후 프랑스에서는 선거권자 네 명 중 한 명 이상이 프랑스공산당에 투표를 했다.[8] 이러한 상황에서 프랑스공산당으로 공격의 화살을 돌린다는 것은, "절망한 자들의 희망"을 겨냥하는 것, "침묵을 지키고 있는 군대의 힘"을 겨냥하는 것이 아니고 무엇이었겠는가?[9] 이것은 또한 자본주의의 공범이 되는 것과 같은 것이 아니고 무엇이었겠는가? 이처럼 그 당시 프랑스의 많은 좌파 지식인들은 반-반공산주의와 결별하는 것을 망설였다.

그렇다고 공산주의를 정당하게 평가하기 위해 '확인할 수 있는 사실들'만을 고려해야 할 필요가 있었을까? 파시즘이 공산주의를 본떠 공포[10]와 전체주의적 수단에 호소했다는 사실을 인정하면서도 파시즘과 공산주의를 차별화할 수 있는 방법은 없었던 것일까?

---

8 프랑스공산당은 1945년 10월 21일에 실시되었던 선거에서는 26.2%, 1946년 6월 2일에 실시되었던 선거에서는 25.9%, 1946년 11월 10일에 실시된 선거에서는 28.2%, 1951년 6월 17일에 실시되었던 선거에서는 26.9%의 득표율을 기록했다(이 수치들은 François Goguel et Alfred Grosser, *La Politique en France*, Paris, 1964에서 인용된 것이다).

9 Emmanuel Mounier, "Débat à haute voix", p.166. 다른 사람들은 '비앙쿠르에서 일하는 노동자들을 절망케 해서는' 안 된다는 점을 역설하고 있다.

10 이 책에서는 '폭력'(violence)과 '공포'(terreur)를 구별해서 사용하고자 한다. 일례로 국내에서 번역되어 있는 『휴머니즘과 폭력』이라는 메를로퐁티의 저서 역시 『휴머니즘과 공포』라는 제목으로 옮기고자 한다. 그렇게 하는 것은 '폭력'과 '공포'라는 두 용어 사이의 의미장이 겹치기도 하지만 구별되어야 할 필요성이 있기 때문이다. 사르트르의 『변증법적 이성비판』(나남, 2009)에서도 이 두 개념을 구분해서 번역했으며, 곧 출간될 메를로퐁티의 다른 저서 『변증법의 모험』에서도 이 두 용어를 구분해서 번역하려고 한다. 사르트르, 카뮈, 메를로퐁티 등은 '폭력'을 '공포'보다 더 구체적 맥락에서 사용하고 있는 것으로 보인다. 아울러 'terreur'는 경우에 따라 '공포정치'로 번역했음을 밝힌다. 가령 스탈린의 '공포정치'가 그 예이다. ─옮긴이

정확히 거기에 본격적인 토론의 여지가 있었다.

그 누구도 1936~1938년 사이에 소련에서 열렸던 모스크바 재판이 속임수였다는 사실을 부정할 수 없었다. 또한 소련 체제에서 파시즘 체제에서나 볼 수 있는 여러 특징들이 나타났다는 사실도 부정할 수 없었다. 하지만 소련이라는 나라를 평범한 기준에 입각해 평가할 수 없다는 주장을 펴는 자들도 없지 않았다. 그들의 주장에 따르면, 그 당시 소련의 상황을 정확히 평가하기 위해서는 '근본적인 변화'가 발생했던 여러 조건들을 우선적으로 고려해야 한다는 것이었다. 가령 소련의 내전, 자본주의 진영에 의한 포위, 그리고 나치즘의 위협 등과 같은 조건들을 말이다. 과연 그 당시에 소련이 강제력 이외의 다른 수단에 호소할 수가 있었겠는가? 그다음으로는 특히 역사의 특징이 '우회'(détour)하는 것에 있었다는 점을 잊어서는 안 된다는 것이었다. 공산주의는 장기간에 걸쳐 이루어져야 하는 하나의 기획으로 여겨졌다. 이 기획의 성공적 실행을 위해서는 어느 정도의 '희생'이 필요했고, 따라서 '손을 더럽히는 것'(se salir les mains)을 받아들여야 했다는 것이다. 곧 폭력에 호소해야 할 필요가 있었던 것이다. 그런데 이 폭력은 '진보적' 성격을 갖는 한에서만 그 정당성을 확보할 수 있었다.

『휴머니즘과 공포』에서 이와 같은 '진보적 폭력' 이론을 훌륭하게 전개한 장본인이 메를로퐁티였다.[11]

1940년대와 1950년대 프랑스 좌파 지식인들 사이에서 상당한 관심을 끌었던 메를로퐁티의 이 저서에 잠시 주목해 보자.

---

11 Maurice Merleau-Ponty, *Humanisme et terreur*, Paris, 1947. 이 저서의 초고는 『현대』지에서 이미 「요가수행자와 프롤레타리아」(Le Yogi et le Prolétaire)라는 제목으로 발표되었으며, 이는 아서 쾨슬러의 『요가수행자와 경찰』(*Le Yogi et le Commissaire*)이라는 저서에 대한 응답이었다.

이 저서의 내용은 비교적 간단하다. 비폭력을 내세우는 자유주의의 원칙은 정치제도들 사이의 차별화 기준으로서는 아무런 유용성도 갖지 못한다는 것이 메를로퐁티의 견해였다. 왜냐하면 자유주의를 표방하는 사회이든 전체주의를 표방하는 사회이든 간에, 폭력이 이미 도처에 존재하고 있기 때문이다. 그리고 만약 이러한 관점에서 공산주의와 파시즘이 유사하다고 말할 수 있다면, 자유주의에 대해서도 결국 같은 말을 할 수 있다는 것이다.

자유주의자들은 스탈린 식의 '공포정치'에 맞서기 위해 '휴머니즘'을 내세웠다. 또한 그들은 칸트를 참조했다. 칸트는 인간을 단순히 수단이 아니라 목적으로 취급해야 한다고 주장한 바 있다. 그러나 메를로퐁티는 스탈린 문제에 이와 비슷한 방법으로 접근하는 것은 '이상적'일 뿐이라고 보았다. 오늘날 인간은 그 어디에서도 목적으로 취급되지 않고 있다는 의미에서 그렇다. 어디를 가든 주인과 노예, 가해자와 피해자가 있다는 것이 메를로퐁티의 생각이었다. 이러한 시각으로 보면 자유주의는 스탈린주의에 비해 더 나을 것이 없다. 칸트적 신념의 설파 뒤에는 인간에 의한 인간의 착취, 식민지, 제국주의 등이 도사리고 있는 것이다. 실제로 다음과 같은 사실을 인정하지 않을 수 없다. 현재의 정치는 항상 공포이며, 또한 역사적으로도 항상 그래 왔다는 사실을 말이다. 휴머니즘은 최상의 경우에도 현실과 접촉이 없는 철학자들의 지지를 받는 한갓 망상에 불과하다는 것이다. 그렇다면 비폭력은? 비폭력을 진지하게 생각한다면 요가를 해야 할 것이다. 하지만 인간이 요가만 하면서 살 수 있을까? 인간은 본질적으로 참여한 존재, 상황 속의 존재이다. 인간은 자기가 행한 것으로 존재한다. 인간은 또한 다른 사람들이 그를 재료로 해서 만드는 것으로 존재한다. 결국 인간은 역사에서 벗어날 수 없는 존재인 것이다.

하지만 이것은 메를로퐁티의 첫번째 주장에 불과하다. 메를로퐁티는 여러 종류의 정치제도를 자유롭게 분류하는 것에 그치지 않고 또 다른 정치질서의 유형학을 정당화시키고자 한다. 이 유형학은 여러 정치제도의 **현재** 모습이 아니라 **미래** 모습에 기초한 것이다.

정확히 거기에 '진보적 폭력' 개념이 자리한다.

폭력에 근거하고 있다는 점에서 보면, 모든 정치제도는 동일하다고 할 수 있다. 그렇다고 해서 정치제도들 사이의 차이점을 찾는 것을 포기해야 할 것인가? 그래서는 안 될 것이다. 현재에 의지할 수 없다면, **미래**에 의지해 그 차이점을 찾아보는 것도 가능할 수 있다. 하나의 정치제도에서 폭력이·폭력 자체를 제거하는 것을 목적으로 삼고 있다고 가정해 보자. 다시 말해 폭력이 그 자체를 하나의 제도 안에 **영구히 고착시키는** 대신 폭력 자체를 스스로 **극복하려는** 경향이 있다고 말이다. 이러한 조건에서 이 제도를 다른 제도보다 더 선호하는 것이 전혀 근거 없는 것이라고 할 수 있겠는가? 이 문제에 대한 대답은 의심의 여지가 없을 성싶다.

그렇다면 영구적 고착화를 추구하는 폭력과, 폭력 그 자체를 제거해가는 폭력을 어떤 방식으로 구별할 수 있는가? 이 문제에 대한 메를로퐁티의 대답은 이렇다. 마르크스의 역사철학에 입각해서라고 말이다. 실제로 마르크스주의는 "여러 조건들, 즉 만약 이 조건들이 없을 경우 인간들 사이의 상호관계를 의미하는 인간성도 존재할 수 없고, 또 역사에 합리성도 존재할 수 없는 그러한 조건들에 대한 언표"[12]이다. 마르크스는 공포를 제거하는 **현재** 조건과 휴머니즘을 실현하는 **현재** 조건이 프롤레타리아 혁명이라는 사실을 밝히고 있다. 또한 이 혁명 주체로서의 프롤레타리아 계급은

---

12 Maurice Merleau-Ponty, *Humanisme et terreur*, p.165.

단독으로 실존 방식의 내적 논리를 따라 '구체적 보편'을 지향한다고도 밝히고 있다. 따라서 폭력이 이미 존재하는 곳은 '프롤레타리아적'으로 규정될 수 있고, 정확히 그곳에서 폭력은 그 자체를 제거해 가는 경향이 있다고 할 수 있는 것이다.

그런데 소련 체제는 정확히 프롤레타리아의 이상(理想)을 표방하고 나섰다. 이 체제는 '지배-종속'의 변증법에 종지부를 찍겠다고 나섰던 것이다. 게다가 소련은 세계에서 사회주의 경제체제로 유지되는 유일한 나라였다. 이러한 상황이라면, 소련에서 추진되는 기획에 모종의 특권적 요소가 있다는 것을 인정하는 것도 가능할 수 있다. 파시즘(그리고 자유주의)의 폭력은 변함없이 역사에 내포되어 있다. 어쩌면 공산주의의 폭력은 새로운 역사의 출현 과정에서 앓는 일종의 소아병에 불과하며, 따라서 인류가 언젠가 휴머니즘을 실현하고자 한다면 반드시 거쳐야 할 우회로일 수 있다는 것이다.

메를로퐁티는 이렇게 쓰고 있다. "파시즘은 …… 볼셰비즘을 모방한 것이다. 유일 당, 선전, 국가의 정의, 국가의 진리로서의 파시즘은 모든 것을 볼셰비즘으로부터 가져왔다. 본질적인 것, 즉 프롤레타리아 이론을 제외하고 말이다."[13]

볼셰비즘에 대한 메를로퐁티의 이와 같은 옹호는 강한 인상을 남겼다.

반-반공산주의가 승리를 거둠과 동시에 그것은 새로운 지지자들을 확보하는 데 성공했다.

하지만 그 반대 역시 만만치 않았다.

우선 소련의 경우 마르크스의 목적론적 범주들(프롤레타리아, 계급 없

---

13 *Ibid.*, p.133.

는 사회 등)의 적용에 관련된 합법성 여부를 문제 삼는 자들이 있었다. 그런데 이와 같은 적용은 순수하게 '역설'에 속한 문제가 아니었을까?[14] 스탈린이 '마르크스주의자'라고 선언할 때, 그의 말을 그대로 믿어야 했던가?

여기에 더해 보다 더 일반적인 차원에서 다음과 같은 문제가 제기되었다. "마르크스주의가 여러 조건들, 즉 이 조건들이 없을 경우 인간들 사이의 상호관계를 의미하는 인간성도 존재할 수 없고, 또 역사에 합리성도 존재할 수 없는 그러한 조건들에 대한 언표라고 가정한다면, 대체 어떤 이유에서 인류의 위기가 반드시 1949년에 발생해야 하는가? 왜 인류의 성공 또는 실패에 대한 결정적 판단이 반드시 20세기 중반에 이루어져야 하는가?"[15]

메를로퐁티의 『휴머니즘과 공포』에서 가장 강력한 반대에 부딪친 부분이 바로 그가 참고했던 마르크스주의였다. 혹자는 이렇게 말했다. 소련의 시도가 프롤레타리아적 성격을 지니고 있으며, 따라서 그 체제에 특권을 부여하기 위해서는 마르크스의 역사철학을 동원할 권리가 있다고 하더라도, 이 철학은 **현재** 상태에서 여전히 문제를 안고 있다고 말이다. "인간 관계를 변형시키는 것이 중요한 문제라면, 왜 유일하게 프롤레타리아만이 그것을 변형시킬 수 있다는 말인가? 구체적으로 보편적 계급의 두각 혹은 프롤레타리아의 정권 장악이라는 것이 무엇을 의미하는가? 대체 어떤 경우에, 어떤 의미에서 집단 소유가 인간성의 완성에 필수 불가결한 단계라는 말인가?"[16]

메를로퐁티는 그의 저서에서 미래의 '휴머니즘'과 현재의 '공포'를 대

---

14 Raymond Aron, *Polémiques*, Paris, 1955, p.66.
15 *Ibid*.
16 *Ibid*.

비시키고 있다. 하지만 공포를 통해 현재를 특징짓는 것이 과연 옳은 일인 가? 또한 휴머니즘(인간과 인간의 상호 관계와 인간과 자연의 관계를 포함한 이중의 관계)이 '이상' 혹은 무한선상에 위치한 하나의 도피점에 불과할 수 도 있지 않겠는가?

이와 같은 다양한 반대 의견들이 초창기의 단순한 질문(공산주의는 파 시즘과 동일한가 그렇지 않은가?)을 넘어서는 지점에서 광범위하게 제기되 었다. 또한 이 의견들은 활발하게 논의되었다. 그 결과 '대토론'이 이루어 졌고, 그 당시 프랑스에서 영향력을 행사하던 거물급 인사들이 이 토론에 대거 참가했다. 10여 년 동안 파리의 지식인들 사이에서는 목적과 수단, '역사의 의미', 이론과 실천 사이의 다양한 관계 등에 대한 토의가 집중적 으로 이루어졌다.

II

카뮈와 사르트르도 다른 지식인들과 마찬가지로 각자의 입장을 표명했다. 어떤 방식으로 그랬는가? 여기에서 다루어야 할 문제가 바로 이것이다.

하지만 이 문제를 본격적으로 다루기 전에 위에서 제기된 문제들의 성 격 혹은 그 문제들 자체를 더 분명히 해두는 것이 좋을 듯하다.

『휴머니즘과 공포』의 철학적 내용은 근본적으로 헤겔에게서 가져온 것이다. 문제가 되는 것은 (프롤레타리아에 대한 마르크스 이론으로 해석되는) 그 유명한 주인-노예 변증법이다. 메를로퐁티에게 있어서 공산주의 혁명 의 의미는 무엇인가? 그것은 이 주인-노예 변증법의 **마지막** 단계와 같은 것이다. 현재까지 주도권을 잡고 우세했던 것은 폭력을 행사하는 주인이 었다. 하지만 지금 이 주인의 세계가 도전을 받고 있다. 그리고 이제는 노예의 폭력이 주인의 폭력에 대응하고 있다. 오랫동안 체념 상태에 있던 노예 (공산당의 지도를 받는 프롤레타리아)가 주인(자본가)에게 죽음의 싸움, 그러 니까 휴머니즘, 계급 없는 사회, 국가 없는 사회를 지향하는 싸움을 걸고 있 는 것이다.

공산주의적 '공포'를 정당화하기 위해 준거점으로 사용된 이와 같은 주인-노예 변증법의 선택은 여기에서 자세하게 살펴보게 될 하나의 철학 적 맥락과 무관하지 않다. 주지의 사실이지만, 프랑스의 1930년대와 1940 년대는 지식인의 관점에서 보면 다음과 같은 두 가지 특징을 가지고 있었 다. 하나는 청년 마르크스 저작들(1931년 독일에서 최초로 간행된 저작들)의 발견이고, 다른 하나는 헤겔의 재독(정확히는 마르크스의 조명하에, 그리고 쇠렌 키르케고르의 도움을 받아서 이루어진 재독)이다. 이와 관련하여 한 사람 의 이름이 반드시 거명되어야 한다. 알렉상드르 코제브가 그 장본인이다. 코제브는 1933~1939년 고등연구학교(l'École des Hautes Études)에서 헤 겔의 『정신현상학』에 대한 강의로 프랑스 지식인들 사이에 큰 반향을 일 으킨 바 있다. 코제브에 의해 소개된 헤겔은 극단적으로 마르크스화한 헤 겔이었다. 코제브의 시각으로 보면, 헤겔의 『정신현상학』은 혁명적 실천에 대한 직접적 호소로 해석되어야 했다. 그도 그럴 것이 기독교주의자들과 관념주의자들의 이론적('관조적') 부정성을 역동적이고 정복적인 형태의 부정성으로 대치시키는 것이 관건이었기 때문이다. 노예는 첫 단계에서는 거절했던 인정을 위한 투쟁을 죽음에 대한 공포 때문에 다시 시작해야 한 다는 것이다.[17] 이렇게 해서 철학적 이상과 일치하는 새로운 세계가 나타날

---

17 Alexandre Kojève, *Introduction à la lecture de Hegel* (leçons sur la *Phénoménologie de l'Esprit*), réunies et publiées par Raymond Queneau, 2ᵉ édition, Paris, 1962, p.34.

수 있는 것이다. 주인-노예 이분법은 지구상에서의 기독교적·신비주의적 공동체의 실현인 '균질적이고도 보편적인 국가'의 출현에 자리를 내줄 수 도 있는 것이다.

이렇게 해서 헤겔과 혁명적 사유 사이에 놓인 '가교'는 분명 매력적인 뭔가를 가지고 있었다. 사실 코제브는 젊은 시절에 헤겔 철학에서 자양분 을 얻었던 마르크스가 남긴 흔적을 뒤쫓아 간 것에 불과했다. 그러나 마르 크스의 청년시절 저작들이 정확히 그 무렵에 발견되었으며, 또한 헤겔과 마르크스 사이의 관계가 갖는 중요성은 참다운 의미에서 아직 빛을 보지 못하고 있는 상황이었다. 더군다나 당시 프랑스에서 마르크스주의에 의 해 형성된 미래에 대한 전망은 '휴머니즘적'이라기보다는 오히려 '과학적' 이었다고 할 수 있다. 사회민주주의 정통이론과 마찬가지로 공산주의 정 통이론은 마르크스주의의 결정적 요소들을 강조했고, 역사의 원동력으로 서의 실천이라는 주제 ── 특히 청년 마르크스에게서 그 중요성이 발견된 다 ── 는 거의 침묵 상태에 있었다. 따라서 코제브의 신헤겔주의에 의해 촉발된 반향은 더 커질 수밖에 없었다. 그것은 약 10여 년 전에 루카치의 『역사와 계급의식』에 의해 촉발된 상황과도 어느 정도 유사한 것이었다. 하지만 그 방식은 보다 덜 직접적이었지만 더 엄격했다. 결과적으로 코제 브는 혁명적 휴머니즘의 중요한 주제에 생기를 불어넣어 준 셈이 되었다.

코제브가 '균질적이고도 보편적인 국가'에 대해 언급할 때, 과연 그는 정확히 소련을 염두에 두고 있었는가? 이 문제에 답을 하자면 우리는 주저 할 수밖에 없다. 물론 코제브의 강의를 들었던 몇몇 수강생들은 그가 그렇 게 생각했다고 기억하고 있다.[18] 그러나 출간된 『헤겔 강독 입문』에서는 공

---

18 가스통 페사르의 경우가 특히 그러하다(구두 증언).

산주의에 대한 어떤 종류의 암시도 발견되지 않고 있다. 중요한 것은 어쨌든 코제브가 균질적이고도 보편적인 국가의 정립이 언젠가는 **가능하다는** 것을 믿고 있었다는 점이다. 정확히 이 점에서 출발해서 공산주의 혁명은 이와 유사한 가능성의 현실화라는 주장에 한 발 더 다가선 것이라는 결론을 내릴 수 있는 것이다. 또한 철학적 관점에서 중요한 것은, 이와 같은 주장이 이미 코제브의 강의를 통해 전달된 것으로 간주될 수 있다는 결론의 가능성이다. 근본적으로 메를로퐁티는 코제브의 강의에 전폭적인 지지를 보내고 있다. 또한 그런 만큼 이 강의에는 메를로퐁티가 후일 집필하게 된 『휴머니즘과 공포』에서 볼 수 있는 주된 내용들의 싹이 이미 포함되어 있는 것이다.

하지만 코제브의 강의를 들었던 자들 중에는 후일 공산당의 '동반자들'만이 있었던 것은 아니었다. 1940년대와 1950년대에 반-반공산주의자들과 가장 격렬하게 싸웠던 자들도 역시 코제브의 강의를 들었다. 특히 두 사람의 이름이 거명되어야 할 것이다. 한 명은 가스통 페사르이다. 언젠가 코제브가 말한 바에 따르면, 페사르는 원하기만 했더라면 프랑스에서 가장 훌륭한 마르크스주의자 중 한 명이 될 수도 있었을 그러한 인물이었다.[19] 또 다른 한 명은 레이몽 아롱이다. 페사르뿐만 아니라 아롱도 코제브에게서 커다란 영향을 받았다. 하지만 이들 두 사람은 근본적인 면에서 코제브와 갈라지게 된다. 그들 두 사람 가운데 누구도 주인-노예 변증법에 대한 코제브의 해석을 받아들이지 않았던 것이다.

페사르와 아롱의 비판에 귀를 기울여 보자. 그들의 비판에 의해 시작된 토론이 반드시 사르트르-카뮈 사이의 논쟁과 같은 선상에서 이루어진

---

19 Alexandre Kojève, "Hegel, Marx et le christianisme", *Critique*, nos 3-4, 1946, p.308.

것은 아니었다. 하지만 정확히 그들의 비판을 고려하고 비교하면서 사르트르와 카뮈가 자신들의 생각을 발전시킨 영역이 어떤 것인지를 잘 알 수 있게 될 것이다.

주인-노예 변증법의 문제는 페사르의 주된 관심사 중 하나였다.[20] 코제브와 마찬가지로 페사르도 이 변증법이 헤겔 철학의 핵심 주제라는 점을 인정하고 있었다. 다만 페사르는 이 변증법에 대해 전혀 다른 해석을 가했다. 코제브처럼 주인-노예 변증법이라는 단 하나의 사실로 인해 '만인에 의한 만인의 인정', '균질적이고도 보편적인 국가' 등으로 나아갈 수 있다는 비전을 받아들이는 대신에, 페사르는 이 변증법을 강하게 비판했다.

우선 페사르의 눈에는 주인-노예 변증법이 인간들 사이에 나타나는 복잡한 면을 충분히 고려하지 못한 것으로 보였다. 이 변증법이 분명 정치와 역사에서 중요한 측면에 해당한다고 하더라도, 과연 그것이 그 유일한 측면일까? 페사르는 이것을 부정한다. 페사르에게는 고려해야 할 또 다른 변증법이 있다. 그 기원으로 보아 가정(家庭)의 차원에 속하며, 사회생활에서도 중요한 위치를 차지하고 있는 남자-여자 변증법이 그것이다. 그런데 주인-노예 변증법이 일방적인 인정(노예에 의한 주인의 인정)으로 나아갈 뿐이라면, 남자-여자 변증법은 **상호적**이고 **즉각적인** 인정 위에 기초한다는 것이 페사르의 생각이다. 또한 노예에 의한 주인의 인정이 **사실상의** 인정인 데 반해, 여자에 의한 남자의 인정과 남자에 의한 여자의 인정은 **사랑**을 통한 상호 인정이라는 점을 페사르는 내세운다. 이처럼 인간관계는 애매한 특징을 가지고 있다. 한편으로 '죽음의 투쟁'이 있다. 하지만 다른 한

---

20 Gaston Fessard, *France, prends garde de perdre ta Liberté*; Gaston Fessard, *De l'actualité historique*, Paris, 1960(특히 1권)을 참조하라. 특히 두번째 책의 229~233쪽에서 코제브의 사유가 문제되고 있다.

편으로 남녀 사이의 관계로 표현되는 '사랑의 투쟁'도 있다. 그리고 정치는 이 두 형태의 투쟁이 서로 작용하면서 균형을 찾아가는 장소로 인식되어야 할 것이다. 다시 말해 국가는 주인임과 동시에 아버지이며, 시민들은 종복임과 동시에 형제들이기 때문이다.

이 첫번째 사실은 대단히 중요하다. 사실 여기에서 제기되는 문제는 **상호주관성**의 문제이다. 타자와의 관계는 긍정적인가 아니면 부정적인가, '우정'인가 아니면 '갈등'인가의 문제가 그것이다. 헤겔은 홉스의 전통에 속한다. 홉스의 눈에는 근본적으로 인간은 인간에 대해 늑대이며, 따라서 정치의 본질은 서로에게 예속될 수밖에 없는 힘의 의지들 간의 충돌이다. 그런데 페사르는 같은 사태를 전혀 다른 눈으로 보고 있다. 페사르에게 있어서 인간은 인간에 대해 **늑대**일 뿐만 아니라 **신**(神)[21]이기도 하다. 그러니까 '죽음의 투쟁' 옆에는 사랑과 우정도 있는 것이다.

뒤에서 다시 살펴보게 되겠지만, 카뮈와 마찬가지로 사르트르도 이 상호주관성의 문제에 깊이 연루되어 있다. 그리고 이 문제가 두 철학자 사이에 근본적 불화를 일으킨 하나의 이유에 해당된다.

그러나 지금 당장은 페사르의 논의를 따라가 보자. 결국 페사르는 두 개의 변증법을 모두 고려해야 한다고 주장한다. 하나는 부정 변증법으로 주인-노예 변증법이며, 다른 하나는 긍정 변증법으로 남자-여자 변증법이다. 그렇게 되면 정치의 이상을 공식화하는 것은 그다지 어려운 일이 아니다. 그 이상이란 남자-여자 변증법만을 살리면서 주인-노예 변증법을 완전히 폐기하는 것이다. 실제로 인류는 이러한 조건하에서 '대가족'을 형성할 수 있으며, 따라서 '만인에 의한 만인의 인정'을 거론할 수 있는 것이다.

---

21 이 표현은 스피노자에게서 빌려 온 것이다(Baruch Spinoza, *Éthica*, IV, 35, note 참조).

하지만 '만인에 의한 만인의 인정'은 과연 실현 가능한 이상인가? 이 점에 대해 페사르는 강한 의혹을 표명한다. 페사르는 먼저 혁명적인 가정을 배제한다. 페사르에 따르면 혁명이란 죽음을 건 투쟁이다. 그런데 헤겔의 지적에 의하면, 죽음의 투쟁은 두 가지 방식으로만 끝난다. "하나는 두 적대자 중 한 명이 다른 한 명을 죽이는 방식이다. 이 경우 인간성의 확보라는 희망에서 보면 아무것도 얻을 수 없다. 다른 하나는 불평등하고 비상호적 인정이 행해지는 방식이다……. 그렇게 되면 공산주의의 최후 투쟁도 다음과 같은 두 가지 사실로 이루어진 딜레마에서 벗어날 수 없게 된다. 프롤레타리아가 부르주아를 완전히 말살시키게 된다는 사실이 그 하나이다. 이 경우 당연히 그 어떤 인간성도 출현할 수 없고, 프롤레타리아는 절대로 자유에 대한 의식을 가질 수 없으며, 더 나아가서는 적이 없기 때문에 절대로 자유에 도달할 수 없다……. 다른 하나의 사실은 프롤레타리아가 단지 부르주아를 노예 상태로 환원시킬 수 있다는 것이다. 물론 이렇게 되면 인정은 있다. 이번에는 프롤레타리아가 주인이 되기 때문에 자유롭게 된다. 그러나 이것은 대립이 극복되지 않은 상태에서 단지 처음의 상태가 역전된 것에 불과할 뿐이다. 그도 그럴 것이 그 어떤 것도 새로이 노예가 된 자들이 다시 마르크스주의자가 되고 또 저항하는 것을 막을 수 없기 때문이다. 소련에서 트로츠키주의자들이 존재하고, 또 모든 종류의 '파시스트들'이 계속 등장한다는 사실은 정확히 이와 같은 딜레마의 의미가 무엇인지를 잘 증명해 준다."[22]

이처럼 프롤레타리아 혁명은 주인-노예 변증법에 종지부를 찍기는커녕 기껏해야 이 변증법의 또 하나의 **변형된 형태**에 불과할 뿐이다. 자본

---

22 Gaston Fessard, *De l'actualité historique*, t.I, p.155.

주의 세계는 붕괴될 수 있다. 그러나 이 자본주의 세계를 대신하게 될 것은 '균질적이고도 보편적인 국가'가 아니다. 그것은 단지 또 다른 억압 체제가 될 것이며, 게다가 이 체제는 훨씬 더 강한 억압 체제가 될 것이다.

그러나 헤겔-마르크스의 역사적 전망에 반대하는 페사르의 이와 같은 논의는 근본적으로 **신학적** 차원에 속한다. 사실 페사르가 애써 보여 주려 했던 것은, 화해라는 이상은 **목적론적** 가치를 가지며, 또 이 가치만을 가질 수밖에 없을 뿐이라는 점이다. 주인-노예 변증법이 완전히 극복되는 것은 **역사가 끝나는 지점**에 가서나 가능한 것이다.

이 문제에 대해 페사르가 하고 있는 분석의 요점을 여기에서 자세히 제시하는 것은 거의 불가능하다. 다만 다음과 같은 사실만을 지적하기로 하자. 페사르에 의하면, 주인-노예 변증법과 남자-여자 변증법이라는 이 두 변증법은, 사도 바울에게서 페사르가 빌려온 **제3의 변증법**과 밀접하게 연결되어 있다는 사실이 그것이다. 이 제3의 변증법은 이교도-유대인 변증법이다. 이교도와 유대인의 범주는 초자연사에 속하는 문제이다. 그러나 정확하게도 페사르에게 있어서는 인간사 역시 초자연과 연결될 때에만 비로소 그 의미를 가진다. 페사르가 보기에 헤겔-마르크스가 범한 제일 큰 오류는, 바로 인류가 자연적 차원에만 머물러 있는 경우, 인간성의 기원을 설명하고 또 그것을 고려하는 것이 불가능하다는 것을 이해하지 못한 점에 있다.[23] 그렇다면 페사르가 주장하는 바는 궁극적으로 무엇인가? 주인-노예의 대립이 (인지 가능한 토대로 환원되는 것과 마찬가지로) 이교도-유대인의 대립으로 환원된다면, 이 두번째 대립이 극복되는 한에서만 첫번째 대립도 극복될 수 있을 뿐이라는 것이다.[24] 그러나 이교도-유대인 대립의

---

23 Gaston Fessard, *De l'actualité historique*, t.I, pp.177~178.

극복은 목적론적 가치를 지닐 뿐이다.[25] 주인-노예 대립도 마찬가지이다.[26]

이처럼 코제브에 의해 정립된 주인-노예 변증법과 공산주의의 관계는 이중의 문제를 안고 있는 것으로 보인다. 하나는 자본주의 세계에 반대하는 공산주의자들이 참가하는 죽음의 투쟁은 주인-노예 변증법을 '다시 시작하는'(저항했던 노예들이 재빠르게 억압자로 새로이 전환하는) 것에 불과하다는 것이다. 다른 하나는 보다 더 근본적으로 의식들의 화해 문제에 대해 순수하게 **인간적인** 해결은 **선험적으로** 제쳐 놓아야 한다는 점이다. 역사적으로 볼 때 사회들은 본질적으로 갈등의 관계에 있으며, 역사가 끝날 때까지 그러한 상태로 남아 있을 것이기 때문이다.

그다음으로 이 문제에 대해 아롱의 저작들로 눈을 돌려 보자. 아롱에게서 (정치적·경제적·형이상학적) 갈등의 비환원성이 중요한 역할을 하고 있다는 것은 잘 알려진 사실이다. 물론 아롱이 코제브의 역사적 전망을 직접 거론한 적은 없다. 그러나 자신의 저작들에서 아롱이 좌파 지식인들에게 개진하고 있는 반대 의견은 코제브와 무관하지만은 않은 것으로 보인다. 페사르가 그랬던 것처럼, 아롱도 의식들의 화해는 손이 닿지 않는 데 있다는 것을 보여 주기 위해 애쓰고 있다. 또한 아롱은 주인-노예 변증법도 그것 자체만 놓고 보면 극복 불가능하다는 사실 역시 보여 주려고 애쓰고 있다. 그러나 아롱은 단지 사도 바울의 어조가 아니라 칸트의 어조로 다음과 같은 태도 또한 보여 주고 있다. 일시적인 인간관계들의 **미완성적** 특징을 항상 강조하는 것으로 만족하면서도 인간의 역사라는 차원을 떠나지 않고 있는 태도가 그것이다. 아롱이 공산주의 성향의 좌파 지식인들에게

---

24 *Ibid.*, p.231.
25 *Ibid.*, pp.95, 119.
26 *Ibid.*, p.231.

강력하게 퍼붓고 있는 비난은 역사적 이성의 이상과 실제 당의 정책의 혼동이다. 아롱이 보기에 한 사회의 휴머니즘화는 "현실과 이상의 차이를 제거하는 것이 불가능한, 또 거기에 대해 체념하는 것도 불가능한 인류의 공동작업이자 항상 미완 상태에 있는 작업"[27]인 것이다. 엘리트들의 순환을 개선하기 위해, '주인'과 '노예'를 접근시키기 위해 최선을 다해야 한다. 하지만 권력의 배분과 부의 분배는 그 자체로 비환원적 사실이다. 정치제도나 경제제도의 변화를 통해 '만인에 의한 만인의 인정'이라는 이상이 실현될 수 있다고 믿는 것은 천년지복설의 환상에 양보하는 것이다.[28] "제도들은 그 본질에 있어서가 아니라 그 정도에 있어 다르고, 각 제도는 그 내부에 어느 정도의 불공평, 어떤 형태로든의 권력을 가지고 있으며, 따라서 삶 자체를 공통으로 휴머니즘화시키는 것은 불가능하다."[29]

이와 같은 아롱의 입장이 갖는 장점은 다음과 같은 사실에 있다. 즉 이 입장이 **반혁명적**이라고 해도 결코 **반휴머니즘적**인 것은 아니라는 사실이 그것이다. 많은 사람들이 아롱의 입장을 '회의주의'로 몰아세웠다. 하지만 아롱이 비판한 것은 역사적 사유가 아니라 천년지복설이라는 점을 잘 이해해야 한다. 역사란 진보이며, 따라서 역사는 의미를 가지고 있다는 칸트의 생각에 아롱은 충실했다. 아롱에게 있어서 노력, 투쟁, 노동은 모두 중요한 요소들이다. 다만 아롱의 눈에는 인간을 기다리고 있는 과제들의 수는 무한하며, 따라서 '절대'는 근본적으로 **당위-존재**에 불과한 것이다.

정확히 이 차원에서 자연스럽게 다음과 같은 문제가 제기된다. **혁명적 휴머니즘**을 문제 삼는 것은 **현재 있는 그대로의 휴머니즘**에 대한 비판을 야

---

27 Raymond Aron, *L'Opium des intellectuels*, p.130.
28 *Ibid.*, p.128.
29 *Ibid.*

기하는 것은 아닌가? 천년지복설을 넘어 문제를 제기해야 하는 것은 **역사의 의미에 대한 신뢰**가 아닌가?

코제브에게로 다시 돌아가자. 앞에서 보았듯이, 코제브가 헤겔에게서 가장 높이 평가한 점은, 이미 헤겔 자신이 ── 마르크스 이전에 ── 이론의 부정성이 완성되기 위해서는 **실천되어야** 한다는 점을 보여 주었다는 것이다. 스토아주의, 회의주의, 기독교주의 등에서 노예는 분명 세계와 대립하며, 이 세계를 **초월한다**. 그러나 세계와의 이와 같은 대립은 순전히 정신적인 것(추상적인 것)이다. 다시 말해 노예는 "이 세계를 노동과 투쟁이라는 부정의 행동에 의해 변화시키지 못하면서 초월하는 것이다".[30] 그런데 정작 중요한 것은 정확히 이론에서 실천으로의 이행이다. 왜냐하면 근본적으로 "인간은 행동이기 때문이다".[31]

지나가는 길에 다음과 같은 사실을 지적하자. 이론에 대한 실천의 우선권이라는 주제는 헤겔이나 마르크스의 주제이기 전에 이미 **칸트의 훌륭한 주제**였다는 점이 그것이다. 사실 철학이 처음으로 **역사철학**의 모습을 보인 것은 칸트에게서였다.[32] 달리 말해 '절대'와 관계를 맺는 특권적 방식으로서의 '실천적' 초월이 '이론적' 초월을 대치한 것은 정확히 칸트에게서였다. 헤겔-마르크스 철학이 칸트 철학에 비해 획기적이라면, 그것은 철학이 전성(轉成)-세계이고 또 그래야만 한다는 의미에서가 아니라(이것은 벌써 칸트에 의해 지적된 것이다), 그들의 눈에는 이 전성-세계가 **유한한** 과정이라는 의미에서이다. 칸트에게서 합리적인 것 ── 수행되어야 할 과제로서 ── 은 현실적인 것으로 환원될 수 없고, 또 그렇게 되어서도 안 된다. 하

---

30 Alexandre Kojève, *Introduction à la lecture de Hegel*, p.67.
31 *Ibid.*, p.65.
32 Alexis Philonenko, *Introduction à la* Doctrine de la Vertu *de Kant*, Paris, 1970, p.20.

지만 이와는 반대로 헤겔과 마르크스는 이 두 요소의 결합 가능성을 믿고 있다.

다시 본론으로 돌아오자. 그렇다면 철학은 **실제로** 어느 정도까지 전 성-세계로서 완성될 수 있는가? 대체 어느 정도까지 인간의 고유한 지평 선은 참다운 의미에서의 실천이 될 수 있는가?

이 문제에 답을 하기 전에 코제브의 옛 수강생들 가운데 한 명에게로 고개를 돌리기보다는 『반항하는 인간』의 저자인 카뮈에게로 고개를 돌려 보자. 그도 그럴 것이 그 누구도 혁명적 휴머니즘에 대해 카뮈보다 더 **과격 한** 비판을 하지 못했기 때문이다. 그것도 이 혁명적 휴머니즘을 **현재 있는 그대로의** 휴머니즘과 대조하면서 말이다.

1945년 이후에 있었던 프랑스의 정치철학 토론에서 카뮈의 저작들은 어느 정도 엇박자를 냈다고 할 수 있다. 물론 그 이유는 많은 사람들의 지 적과는 달리 카뮈가 철학 분야의 '아마추어'였기 때문도 아니고, 또한 그의 사유들에 체계적 '구조가 빠져 있어서도' 아니었다.[33] 하지만 엄격한 의미 에서 카뮈의 관점은 **상궤를 벗어난** 것이었다고 할 수 있다. 다시 말해 카뮈 는 '열외'의 위치에 있었던 것이다. 그러니까 코제브와 메를로퐁티 앞에서 카뮈는 **이방인**의 모습을 보였던 것이다.

우선 몇 개의 기준을 세워 보자. 카뮈의 눈에는 인간의 고유한 지평선 은 **역사**가 아니고 **자연**이었다. 카뮈는 세계를 **변화시키는** 일에 대해서는 그 다지 관심이 없었으며, 오히려 세계를 **관조하는** 일이 그의 관심사였다. 카 뮈의 특징은 대지(大地)에의 충실이며, 구체적으로 살아 있는 것에 대한 애 착이었다. 그러니까 카뮈에게 중요한 가치를 갖는 것은 **뿌리내리기**였다. 이

---

33 Robert Kanters, "Pour et contre Camus", *Le Figaro littéraire*, 5-11 janvier 1970.

러한 이유로 카뮈는 『반항하는 인간』에서 혁명의 신화를 문제 삼는 것에 만족하지 않는다. 오히려 카뮈는 헤겔의 부정성과 칸트의 실천을 비난하는 데까지 나아간다. 또한 카뮈는 자연주의적 주제에 기대어 초월이라는 개념에 정면으로 도전하기도 한다. 그도 그럴 것이 카뮈에게 있어서 세계를 초월하고, 이 세계로부터 '벗어나는 것'은 자신을 불행에 내맡기는 것과 동의어이기 때문이다. 그런데 인간은 오히려 행복에 초대되어 있다는 것이 카뮈의 생각이다.

다른 한편 카뮈는 '부조리'의 철학자이다. 카뮈의 관심을 끄는 것은 **본질적으로** 운명에 부딪친 개인, 고통과 죽음이라는 신비 앞에 서 있는 개인이었다. 카뮈는 『시지프 신화』에서 이렇게 말하고 있다. "철학에서 유일하게 진지한 문제는 자살 문제뿐이다. 삶이란 살 만한 가치가 있는가 그렇지 않은가를 판단하는 것은 철학의 근본 문제에 답을 하는 것이다."[34] 정치, 역사가 이 문제에 답을 줄 수 있을까? 카뮈는 그렇게 생각하지 않는다. 카뮈가 보기에는 종교와 마찬가지로 역사는 기분전환(divertissement)에 속한다. 역사는 실존의 비극을 '결하고 있다'.

정확히 여기서 카뮈의 기획이 가진 '과격함'이 드러난다. 헤겔과 마르크스의 주장에 대한 반대에서 카뮈보다 더 멀리 나가기는 어려워 보인다.

III

사르트르는 카뮈에게 답하려고 노력한다. 이 지점에서 강제수용소 문제로 다시 돌아가는 것이 좋을 듯하다. 우선 다음과 같은 사실을 잊어서는 안 될

---

34 Albert Camus, *Œuvres complètes* (Pléiade), t.II, p.99.

것이다. 1940년대와 1950년대 파리의 지식인들 사이에서 발생했던 대부분의 불화의 내용을 이루고 있었던 것이 이 강제수용소의 문제라는 사실이 그것이다. 바로 위에서 상기했던 '이론적' 문제들은 분명 그 나름대로의 장단점을 가지고 있다. 그 당시에 이 문제들이 논의된 것은 단지 사변적인 답을 구하기 위해서가 아니었다. 그보다는 오히려 그 누구도 역사의 '과오' 속에 포함시키지 않았던 광활한 소련의 북쪽 시베리아에 강제수용소가 있었기 때문이었다. 여기에서는 역사적 상황이 아주 중요한 위치를 차지하고 있다.

메를로퐁티의 『휴머니즘과 공포』에서 자연스럽게 제기된 중요한 문제 가운데 하나는 다음과 같은 것이었다. 인간의 고통은 그 자체로 추상화될 수 있는가의 문제가 그것이다. 헤겔은 『역사철학강의』에서 이렇게 쓰고 있다. "개인들이 불의를 당할 가능성은 대단히 높다. 그러나 그들이 그 봉사자이자 도구에 불과할 뿐인 보편적 역사 및 이 역사의 발전과 위의 사실 사이에는 아무런 관계도 없다."[35] 메를로퐁티는 헤겔적이다. 하지만 개인들은 단지 그들이 보편적 역사에 기여한 자신들의 '봉사'에 의해서만 고려의 대상이 될 따름인가? 그들은 '도구적' 가치만을 가질 뿐인가? 구체적 사실에 대해서는 같은 정도로 동의를 하지 않으면서도 과연 메를로퐁티가 역사와 프롤레타리아 혁명에 대해 말한 것에는 동의를 할 수 있겠는가?

이렇게 해서 문제는 다시 원점으로 돌아오게 된다. 『휴머니즘과 공포』는 전체주의 문제를 중화시키기 위한 노력을 보여 주고 있다. 또한 반-반공산주의의 적대자들에게 있어서는 이 중화를 재차 중화시키는 것이 문제

---

35 Georg W. F. Hegel, *La Raison dans l'histoire*, trad. Kostas Papaioannou, Paris, 1965, p.98.

였다. 이것은 의심할 여지없이 본질적으로 철학적 과제였다. 그러나 속지 않도록 하자. 여기에서의 논의는 전체주의가 **그 자체만을** 위해 고찰되어야 한다는 생각에 의해 주도되었던 것이다. 하지만 그 목표는 현실로 되돌아오는 것이었다.

사르트르와의 논쟁에서 카뮈는 다음과 같은 점을 특히 강조하고 있다. 공산주의 성향의 지식인들이 자신들의 적을 '고매한 영혼', 다시 말해 멍청하고 특히 '손을 더럽히지 않으려는' 이상주의자들로 취급했다는 사실이 그것이다. 그러나 카뮈는 이와 같은 비판은 그대로 그 비판자들에게로 되돌아가야 한다고 보았다. 왜냐하면 결국 이 문제는 **누가** 이상주의자인가의 문제와 관련되어 있기 때문이었다. '역사적으로 많은 사람들이 겪은 고통'에 관심을 갖는 자가 이상주의자인가, 아니면 이론이나 애매한 선전에 기대어 그런 고통을 추상화해 버리는 이념주의자가 이상주의자인가?[36] 분명 이념주의자는 손을 더럽히는 것을 두려워하지는 않는다(혹은 적어도 다른 사람들이 손을 더럽히는 것을 묵인한다). 그렇다고 해서 그가 더 '현실주의자'인 것은 아니다. 그는 현실에 대해 냉소주의적 태도를 견지할 뿐이다. 물론 이 냉소주의의 이면에서 약간의 '상상력 부족'[37]이 드러나기는 한다. 다시 말해 그는 자신의 사유의 궁전을 통해서만 세계를 바라볼 뿐인 것이다.

1956년 흐루시초프 보고서가 나온 후 많은 사람들이 자신들의 과오를 뉘우쳤다. 소련에서 일어났던 일들을 '몰랐다'고 말하면서 말이다. 하지만 실제로 그들은 소련에서의 사태를 충분히 '알고 있었다'. 벌써 오래전부터 '부르주아' 매체들이 그들에게 많은 것을 가르쳐 주었던 것이다. 다만 그들

---

36 Albert Camus, "Lettre au directeur des *Temps modernes*", *O.C.*, t.II, pp.767~768.
37 이 주제에 대해서는 특히 Albert Camus, *O.C.*, t.II, pp.258, 334, 1468~1469 등을 참조하라.

은 자기들이 알게 된 것을 **정면으로** 바라보기를 거절했을 뿐이었다. 그것도 혁명의 찬가가 울려 퍼지는 미래를 따라가고자 하면서 말이다. 그렇게 행동한 그들을 이해하도록 하자. 시대가 그랬으니까 말이다. 현기증 나는 많은 단어들이 오갔다. 변증법, 역사의 이성, 계급 없는 사회 등과 같은 단어들이 말이다. 그러나 이러한 단어들은 정확히 그것들에 의해 매혹되고자 하는 자들만을 매혹시켰을 뿐이다. 변증법적 세계의 포로가 되어 버린 이상 그들이 다시 현실에 발을 내디딘다는 것은 어려운 일이었다. 그러나 누가 우리로 하여금 손가락을 톱니바퀴에 끼워 넣을 수밖에 없게 했을까?

물론 문제는 이렇게 단순하지 않았다. 즐거워하든 유감스럽게 생각하든 간에, 문제는 그 시대에도 인간은 여전히 역사 속에서, 역사를 위해서만 살아갔을 뿐이라는 점이다. 잔 에르쉬는 『이데올로기와 현실』에서 심각하게 다음과 같이 지적하고 있다. "절대에 호소하지 않는다면 역사는 그 의미도 그 현실도 상실해 버릴 것이다. 그러나 역사에서 절대라는 개념의 부상처럼 해로운 것도 없다. 이 절대에 의해 제일 먼저 희생되는 것이 바로 인간의 자유이다. 즉 그것은 이 땅 위에 절대의 출현을 결정하는 조건 자체이다. 요컨대 절대의 등장 이후 역사는 불가능해진다."[38] 이와 같은 주장은 얼핏 해결이 불가능한 비극적 이분법에 해당하는 것처럼 보인다. 구체적 개인은 정복해야 할 절대 앞에서 과연 어떤 무게를 갖는가? 그런데 인간이 희생된다면, 역사는 **필연적으로** 비인간적인 과정 속에서 동요하게 될 것이다. 인간은 절대의 위협에서 벗어날 수 있을까? 다시 한번 에르쉬와 더불어 인간은 **체념할** 줄 알아야 한다는 사실을 지적하자.[39] 체념한다는 것은 우선

---

38 Jeanne Hersch, *Idéologies et réalité*, Paris, 1956, p.114.
39 *Ibid.*

살아 있는 구체적 존재를 **추상화**시켜서는 안 된다는 것을 의미한다. 그러니까 고통받고 죽어가는 고독한 개인을 항상 기억해야 한다는 것을 의미하는 것이다. 고독한 개인도 어느 정도는 절대이기 때문이다. 그리고 그를 추상화시키는 것은 그를 비(非)의미화시킨다는 것과 동의어이다.

이 단계에서 상상력의 부족이라는 문제로 되돌아오자. 1940년대와 1950년대의 진보주의자들은 '완벽한 국가'를 실현하기 위해서는 그 어떤 희생 앞에서도 물러서서는 안 된다는 생각에 젖어 있었다. 하지만 다른 한편으로 이처럼 '동의를 얻은' 희생의 성격을 잘 알고 있는지의 여부를 물어보아야 했다. 로버트 콘퀘스트가 그의 저서 『대공포』에서 지적하고 있는 것처럼, 소련의 강제수용소 체제에 관련된 수많은 숫자들(수천만 명 이상의 희생자)[40]에는 충분히 실망할 만한 무엇인가가 있었다. "본능적이고 거의 만장일치로 갖게 된 인상은, 이러한 추측이 공동의 경험에서 나온 자료들과 일치하지 않는다는 것이었다. 사실 이와 같은 끔찍한 숫자들은 이성을 초월하는 것이었고, 이는 스탈린이 주도했던 대부분의 행동에서도 마찬가지였다. 주지의 사실이지만, 스탈린의 체제는 **선험적으로** 실현 불가능하다고 판단된 계획들의 실천에 기초하고 있는 것이다."[41] 많은 지식인들의 경솔함이 거기에서 설명(아니면 변명)되고 있다. 가령 루세의 재판의 증인이었던 한 사람은 다음과 같이 지적하고 있다. "이 사실들을 여러 번에 걸쳐 들을 경우, 우리는 그것들에 대해 믿지 않게 되거나 아니면 그것들을 듣는데 피곤함을 느끼게 된다."[42]

---

40 콘퀘스트는 1936~1950년 사이에 소련의 강제수용소에서 사망한 자들의 수를 3천만 명으로 추산하고 있다(Robert Conquest, *La Grande Terreur*, p.494).
41 *Ibid.*, pp.314~315.
42 David Rousset et al., *Le Procès concentrationnaire pour la vérité sur les camps*, Paris, 1951, p.160에서 조세프 크자프스키의 진술.

게다가 또 다른 요소가 작용했다. 성공 혹은 효율성의 매력이라는 요소가 그것이었다. 소련은 어쨌든 제2차 세계대전에서 승리를 거두었다. 소련의 군대는 엘베 강을 포함한 유럽을 지배하게 되었다. 참회한 공산주의자 에드가 모랭은 스탈린그라드의 소식이 자기에게 미친 효과를 다음과 같이 적고 있다. "스탈린그라드에서 온 소식은 나에게 있어서, 나와 같은 수많은 사람들에게 있어서 소련에 대한 비판, 의혹, 주저함을 일소해 주었다. 스탈린그라드로부터 온 소식은 과거의 범죄를 정당화시키지는 못했다고 해도 어쨌든 그것을 깨끗이 씻어 주긴 했다. 스탈린그라드에서 잔혹 행위, 정치재판, 숙청 등이 그 목적성을 발견하게 되었다."[43] 1940년대에 많은 지식인들은 독일의 승리 앞에서 이와 다른 태도로 대처하지 못했다.[44] 역사의 재판은 항소가 없는 것인가? 승리자는 그가 승리자라는 사실만으로 항상 옳은가? 여기에서 헤겔을 다시 만나게 된다. 현실에 대한 찬미는 전쟁이 끝난 직후 파리의 지식인들이 후기스탈린주의에 대해 일고의 의심 없이 취했던 근본적 태도들 가운데 하나였다. 분명 그들에게 스탈린은 희망임과 동시에 힘이었다. 그것도 그들이 대항하기에는 너무 강한 힘이었던 것이다.[45]

우리는 지금 심리학의 경계 지점에 서 있다. 왜 그것을 부인하겠는가? 근대 이데올로기의 혼란 속에서는 분명 인간적인, 너무나 인간적인 요소도 한몫을 차지하고 있다. 좀더 멀리 나아가 보자. 스탈린주의가 가진 매력

43 Edgar Morin, *Autocritique*, Paris, 1959, p.46. 이와 다음의 진술을 비교하라. "이와 같은 굉장한 귀환(자유주의 성향의 지식인들의 스탈린주의로의 가담)의 이유는 잘 알려져 있다. 그 이유는 다음의 한 단어로 요약된다. 스탈린그라드"(Louis de Villefosse, "Schisme en Occident", *Preuves*, avril 1966, p.59).
44 Raymond Aron, *l'Homme contre les Tyrans*, Paris, 1946, p.168을 참조하라.
45 Edgar Morin, *Autocritique*, p.145.

적인 요소는 인간성에 대한 약속 이상의 그 무엇, 실질적인 전체주의가 아니었던가? 브레히트(Bertolt Brecht)의 예를 들어보자. 많은 사람들은 브레히트가 무엇보다도 "흔들림 없는 지도자의 권위 위에 기초한 부동의, 계급적이고 비잔틴적인 새로운 교회 국가, 권위 전체, 완벽한 권력이 자리 잡는 것을 보고 싶어 하는 깊은 욕구에 의해 이끌렸다"[46]고 평가했다. 결국 브레히트에게 영향을 준 것은 **순수 상태**의 전체주의가 지닌 매력이었다는 것이다. 그런데 다른 자들에 대해서도 같은 이야기를 할 수 없는가? 오히려 스탈린주의가 갖는 테러주의적·전체주의적 성격에도 **불구하고**, 정확히 그런 특성으로 **인해** 이 주의가 한 시대에 그 많은 사람들을 매료시킬 수 있었다고 말할 수도 있지 않을까? 뒤에서 다시 보게 되겠지만, 사르트르의 경우 최소한 이와 같은 가정이 전혀 무의미하다고 할 수는 없을 성싶다. 그도 그럴 것이 그에게 있어서도 역시 '완전한 권력의 정착을 보고자 하는 욕망'이 근본적인 것으로 보이기 때문이다.

그러나 바로 이 지점에서 다음과 같은 질문이 제기된다. 반파시즘(혹은 반-반공산주의)은 마지막 단계에서, 그것에 의해 구현된다고 표방되는 것과 정확히 **반대되는** 것을 그 안에 감추고 있는 것은 아닌가? 물론 섣부른 일반화는 금물이다. 브레히트도 사르트르도 반드시 그 대표적인 경우라고 할 수는 없다. 하지만 페사르와 함께 다음과 같은 사실을 지적하자. "부정적 판단은 끝이 없다. 어떤 내용에 대해서도 부정적으로 판단하는 것은 가능하며, 또한 우선적으로 제외되기를 원하거나 그렇게 보이는 자에 대해서도 그렇게 판단하는 것은 가능하다. 동쪽으로 떠나 파리에서 멀어지고

---

46 Robert Conquest, *La Grande Terreur*, p.467. 콘퀘스트는 『프뢰브』(*Preuves*)지 1953년 3월호에서 에르베 뤼티(Herbert Luthi)가 브레히트의 '사례'에 할애한 글을 참고하고 있다.

싶은데도 결국 서쪽에서 파리를 다시 발견하게 된다. 반대로 서쪽에서 떠나려고 해도 동쪽으로 해서 다시 돌아오게 된다. 반파시즘이 '극좌 나치즘'으로 귀착되는 것처럼 반공산주의도 '극우 볼셰비즘'으로 귀착되는 것이다. 반파시즘이나 반공산주의 모두 비슷하며, 차이가 있다면 그것은 상대편이 비인간적 세계를 건설한다고 하는 주장에서 나온다."[47]

토의에 늦게 가세한 진보주의 지식인들은 1945년 이후에 잿속에서 다시 살아날 준비가 되어 있는 사악한 파시즘을 북돋아 준 셈이다. 하지만 오늘날 이 파시즘의 유산을 이들 진보주의자들의 다양한 유파 속에서가 아니라면 대체 어디에서 찾을 것인가? 여기에서는 그들의 깊은 속마음을 헤아리려 하지 말자. 분명 많은 사람들이 자신들의 이념의 꼬리표를 잘못 달았다. 맹목만이 그 유일한 원인은 아닌 것으로 보인다. 적어도 어떤 자들에게서는 비밀스러운 **공모**라는 이중의 성격을 띠고 있는 것은 아니었던가?

---

47 Gaston Fessard, *France, prends garde de perdre ta Liberté*, p.265.

1부
카뮈

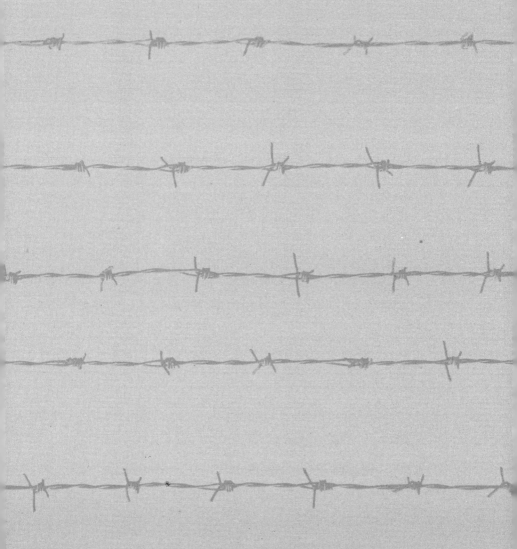

1장

「희생자도 가해자도 아닌」

카뮈는 공산주의에 대한 그의 반대(그리고 반-반공산주의에 대한 반대)가 과거 파시즘에 대한 반대와 같은 선상에 있다는 사실을 항상 힘주어 말하곤 했다. 가령 카뮈는 1955년에 『에스프리』(*Esprit*)지의 편집장 도므나크 (Jean-Marie Domenach)의 비난, 즉 레지스탕스 운동에 대한 '공동 추억'을 '개인화'시켰다는 비난에 응수하면서 이렇게 쓰고 있다. "내가 진보 지식인들의 정치를 거절한 것은, 독일에 협력했던 지식인들을 거부했던 것과 같은 차원, 그렇지 않으면 최소한 같은 이유에서였다. …… 현실주의와 효율성에 대한 열광에 의해 우파 지식인들이 그들의 민족주의를 버렸던 것과 마찬가지로, 진보적 지식인들도 역시 같은 차원에서 그 자신들의 사회주의를 배반할 위험에 처해 있다. …… 자신들의 이상을 실현할 것이라고 하면서 독일과 소련의 힘에 매료된 이 두 경우에서 지식인들은 그 두 나라에 끊임없는 찬사를 보내려 했다."[1]

---

1 Albert Camus, *O.C.*, t.II, p.1753. 현재의 상황에서 다음과 같은 사실을 지적하는 것은 흥미롭다. 즉 도므나크가 전쟁 전에 파시즘 찬양자였다는 사실이 그것이다. 『렉스프레스』지에 실린 그의 선언을 참고할 것. "나는 1934~39년에 어린애처럼 몰입한 상태에서 그 당시 유럽을

카뮈는 1943~44년에 쓴 『독일 친구에게 보내는 편지』에서 나치의 비합리성을 개탄하고 있다. 카뮈에 의하면 세계는 초월적 의미를 가지고 있지 않다. 그럼에도 "세계 내에서 무엇인가 의미를 가지고 있는 것이 있는데, 그것이 바로 인간이다. 왜냐하면 인간은 의미를 갖기를 요구하는 유일한 존재이기 때문이다".[2] 따라서 인간을 절대 '불구로 만들어서는' 안 된다. 인간이라는 이념을 구해야 한다……. 물론 카뮈가 그 반대의 위험을 모르고 있지는 않았다. 그 위험이란 이성의 힘에 대한 지나친 신뢰였다. 그리고 해방이 되자마자 카뮈는 승리를 자축하고 있던 공산주의에 대해 경계하는 쪽으로 선회하고 있다. 분명 비의미에 모든 것을 맡겨서는 안 될 것이다. 그렇다고 해서 마르크스주의자들을 대신해서 "이성주의자들의 나약함"[3]에 양보를 해야 하는가? 인간을 신성화해야 하는가? 1944년 가을에 카뮈는 이미 이렇게 쓰고 있다. "우리는 결정적 혁명을 믿지 않는다. 모든 인간적인 노력은 상대적이다."[4] 공산주의자들은 "역사철학에서 수미일관한 정치 현실주의의 정당성을 발견한다".[5] 그러나 그렇게 해서 공산주의자들은 파시스트들(그들 역시 도덕적 질서에 대해서는 무관심하다)과 조우할 위험이 없는가? 카뮈는 점차 다음과 같은 사실을 확신하게 된다. 이론 차원에서 대립되기는 하지만 공산주의와 파시즘은 실제에 있어서 같은 지점에 도달하게 된다는 것이 그것이다. 요컨대 공산주의와 파시즘은 모두 **전체주의적** 성격

흔들었던 파시즘의 파고를 경험했다." 다른 한편 도므나크는 "자신의 기질상 극단주의자들에게 끌렸다"고 고백하고 있다(*L'Express*, n° 411, 30 avril 1959. Gaston Fessard, *De l'actualité historique*, t.II, p.14에서 재인용).

2 Albert Camus, *Lettres à un ami allemand*, *O.C.*, t.II, p.241.
3 Albert Camus, "Réponses à d'Astier", *O.C.*, t.II, p.361.
4 *Combat*, 19 septembre 1944. Albert Camus, *O.C.*, t.II, p.1527에서 재인용.
5 *Combat*, 7 octobre 1944. Albert Camus, *Actuelles I*, *O.C.*, t.II, p.273에서 재인용.

을 지니고 있다는 것이다.

같은 시대에 메를로퐁티는 진보적 폭력 이론을 발전시켰다. 하지만 카뮈는 이 이론에 반대하고자 했다. 카뮈는 1946년부터 『콩바』지에 「희생자도 가해자도 아닌」이라는 일련의 글을 실었다. 이 일련의 글을 통해 카뮈는 "이념의 종말, 다시 말해 역사에서 반드시 지불해야 할 대가에 의해 스스로 파괴되는 절대적 유토피아의 종말"[6]을 환기시키고 있다. 카뮈는 역사에 대한 마르크스주의 철학을 믿는 것을 거절한 것이다. 카뮈에 의하면 마르크스주의자들이 노리는 목적들은 "구별 불가능하다".[7] 다시 말해 후일 정당한 국가를 실현할 수 있는 가능성이 전혀 없다고 보아야 한다는 것이다.[8] 이러한 상황에서 어떻게 살인에 대해 동의를 할 수 있겠는가? '진보적'이라고 하더라도 살인은 정당화될 수 없는 것이다. 카뮈는 이렇게 해서 '목적이 수단을 정당화시킨다'는 생각에 바탕을 둔 "신비화된 사회주의"[9]에 대해 "더 겸손하지만 덜 황폐한"[10] 그 자신의 사회주의 개념을 대립시키고 있다. 카뮈가 보기에 "중요한 것은 생명을 구하는 것"[11]이었다. 다른 사람들에게 가하게 될 피와 고통을 가능한 한 자제해야 한다는 것이다.

카뮈는 그 이후 이 주제를 여러 차례에 걸쳐 다시 다루게 된다. 카뮈는 1949년에 『작가수첩』에서 이렇게 적고 있다. "내가 후회하는 것 중 하나는 객관성에 너무 집착했다는 것이다. 객관성은 종종 찬사와 동의어이다. 하

---

6 Albert Camus, *O.C.*, t.II, p.338. 10년이 지난 후에 이 이데올로기의 종언이라는 주제가 누리는 행운이 어떤 것인가를 우리는 알고 있다. 카뮈가 잘 예측한 것이다.
7 *Ibid.*, p.350.
8 Albert Camus, "Réponses à d'Astier", *O.C.*, t.II, p.359.
9 Albert Camus, "Ni victimes ni bourreaux", *O.C.*, t.II, p.336.
10 *Ibid.*, p.338.
11 *Ibid.*, p.349.

지만 오늘날 사태는 분명하고, 비록 그것이 사회주의 내에서라고 하더라도 강제노동수용소가 있다면 강제노동수용소가 있다고 말해야 한다. 어떤 의미에서 앞으로 나는 결코 예의 바른 사람이 되지 않을 것이다."[12] 불손하게 굴겠다고 한 카뮈는 실제로 불손하게 구는 기회를 갖게 된다. 다른 사람들로부터 '손가락질'당하는 것에 익숙해진 카뮈는, 여론의 물의에도 불구하고 가능할 때마다, '진보주의적'이든 '반동적'이든 전제(專制)를 항상 전제라고 부르게 된다. 더군다나 카뮈에게서는 "폭력의 제도들"[13]을 단죄하기 위해 매번 이 제도들이 '역사의 의미'에 포함되느냐 아니냐의 여부를 물을 필요조차 없었다.

뒤에서 카뮈의 『반항하는 인간』을 자세하게 살펴볼 기회를 갖게 될 것이다. 실제로 전체주의에 대한 카뮈의 비판이 이 저서에서 가장 완벽한 형태로 나타나고 있다. 메를로퐁티와 '진보주의자들'에 맞서 카뮈가 공산주의와 파시즘을 동일시하게 되는 여러 이유가 이 저서에서 분명하게 드러나고 있다. 실제로 『반항하는 인간』은 많은 논쟁을 야기시킨 저서이다. 사르트르에 이어 많은 사람들이 이 저서에서 저자인 카뮈가 '쿠데타'를 했다고[14] 비판하고 있다. 사실 카뮈는 관용과 대화에 호소하는 것으로 그치고 있다. 그러나 그 당시 문제를 극단적으로 복종과 효율성의 용어로[15] 제기하는 경향이 있었던 모든 좌파의 입장에서 볼 때, 카뮈의 그러한 태도는 부르주아 냄새가 물씬 풍기는 것이었다. 그 점이 중점적으로 비판당했던 것이다. 물론 카뮈가 그 공격으로 인해 전혀 고통을 받지 않은 것은 아니다. 카

---

12 Albert Camus, *Carnets II*, p.267.
13 Albert Camus, "Réponses à d'Astier", *O.C.*, t.II, p.356.
14 Jean-Paul Sartre, "Réponse à Camus", *Situations IV*, p.91.
15 Edgar Morin, *Autocritique*, p.83.

뭐가 거기에 응수를 했던 것은, 그의 눈에 그렇게 행동하는 것이 진리, 그리고 살고자 하는 이유, 투쟁하고자 하는 이유와 관련되어 있었기 때문이다.[16] 『반항하는 인간』에서 중요한 점들이 모두 지적되고 있는데, 이 점들에 대해 검토조차 하지 않고서 그 의미를 왜곡시켜서는 안 될 것이다.

　게다가 이와 같은 의미는 현재에도 여전히 중요한 것으로 보인다.

16 Albert Camus, "Lettre au directeur des *Temps modernes*", *Actuelles II*, *O.C.*, t.II, p.773
　에서 재인용.

2장
『반항하는 인간』

카뮈는 『반항하는 인간』의 서두에서 이렇게 적고 있다. "이 시론의 목적은 …… 논리에 의한 범죄를 시대의 현실로 받아들이고, 그것의 여러 정당화 과정을 검토해 보는 것이다."[1]

여기에서 '논리에 의한 범죄'라는 말로 카뮈가 의미하는 바는 무엇인가? 카뮈는 이렇게 말하고 있다.

'논리에 의한 범죄'는 '정념에 의한 범죄'와는 다르게 '스스로 논리를 세우는' 범죄이며, 또한 '미리 모사한' 범죄라고 말이다.[2] "지금은 사전 음모와 완전범죄의 시대이다. 우리 시대의 범죄자들은 이제 더 이상 사랑을 간청하던 무력한 어린애들이 아니다. 이와는 달리 그들은 성인들이며, 그들의 알리바이는 확고하다. 그 알리바이는 살인자를 심판관으로 바꿔 놓을 수조차 있는 만능의 철학이다."[3]

이처럼 『반항하는 인간』의 주제들은 몇몇 철학 '체계들'과 몇몇 이데

---

1 Albert Camus, *L'Homme révolté, O.C.,* t.II, p.413.
2 *Ibid.*
3 *Ibid.*

올로기 '이론들'에 의해 정당화되고, 심지어는 그것들을 뒷받침하는 폭력과 무관하지 않은 주제들이다.

그렇다면 어떤 체계들, 어떤 이론들이 문제가 되는가? 여기에서 카뮈는 하나의 역설을 보여 준다. 그러니까 사람들이 일반적으로 생각하는 것과는 반대로 '논리에 의한 범죄'는, 인간이 자기와 유사한 다른 사람들을 미워하거나 또는 파괴를 위한 파괴를 바란다는 사실과는 아무런 관계도 없다는 역설이 그것이다. 이와는 달리 이 범죄는 오히려 훌륭한 감정과 박애 정신을 가진 박애주의자들과 관련이 있는 문제라는 것이다. "자유의 기치 아래 존재하는 노예수용소와 대량학살은 인간에 대한 사랑이나 초인(超人)에 대한 취향에 의해 정당화되었다."[4] 이 경우에 범죄는 "무죄의 껍질로 장식된다".[5]

이와 같은 역설은 다음과 같은 방식으로도 설명된다. 박애주의자는 한 사회를 지배하는 무질서로 인해 충격을 받는다. 불의가 그를 저항으로 이끈다. 그 결과 그는 세계를 '변화시키고자' 한다. "그러나 변화시키는 것은 행동하는 것이요, 행동하는 것은 내일 사람을 죽이는 것이다."[6] 이처럼 사람들은 고상한 목적을 지향하지만, 이 목적이 실현되기 위해서는 난폭한 수단들이 요구되는 것이다. 그러니까 거짓말하고, 투옥하고, 살해하는 것이 필수적이 되는 것이다. 이렇게 해서 조금씩 "범죄가 증가하게 되며, 삼단논법의 모든 면모를 갖추게 된다. 절규처럼 고독했던 범죄가 이제 보편화되어 버렸다. 어제는 심판을 받았던 범죄가 오늘날에는 법을 제정하고 있다".[7]

---

4 Albert Camus, *L'Homme révolté, O.C.*, t.II.
5 *Ibid.*, p.414.
6 *Ibid.*, p.419.

이 단계에서 사태는 더 명백해진다. 그렇다면 '범죄자들'은 대체 어떤 '논리'에 복종하는가? 당연히 그들은 **혁명**의 논리에 복종한다. 카뮈가 『반항하는 인간』에서 검토하고자 하는 것은, 혁명적 실천의 문제, 보다 더 정확하게 말하자면 진보적 폭력의 문제인 것이다. "무고한 자가 행동에 돌입하는 순간부터 과연 살인을 피할 수가 없는 것인지를 알아보는 것이 중요하다."[8] 목적이 수단을 정당화한다고들 한다. "그러나 누가 목적을 정당화할 것인가?"[9] 하나의 생각을 모든 적용 가능한 기준 위에 있는 '절대'로 만드는 것이 대체 어떤 측면에서 허용되는가? 결국 여기에서 메를로퐁티의 저서 『휴머니즘과 공포』의 중심 주제를 다시 발견하게 되는 것이다.

* * *

『반항하는 인간』은 복잡한 저서이다. 여러 가지 난점으로 인해 이 저서의 해석이 미묘해진다. 우선 '형식적' 순서의 문제가 제기된다. 카뮈는 토의하는 방법을 택하지 않고 있다. 논리가 이 저서의 여러 중요한 매듭을 결정하고 있다. 하지만 카뮈는 각 장(章)의 수준에서 먼저 서술적이고 묘사적인 작업을 하고 있다. 카뮈는 가능한 한 사실들을 먼저 언급하는 전략을 구사하고 있다. 이렇게 해서 『반항하는 인간』은 하나의 큰 벽화처럼 소개되고 있으며, "유럽의 자존심"[10]의 여러 단계에 걸친 변화를 추적하고 있다. 실제로 카뮈는 마르크스, 헤겔, 루소에게로까지 거슬러 올라간다. 또한 카뮈는 자코뱅주의의 공포, 러시아의 허무주의, 스탈린주의를 차례로 상기하고

---

7 *Ibid.*, p.413.
8 *Ibid.*, p.414.
9 *Ibid.*, p.696.
10 *Ibid.*, p.420.

있다. 그런데 철학적 분석과 역사적 분석의 이러한 교차로 인해 수시로 일종의 '모호함'이 나타나기도 한다. 카뮈가 어떤 결론에 도달하는지를 쉽게 알 수는 없다. 또한 카뮈는 여기저기에서 추론의 방향을 잃고 있기도 하다.

그러나 『반항하는 인간』의 전개 방식만이 문제가 되는 것은 아니다. 이 저서에서 카뮈의 **사유 자체**에 내재된 모호함에 부딪치기도 한다. 위에서 살펴본 것처럼 카뮈는 혁명적 이상주의를 비판한다. 하지만 카뮈는 **반항**을 주창하기도 한다. 카뮈는 '진보적 폭력'을 주장하는 자들을 공격하기는 한다. 그렇다고 해서 카뮈가 무조건적으로 주위 여건을 받아들이거나 체념할 것을 설파하는 '반동주의자들'의 의견을 받아들이는 것은 결코 아니다. 카뮈는 공산주의적 냉소주의에 전통적 가치(인간의 삶이 가진 신성성에 대한 긍정, 진리에의 요구 등)에 대한 존중을 대립시킨다. 게다가 카뮈는 '도덕주의자'라고 자처하면서 스스로를 방어하기도 한다. 카뮈는 심지어 과도한 혁명적 실천에 대한 근거를 제공한 칸트의 형식주의를 단호한 태도로 비판하기도 한다(이 점에 있어서 그는 헤겔에 동의한다).[11]

우리는 『반항하는 인간』이 수미일관한 텍스트라는 가정에서 출발하고자 한다. 다시 말해 적어도 이 저서의 여러 모호함 때문에 **선험적으로** 카뮈를 반대하는 입장에 서지는 않을 것이다. 하지만 이 저서에서 볼 수 있는 모호함으로 인해 다른 여러 문제가 제기되는 것 역시 사실이다. 반혁명주의와 반항을 동시에 논의한다는 것 자체가 이미 놀라운 일이다. 그렇다면 카뮈의 반형식주의에 대해 무슨 말을 할 수 있을까? 인간의 연대성에 대한 '형이상학적'[12] 특징에 대해 말함과 동시에 형식적 도덕을 말하는 것을 거

---

11 Albert Camus, *L'Homme révolté*, O.C., t.II, pp.530~540.
12 *Ibid.*, p.426.

절할 수 있을까? 어쨌든 최소한 이와 같은 문제들을 제기해 볼 수는 있을 것이다.

이 문제들을 해결하기 위해 우리는 다음과 같은 방식을 이용하고자 한다. 우선 카뮈의 반혁명주의에 대한 비난에서 논의의 여지가 있는 몇몇 주제를 선정해서 그 하나하나가 그의 과거 저작에서 어느 부분에 해당하는가를 살펴볼 것이다. 물론 그 과정에서 카뮈의 사유에 변화가 발생하는 경우에는 거기에 대해 설명을 더하게 될 것이다. 그러나 곧 살펴보겠지만, 그러한 변화는 그다지 많지 않다. 카뮈는 그의 사유의 발전 과정에서 놀라울 정도로 일관성을 유지하고 있다. 본질적인 면에서 카뮈의 사유는 거의 변화하지 않고 있다. 이처럼 『반항하는 인간』의 주요 동기를 카뮈의 전 저작과 비교함으로써 분명 몇몇 모호한 점들을 불식시킬 수 있을 것이며, 적어도 그 의미를 더 잘 이해할 수 있을 것이다. 카뮈는 결코 단순한 사람이 아니다. 카뮈의 사유의 구성에서 나타나는 모호함은 ── 그걸 누가 알겠는가 ── 겉으로 보이는 것보다 훨씬 더 단단한 토대를 갖추고 있는 것으로 보인다.

카뮈의 저작에서 보면 '반항'은 오래된 주제이다. 『결혼』(Noces), 특히 『시지프 신화』가 그것을 잘 보여 준다. 그럼에도 이 두 텍스트에서는 정치 문제가 전혀 거론되고 있지 않다. 그리고 여기에서 반항은 무엇보다도 '실존'의 태도로 나타나고 있다. 『시지프 신화』의 정의를 다시 취한다면, 반항은 "짓누르는 운명에 동반되는 체념이라기보다는 그 운명에 대한 확신"[13]이다. 하지만 **선험적으로** 『시지프 신화』에서 카뮈가 의도하는 반항과 『반항하는 인간』에서 이해하는 반항 사이에는 긴밀한 관계가 있다고 가정할

---

13 Albert Camus, *Le Mythe de Sisyphe*, O.C., t.II, p.138.

수 있다. 따라서 두번째 반항을 밝히기 위해 첫번째 반항에 의지하는 것은 정당화될 수 있는 것이다.

물론 상호성도 있다. 그리고 만약 『반항하는 인간』이 카뮈의 다른 저작들과의 비교에서 더 큰 의미를 가지고 있다면, 이와 같은 비교를 통해 다른 저작들의 의미가 더욱 분명해지는 효과를 낳을 수도 있다. 『반항하는 인간』에서는 그때까지 카뮈에게 암시적으로 나타났던 여러 주제들이 구체적으로 나타나고, 또 이렇게 해서 『결혼』과 『시지프 신화』의 몇몇 주제들의 범위가 더 잘 포착될 수 있을 것이다.

3장
부조리

공산주의에 대한 카뮈의 반대는 우선 그의 회의주의에서 기인한다. 카뮈는 내일에 대한 찬가를 믿지 않는다. 공산주의자들은 "모든 것을 잘 알고 있고, 또 모든 것을 잘 해결한다"[1]고 주장한다. 그러나 카뮈에게 있어서는 전지전능함이라든가 전지전능한 학문은 결코 인간이 범접할 수 있는 성질의 것이 아니다. 어디로 향하든지 간에 인간은 일정한 **한계**에 부딪치게 되고, 또 그것은 대부분의 경우 극복 불가능한 것이기도 하다.

앞에서 살펴보았듯이, 1944년에 이미 카뮈는 인간의 노력이 지닌 불가피한 '상대성'을 강조하고 있다. 카뮈는 이렇게 쓰고 있다. "우리는 결정적 혁명을 믿지 않는다." 이어서 혁명적 야심에 내포된 이와 같은 '무절제한' 특징에 대해 카뮈는 항상 더 강하게 반대하며 주장하고 있다. 가령 1948년에 카뮈는 에마뉘엘 다스티에(Emmanuel d'Astier)를 겨냥해서 이렇게 쓰고 있다. "문제가 되는 것은 인간의 신성화라는 과장된 신화, 지배의 신화, 인간의 이성의 힘에만 입각한 우주 통일에 대한 신화이다. 문제가 되

---

1 Albert Camus, "Réponse à d'Astier", *O.C.*, t.II, p.363.

는 것은 전체성의 정복이고, 또한 소련이 신이 없는 메시아주의의 도구로 여겨지고 있다는 점이다. …… 굉장한 야심을 가진 몇몇 지식인들이 신자들의 군대를 상상의 성지로 이끌고 있다."[2]

자연스러운 일이지만 이와 같은 주제는 『반항하는 인간』에서 중요한 위치를 차지하고 있다. 따라서 이 주제에 먼저 주목하도록 하자.

주지의 사실이지만 『반항하는 인간』은 크게 두 부분으로 구성되어 있다. 카뮈가 '형이상학적 반항'이라고 부른 것에 할애된 부분과, '역사적 반항'이라고 부른 것에 할애된 부분이 그것이다. 카뮈가 이해하고 있는 '형이상학적 반항'은 헤겔의 '불행한 의식'과 큰 차이가 없다. 이 개념은 다소간 **기독교**에 관련된 이데올로기 전체에 해당되는 것이기도 하다. '역사적 반항'(다시 말해 **엄밀한 의미에서 혁명**)에 대해 말하자면, 카뮈에 의하면 이것은 "이념을 역사적 경험 속에 편입시키는 것"[3]으로 정의된다. 우리는 곧 혁명의 문제가 강조되고 있는 저작에서 카뮈가 어떤 이유로 기독교와 그로부터 파생된 이데올로기를 다루고 있는가의 문제를 검토하게 될 것이다. 하지만 지금으로서는 혁명에 대해 카뮈가 부여한 의미와 코제브가 부여한 의미의 일치성 여부만을 살펴보도록 하자. 혁명은 형이상학의 역사에 있어서 하나의 시도, 곧 기독교적 이상에 대해 시대의 패권을 안겨 주려고 하는 의지이다.

그러나 기독교적 이상에 대해 시대의 패권을 안겨 주려는 시도는 정말로 실현 가능한 것인가? 카뮈는 여기에 대해 의심한다. 카뮈가 보기에 거기에서는 단지 **신화**가 문제일 뿐이다. 게다가 그것은 위험한 신화이며, 또한

---

2 Albert Camus, "Réponse à d'Astier", *O.C.*, t.II, pp.361~362.
3 Albert Camus, *L'Homme révolté*, *O.C.*, t.II, p.515.

현명하다면 포기를 해야 하는 그러한 종류의 신화이다.

카뮈는 이렇게 설명하고 있다. 두 세기 전부터 인간들은 여기저기에서 혁명의 희망에 실체를 주려고 노력해 왔다고 말이다. 그런데 이 모든 시도들은 실패라는 공통분모에 의해 하나로 연결된다. 그리고 실패에 의해 이처럼 하나로 연결될 뿐만 아니라, 그 이상으로 이 시도들에 의해 항상 공포, 전쟁, 전제주의가 탄생했다. 18세기 말에 발생했던 자코뱅주의 혁명이든 아니면 1917년에 발생한 볼셰비키 혁명이든 간에, '찬성에서 반대로의 전복'이 항상 일어나고 있다. 원래 박애주의자들이자 민주주의자들이었던 혁명론자들이 일찍 성공하여 권력을 장악하긴 했으나 곧바로 어쩔 수 없이 탄압자들로 변신했다. "용서의 공화국"이 "단두대의 공화국"[4]에 자리를 내주었던 것이다. 요컨대 프로메테우스는 카이사르가 된 셈이었다.[5]

그렇다면 이와 같은 실패들을 어떻게 이해할 수 있을까? 카뮈에게 있어서 답은 의외로 간단하다. 혁명론자들은 항상 **불가능한** 것을 목표로 삼는다는 것이다.

카뮈에게 '불가능한 것'이란, 우선 **절대적** 정의, 곧 모든 곳에서 조화와 박애가 지배하는 것을 기대하는 정의의 확립이다. 혁명론자들은 만인에 의한 만인의 지배가 행해질 수 있는 '완벽한 국가'를 꿈꾼다. 그곳에서 국가적 강제는 더 이상 존재이유를 가질 수 없다. 왜냐하면 각자는 '덕 있는 자'가 될 수 있거나(생 쥐스트의 경우), 혹은 '착취'가 사라질 수 있기(레닌의 경우) 때문이다. 그러니까 모든 사람들의 이해관계가 각자의 그것과 일치하게 될 것이다. 그러나 카뮈는 혁명론자들이 한 가지 사실을 잊고 있다

---

4 *Ibid.*, p.533.
5 *Ibid.*, p.647.

고 지적한다. **자유**가 그것이다. 왜냐하면 인간들은 자유롭기 때문이다. 다시 말해 그들은 스스로를 "사회적이고 합리적인 자아, 즉 계산의 대상"[6]으로 환원되도록 그대로 방치하지 않기 때문이다. 그들의 이해관계들은 다양하고, 그들이 참조하는 가치들도 서로 다르다. 그런데 "절대적 정의는 모든 대립을 그냥 관통한다".[7] 그 결과 **절대적** 정의와 **사실로서의** 자유 사이에는 늘 모순이 발생한다. "절대적 정의는 자유를 부정한다."[8]

카뮈는 이와 같은 정의-자유의 모순이 그 자체로 결코 해결될 수 없는 것이 아니라는 것을 보여 주기 위해 그 나름대로 노력하고 있다. 이 모순을 줄이기 위해 간단한 방법이 있다는 것이 카뮈의 주장이다. 즉 **상대적** 정의(자유라는 개념과 완전히 화해 가능한 정의)에 만족하기 위해 **절대적** 정의의 이상을 포기하는 방법이 그것이다. 하지만 혁명은 정확히 상대성을 **거절**한다. 혁명은 **절대적** 정의에 의해서만 스스로 만족한다. 그때부터 정의와 자유는 늘 충돌할 수밖에 없다. "제국을 정복하기 위해 모든 자유를 말살하라. 그러면 언젠가 제국은 자유로워질 것이다."[9] 이것이 모든 혁명론자들의 구호였다. 보다 빨리 통일을 달성하기 위해 전체성의 길을 택하게 된다.[10] 하지만 정확히 그 지점에서 모든 일을 그르치게 된다. 그도 그럴 것이 자유의 끝에 도달하기 위해서는 '위험한 수단들'에 호소해야 하기 때문이다. 우선 선전에("반사와 조건반사를 일치시키는"[11] 방식으로), 그리고 공포에 말이다. 그러나 공포란 자의적인 것, 그러니까 일반화된 불의의 지배와 같

---

6 Albert Camus, *L'Homme révolté*, *O.C.*, t.II, p.641.
7 *Ibid.*, p.691.
8 *Ibid.*, p.693.
9 *Ibid.*, p.636.
10 *Ibid.*
11 *Ibid.*, p.640.

다. 여기에서 지금 문제가 되고 있는 '찬성에서 반대로의 전복'이 다시 발견되는 것이다. "박애를 원하는 국가는 단지 인간들이 우글거리는 개미집이 되고 만다."[12]

혁명론자들은 항상 변증법의 '법칙'을 들먹이곤 한다. "좀더 많은 생산, 좀더 많은 권력, 간단없는 노동, 간단없는 고통, 계속되는 전쟁 후에 전체주의적 제국의 전체적 복종이 기적적으로 정반대 상황으로 바뀌는 순간이 올 것이다. 보편적 공화국 내의 자유로운 여가를 즐길 수 있을 것이다."[13] 하지만 카뮈는 이와 같은 '기적'을 믿지 않는다.[14] 그리고 카뮈에 의하면 멀리 떨어져 있는 미래의 정의의 이름으로 현재의 불의를 정당화하는 것은 '신비화'로 연결된다.[15] "만약 언젠가 수백만 명의 노예들이 해방된 인류를 구성하는 것이 허무주의의 유일한 희망이라면, 역사는 절망적인 꿈일 따름이다."[16]

따라서 '완벽한' 국가의 실현 가능성에 대한 신념은 환상일 따름이다. 하지만 카뮈가 하고 있는 추론의 핵심은 거기에 있지 않다. 사실 정치적 이상향에 대한 카뮈의 이 같은 비판(게다가 이 비판이 그만의 독창적인 것은 아니다[17])의 배후에는 보다 더 근본적인 또 다른 비판, 그리고 그 자체로 완벽한 국가라는 생각의 **의미 자체**와 관련된 또 다른 비판이 도사리고 있다.

---

12 *Ibid.*, p.642.
13 *Ibid.*, p.636.
14 *Ibid.*, p.637.
15 *Ibid.*, p.636.
16 *Ibid.*, p.637.
17 홉스에 따르면 혁명적 이상의 실현이 자연상태 —— 인간들이 만인에 대한 만인의 전쟁이 다시 태어나는 곳이 된다고 동의하는 장소 —— 만을 야기시킬 뿐이라는 주장은, 버크(Edmund Burke) 이후 반혁명적 논의에 대한 고전적 논의에 속한다. Alexis Philonenko, *Théorie et praxis dans la pensée politique et morale de Kant et de Fichte en 1793*, Paris, 1968, p.18을 참조하라.

『반항하는 인간』의 결론 부분에서 카뮈는 다음과 같이 쓰고 있다. "반항은 끊임없이 악에 부딪치게 마련이다. …… 인간은 통제해야 할 모든 것을 자신의 내부에서 통제할 수 있다. 인간은 수정할 수 있는 모든 것을 자신의 창조에서 수정해야 한다. 악이 있다면, 어린아이는 완벽한 사회에서 조차도 부당하게 죽어갈 것이다. 자기 자신의 가장 큰 노력 속에서 인간은 다만 세계의 고통을 산술적으로 줄여 나가는 것을 꾀할 수 있을 따름이다. 그러나 불의와 고통은, 그것들이 아무리 사소한 것이라고 해도, 계속해서 추문으로 남게 될 것이다. 드미트리 카라마조프가 제기하는 '왜'라는 질문은 계속해서 의미를 가지게 될 것이다."[18]

여기에서 가능한 것과 불가능한 것의 문제는 한결 더 심각해진다. 카뮈는 단순하게 그저 혁명적 이상의 실현 가능성이 없다고 말하지 않는다. 카뮈는 이러한 이상이 (비록 실현 가능하다 해도) 인간에게 단순히 정치적 차원이 아니라 형이상학적 차원에 속하는 여러 문제를 가리고 있다는 사실을 알려 주고자 하는 것이다. 요컨대 카뮈는 **부조리**의 문제를 문제 삼고 있는 것이다.

카뮈의 『반항하는 인간』 이전 저작들에서 이 문제가 어떤 비중을 차지하고 있는가에 대해서는 모두가 잘 알고 있다. 카뮈는 사물들의 '이면'인 죽음, 질병 등과 같은 일반적으로 **유한성**이라고 규정되는 것을 항상 강박관념처럼 가지고 있다. 카뮈는 성 아우구스티누스에 대해 깊은 존경심을 표하고 있다. 그 까닭은 "성 아우구스티누스가 기독교에서 유일하게 악을 정면에서 바라보는 위대한 인물"[19]이기 때문이다. 『시지프 신화』에서 카뮈

---

18 Albert Camus, *L'Homme révolté*, *O.C.*, t.II, pp.705~706. 수정을 해야 할 것이다. 여기에서 문제가 되는 인물은 드미트리 카라마조프가 아니라 이반 카라마조프이다.
19 Albert Camus, *Carnets II*, p.179; Albert Camus, "L'incroyant et les chrétiens", *O.C.*, t.II,

는 파스칼 식의 만족과 모든 종류의 희망을 동일시한다. "누려야 할 가치가 있는 또 다른 삶에 대한 희망 또는 삶 그 자체가 아니라, 삶을 뛰어넘는 그리고 삶을 고귀한 것으로 만드는 모종의 위대한 생각을 위해 산다고 하는 속임수는, 삶에 대해 어떤 의미를 주기도 하고 삶을 배반하기도 한다."[20] 왜냐하면 희망한다는 것은 **피하는 것**[21]이고, **부딪칠** 필요가 있는 것을 괄호 안에 넣는 것 또는 괄호 안에 넣으려고 시도하는 것이기 때문이다.

물론 이 주제가 『반항하는 인간』에서 다시 등장한다. 카뮈가 혁명론자에게 가하고 있는 비난의 요점은, 결국 인간은 **위로받을 수 있다**는 믿음이다. 카뮈는 종교에 의한 구원을 전혀 믿지 않는다. 역사에 의한 구원에 대해서도 카뮈는 역시 냉랭한 태도를 취한다. 카뮈의 눈에는 혁명론자의 정복적 이성도 신비적 피안에 대한 믿음도 인간을 실제로 **행복하게** 만들어 주는 것으로 보이지 않는다. 사방에서 자신의 벽을 드리우는 '부조리'에 맞서 인간은 **호소할 데가 없는** 상태에 있는 것이다.

사르트르는 카뮈와의 논쟁에서 그가 형이상학적 악만을 고려하기 위해 사회적 소외를 등한시했다고 비난한다. "어린아이가 죽게 되면 당신은 세계의 부조리함을 비난할 것입니다……. 그러나 그 어린애의 아버지가 실업자나 수공업자라면, 그는 다른 사람들을 비난할 것입니다. 그는 우리의 부조리한 삶의 조건이 파시[22]나 비앙쿠르[23]에서 동일하지 않다는 사

---

p.374를 볼 것. "내게 있어서 사실상 나 자신이 어느 정도는 다음과 같이 말하면서 기독교 앞에 서 있는 아우구스티누스와 같다. '나는 악이 어디에서 오는지를 찾고 있다. 나는 아직 그것에서 벗어나지 못하고 있다.'"

20 Albert Camus, *Le Mythe de Sisyphe*, O.C., t.II, pp.102~103.
21 *Ibid.*
22 파리에서 가장 부유한 16구에 속하는 지역. ― 옮긴이
23 파리 16구에 붙어 있는 도시로 공장 밀집 지역이었다. ― 옮긴이

실을 잘 알고 있습니다."[24] 사실 카뮈가 사회적 소외의 중요성을 결코 인정하지 않는 것은 아니다. 카뮈가 주장했던 것은 단순한 사회적 소외 문제의 해결 역시 인간을 **만족시켜 주지는 못할** 것이라는 점이었다. 완벽한 사회에서도 인간은 계속 불평을 늘어놓을 것이다. 그리고 자신의 운명에 대해서도 계속 의문을 던질 것이다. 카뮈는 여기에서 성 아우구스티누스와 파스칼과 조우하게 된다.[25] 카뮈에게 있어서 인간의 비참함은 단지 삶의 조건을 결정하는 **일회적**이 아닌 **본질적** 요소인 것이다. 그리고 이러한 근본적인 결함에 대해 그 어떤 것도 치료제가 되지는 못한다. 이른바 치료제라고 하는 것들은 모두 일회적 기분풀이 차원에 그치는 것이다.

혁명론자는 역사에 특권적 의미를 부여한다. 그 까닭은 그에게 있어서 역사는 '절대'가 형성되어 가는 과정이기 때문이다. 하지만 이와 유사한 개념은 형이상학적 악의 존재와 그것의 환원 불가능성을 **피해 가게** 된다. 형이상학적 악이라는 단 하나의 이유만으로 이른바 '절대의 형성 과정'이 없어지게 되는 것이다. 여러 영역에서 질적인 '발전'은 실현 가능하다. 하지만 **본질적**인 면에서 사태는 항상 그 상태에 머물게 된다. 이러한 관점에서 보면 역사는 **형성**되어 가는 게 아니라 그저 **순환**할 뿐이다.[26]

---

24 Jean-Paul Sartre, "Réponse à Albert Camus", *Situations IV*, p.118.
25 카뮈 사상이 가진 '얀센주의적' 측면에 대해서는 Jean Onimus, *Camus*, Paris, 1965, pp.53~62를 참조하라.
26 『페스트』의 결론을 참조하라. "리외는 이 연대기가 결정적인 승리의 기록일 수는 없다는 것을 알고 있었다. …… 시내에서 올라오는 환희의 외침 소리에 귀를 기울이면서, 리외는 그러한 환희가 항상 위협을 받고 있다는 사실을 상기하고 있었다. 왜냐하면 리외는 그 기쁨에 들떠 있는 군중이 모르고 있는 사실, 즉 페스트균은 죽거나 소멸하지 않으며, 그 균은 수십 년간 가구나 옷가지들 속에서 잠자고 있을 수가 있고, 방이나 지하실이나 트렁크나 손수건이나 낡은 서류 같은 것들 속에서 꾸준히 살아남아 있다가 아마 언젠가는 인간들에게 불행과 교훈을 가져다주기 위해 또 다시 저 쥐들을 흔들어 깨워 가지고 어느 행복한 도시로 그것들을 몰아넣어 거기서 죽게 할 날이 온다는 것을 알고 있었기 때문이다"(Albert Camus, *La Peste*, *O.C.*, t.I, pp.1471~1472). 형이상학적 관점에서 역사는 **동어 반복**, 부조리한 운명이다(산

많은 사람들이 다음과 같은 하나의 전설을 믿게 되었다. 카뮈가 세계와 이 세계의 여러 문제에 대해 무관심하고 정숙주의자로 있었다는 전설이 그것이다. 자연스러운 일이지만 이 전설만큼 진실에서 멀리 떨어진 것도 없을 것이다. '참여' 작가가 있다면, 그는 단연코 카뮈이다![27] 카뮈는 "정치란 종교가 아니다"라고 주장했고, "역사는 우상숭배의 대상 안에서 형성되어서는 안 된다"[28]라고 강변했다. 카뮈가 보기에 인간의 권력에는 한계가 있다. 인간은 많은 것을 할 수 있으나, **모든** 것을 다 할 수는 없다. 특히 인간은 운명에 맞서 무기력하다. 그런데 운명 앞에서의 이와 같은 무기력으로 인해 실천에 대한 모든 신성화가 금지된다. 실천은 **하나의** 의미를 가지고 있다. 그러나 실천은 그 어떤 경우에도 바로 **그** 의미를 가지고 있지는 않다. 실천의 영역은 항상 **상대적**이고, 또 상대적일 수밖에 없을 것이다.

꼭대기까지 바위를 굴려 올리고, 그 바위가 제 무게에 아래로 떨어지면 다시 굴려 올려야 하는 형벌을 신에게서 받은 시지프의 이미지가 암시하는 것이 바로 이것이다).
27 당연히 참여라는 말을 잘 이해해야 한다. 하나의 예를 들어 보자. 알제리전쟁 당시 카뮈는 '상아탑'에 갇혀 있었다고들 말했다. 그 당시에는 '참여'라는 단어를 알제리민족해방전선(FLN)에 무조건 참여했던 자들에게만 적용했었다(카뮈는 거기에 해당되지 않았다). 사실 다른 점에 대해서와 마찬가지로 이 점에 대해서도 카뮈는 자신의 입장을 표명했다. 물론 그렇게 한 것은 문제의 복잡성을 보여 주기 위해 대화를 하기 위함이었다. 카뮈는 테러리즘을 비난했다("어떤 대의명분이 옹호되든 간에, 이 대의명분은 무고한 대중들에 대한 맹목적인 학살에 의해 항상 더럽혀지게 된다. 물론 이 학살에서 학살자는 이미 여자들과 어린아이들이 희생되리라는 것을 알고 있다", Albert Camus, *O.C.*, t.II, p.894). 하지만 테러리즘을 비난하는 것과 상아탑에 갇히는 것이 동일하다면, 이와 같은 주장은 그다지 큰 의미를 가지지 못할 것이다.
28 Albert Camus, *L'Homme révolté, O.C.*, t.II, p.705.

4장
프로메테우스와 율리시즈

이상에서 살펴본 것이 혁명적 이상주의에 대한 카뮈의 첫번째 주요 추론이다. 이 혁명적 이상주의는 본질적인 것, 즉 죽음과 부조리를 '피하는' 태도, 곧 **자기기만**이라고 할 수 있는 태도를 반영하고 있다.

하지만 카뮈는 거기에서 멈추지 않는다. 그는 위의 첫번째 추론에 보충이 되는 두번째 추론을 덧붙이고 있다. 이 두번째 추론과 더불어서 우리는 논의의 한복판으로 뛰어들게 되는데, 그것은 바로 **대지에의 충실성** 문제이다.

『반항하는 인간』의 마지막 부분에서 카뮈는 다음과 같이 쓰고 있다. "금세기의 심오한 갈등은 아마도 독일 역사 이데올로기와 기독교 정책 사이의 — 어떤 의미에서 이 둘은 서로 공모 관계에 있다고 할 수 있다 — 갈등에서만큼이나 독일적 꿈과 지중해적 전통, 영원한 청춘의 치열함과 생동하는 힘, 지식 및 책에 의해 한층 심화된 향수와 삶의 흐름 속에서 계발되고 굳세어진 용기, 요컨대 역사와 자연 사이에서도 확립될 수 없다. 그러나 이 점에 있어서 독일의 이데올로기는 상속자일 뿐이다. 우선 역사적 신의 이름으로, 그다음에는 신격화된 역사의 이름으로, 2,000년 동안 자연을 상대로 벌여 온 헛된 투쟁이 완성되고 있다. 분명 기독교는 그리스 사유로부터 가능한 것을 흡수함으로써만 가톨릭적 성격을 가질 수 있었다. 하지만 교회가 지중해적 요소를 일소함으로써 자연을 희생시키면서 역사를 강조하게 되었고, 로마 양식을 버리고 고딕 양식을 선호하게 되었다. 그리고 그 자체 내의 한계를 돌파하면서 교회는 점점 더 세속적 권력과 역사적 역동성을 요구하게 되었다. 관조의 대상이 되기를 멈춘 자연은 그 다음 단계에서는 그것을 변형시키려는 목적을 지닌 행위의 재료에 불과한 것이 되었다. 기독교의 진정한 힘이 될 수 있었을 이 중재적 개념들이 승리하는 것이 아니라, 현재에 와서는 이런 경향들이 기독교 자체에 맞서 득세하게 되었다. 당연한 귀결이었다. 그 결과 신은 역사적 세계에서 추방된 것이다. 결국 독일 이데올로기가 탄생하게 된다. 그런데 이 독일 이데올로기에서는 행동이 더 이상 완성을 향해 가는 과정이 아니라 순전히 정복, 다시 말해 전제주의가 되어 버린다."[1]

여기에서 제기되는 문제는 적어도 직접적으로는 기분전환, 피하기의 문제가 아니라 행동주의의 문제이다. 카뮈가 문제 삼고 있는 것은 바로 기독교에서 물려받은 헤겔-마르크스적 '부정성'이다. 헤겔과 마르크스는 자연을 '변화시켜야' 하는 대상으로 여기고 있다. 그들은 인간의 노력, 투쟁, 노동 등에 가치를 부여한다. 그들에게 있어서 인간의 임무는 주어진 여건으로부터 탈피하는 것이며, 또 이 여건을 초월하는 것이다. 카뮈는 이러한 개념, 즉 '전제주의' 발생의 핵심이 되는 이와 같은 개념에 세계와 맺는 '우정'의 관계라는 그리스의 전통을 대조시킨다. 카뮈에게 있어서 세계는 '변화되어야' 하는 것이 아니라 '관조되어야' 하는 대상이다. 요컨대 중요한

---

1 Albert Camus, *L'Homme révolté*, O.C., t.II, p.702.

것은 역사가 아니라 자연인 것이다. '동화될' 수 있고 또 그 안에서 뿌리를 내릴 수 있는 그 자연 말이다.

실제로 행동과 관조의 대립, '반자연주의'와 '자연주의'의 대립이 『반항하는 인간』에서 중요한 위치를 차지하고 있다. 혁명론자들에 맞서 카뮈는 파스칼적 부조리만을 상기하는 것으로 만족하지 않는다. 카뮈는 또한 존재에 대한 니체적 사랑을 언급한다. 사실 카뮈는 니체의 이름을 내세워, 혁명론자들이 "미래를 위해 현재를, 권력의 허망함을 위해 존재들을 포로로 잡았다"[2]는 사실을 망각하고 있다고 비난한다. 그러니까 카뮈는 그들에게 그들 자신이 "지금 세계에 존재한다는 사실, 그리고 살아 있는 인간"[3]에 대해 믿지 않는다는 점을 비난하고 있는 것이다……. 혁명론자는 어느 정도는 "원한의 인간"[4]이다. 혁명론자는 항상 만족하지 못하고, 항상 현재 있는 존재와는 다른 존재가 되기를 바라는 자이다. 황금으로 도금되어 빛을 발한다고 가정되는 '다른 곳'을 향해 쉬지 않고 기투(企投)하는 자이다.[5] 그러나 카뮈의 지적에 의하면 인간의 참다운 풍요로움은 '지금-여기'에 있다. 인간이 휴식을 취할 수 있는 곳은 대지 위이며, 현재 안에서라는 것이다. 현명한 자는 프로메테우스가 아니라 영원한 방랑객 율리시즈이다. 그러니까 이상을 향한 비약, 즉 오만한 '기획'보다는 현실에 대한 충실성을 더 선호하는, 또한 '조국'에 매여 있는 것을 더 선호하는 그 율리시즈 말이다.[6]

이렇게 해서 토론은 새로운 양상을 띠게 된다. 카뮈는 혁명적 실천을 넘어 곧 인류의 문명 자체를 문제 삼고 있는 것이다. 왜냐하면 현재 있는 존

---

2 Albert Camus, *L'Homme révolté*, *O.C.*, t.II, p.708.
3 *Ibid*.
4 *Ibid*., p.427.
5 *Ibid*..
6 *Ibid*., p.708.

재에 대한 거부, 소여(所與)를 초월하려는 노력은 **일반적** 경향을 보여 주기 때문이다.[7] 즉 단순히 혁명적 사실뿐만 아니라 일반적으로 서양 전체가 이른바 '길들이는 기계'라는 사실이 문제되기 때문이다. 지금-여기에 대한 배반으로 나타나는 것은 우리들의 사고방식과 행동방식이다. 거기에는 기술이 지배하는 세계의 특징이기도 한 "생산에 대한 우상숭배"[8] 이후 "세계의 아름다움"[9]에 대한 무관심까지 모두 포함되어 있다. 혁명론자는 오늘날 세계 어디에서라도 발현이 감지되는 한 경향을 극단으로까지 밀어붙이고 있을 따름이다.

'형이상학적 반항'을 다루고 있는 『반항하는 인간』의 두번째 부분에서 '반자연주의'에 대한 논의가 훨씬 더 깊게 이루어지고 있다. 정확히 이 부분에서 카뮈는 '부정성'을 그 **실천**의 형태하에서 비난하는 것에 만족하지 않는다. 오히려 카뮈는 이 개념을 그 **이론적** 형태하에서까지 비난하려고 한다. 그러니까 카뮈는 '반자연주의'의 **원칙**, 즉 '이상'과 현실의 대립, '당위-존재'와 '존재'의 대립에까지 도전을 하는 셈이다.

이 마지막 부분을 이해하기 위해 여기에서 다시 니체를 참조하는 것이 좋을 것 같다. 주지하다시피 니체는, 기독교의 교조주의적 형식과 단절하면서도 (정치적·도덕적·철학적) 이상과의 관계의 끈을 계속 놓지 않기를 바라는 여러 이론들을 강력히 공격하고 있다. 니체에게 있어서 이와 같은

---

7 *Ibid.*, p.623.
8 *Ibid.* 『반항하는 인간』에서 산업사회에 대한 아주 비관적인 설명을 다수 발견할 수 있다. 카뮈는 이 사회에 대해 노예제도를 일반화했다는 점(p.623), 전쟁을 일으켰다는 점(p.624), 마지막으로 근본적으로 '상궤에서 벗어났다'는 점(p.698)을 비난하고 있다. 게다가 카뮈는 전통적 사유 가운데 몇몇 특징적인 주제들을 거론하고 있다. 자연에 대한 '공격'이라는 주제(p.494), 파괴적인 프로메테우스 등의 주제가 그것이다.
9 *Ibid.*, p.657.

이론들은 그 자신이 '허무주의'라고 명명한, 다시 말해 현대인의 특징인 사랑에 대한 무기력의 여러 징후적 표현이다. 현대인은 더 이상 신을 믿지 않는다. 하지만 현대인은 기독교로부터 현재에 대한 증오와 '다른' 삶에 대한 집착 등을 유산으로 물려받았다. 도덕이나 사회주의의 허울을 쓴 기독교적인 '흡혈주의'는 아직도 현대인의 피를 빨아먹고 있는 것이다.[10]

    카뮈가 『반항하는 인간』에서 '형이상학적 반항'에 할애한 여러 장을 니체에 의해 비난당한 기독교라든가 세속적 이론 등에 대한 논란과 연결시켜 보아야 한다. 그렇다면 형이상학적 반항이란 과연 무엇인가? 카뮈에 의하면 이것은 "인간이 자신의 조건과 모든 창조에 대해 반기를 드는 움직임"[11] 혹은 "삶과 죽음의 고통에 맞설 행복한 통일에 대한 근거 있는 요구"[12]로 정의된다. 이처럼 "형이상학적 반항의 역사는 …… 종교적 감성의 현대사라고 할 수 있다".[13] 분명 대부분의 '형이상학적 반항가들'은 기독교의 가장 강력한 적들이었다. 그들에게 있어서 "신은 죽음의 아버지이자, 최대의 스캔들"이며, 따라서 신을 하늘에서 추방해야만 했던 것이다.[14] 그러나 그들이 신을 추방했다고 해서 '절대'라는 개념을 참조하는 것을 완전히 포기한 것은 아니었다. 그들은 계속해서 '선', '정의', '덕'을 상기시켰으며, 이와 같은 '가치들'의 이름으로 계속해서 "세계를 폄하"[15]했던 것이다. 기독교에 대한 자신들의 증오(반-유신론)에도 불구하고, 그들은 또한 종교적 사유에 깊이 물들어 있었던 것이다. 사드, 보들레르, 도스토예프스키 등과

---

10 Friedrich Nietzsche, *Ecce homo*, trad. Henri Albert, Paris, 1921, p.175.
11 Albert Camus, *L'Homme révolté*, *O.C.*, t.II, p.435.
12 *Ibid.*, p.436.
13 *Ibid.*
14 *Ibid.*
15 *Ibid.*, p.651.

같은 많은 작가들은 기독교 정신의 특징인 '절대적 부정'의 정신을 영속화 시켰다.

『반항하는 인간』에서 100쪽에 가까운 분량이 '허무주의'(nihilisme)[16] 비판에 할애되고 있다. 그러나 우선적으로 카뮈의 관심을 끄는 것은 **형이상학적** 반항과 **역사적** 반항을 이어 주는 관계이다. 그렇다면 이 점에 대해 카뮈는 어떤 주장을 펴고 있는가? 카뮈의 주장은 다음과 같은 한 문장 안에 잘 요약되어 있다. "역사적 반항은 형이상학적 반항의 논리적 연속일 뿐이다."[17]

먼저 혁명을 보자. "혁명은 …… 이념에서 시작된다. 혁명은 정확히 이념을 역사적 경험 속에 편입시킨 것이다."[18] 혁명론자는 '보편적인 것'을 구체화시키려고, '절대'를 실현하려고 한다. 따라서 혁명의 시작은, 현실적인 것은 이상적인 것에 불충분하다는 생각, '존재'와 '당위-존재'는 하나가 아니라 둘이라는 생각에 기초하고 있다. 그러나 방금 살펴본 것처럼 이상-현실의 대립은 형이상학적 반항을 규정짓는 요소이다. 이처럼 형이상학적 반항은 역사적 반항의 토대에 놓여 있고, 역으로 역사적 반항은 형이상학적 반항의 자연적인 연장 속에 기록되어 있다고 말할 수 있는 것이다.

주지하다시피『반항하는 인간』에서 드러나고 있는 것은 진정한 의미에서의 악의 **계보학**이라고 할 수 있다. 카뮈에게 있어서 혁명의 '광기'는 우연한 사고 이외의 다른 것이 아니다. 그것은 또한 서양 역사의 논리적 귀착

---

16 카뮈는 보통 '허무주의자'(nihiliste)라는 용어를 니체적 의미에서 사용하고 있다. 허무주의자
는 신을 거부하는 자, 혹은 초월적 가치를 거부하는 자가 아니다. 이와는 반대로 허무주의자
는 **살아 있는 구체**를 믿지 않는 자, 따라서 특히 기독교적인 것 혹은 '휴머니즘적'인 것을 믿
지 않는 자이다(이와 같은 의미의 전복에 대해서는 *Ibid.,* pp.479, 651을 볼 것).

17 *Ibid.,* p.515.

18 *Ibid.,* p.516.

점인데, 이것은 이 역사가 부정성의 변화와 같다는 의미에서 그러하다. 이와 마찬가지로 혁명 정신에 대한 비판은 기독교에 대한 비판을 부른다. 분명 기독교에서 부정성은 아직까지도 **이론적** 특징만을 지닐 뿐이다. **정신적** 차원에서만 전개되고 있을 뿐이다. 그러나 실과 바늘처럼 결국에 가서는 '역사적' 반항을 야기시키게 되는 과정의 출발점은 기독교 내부에서도 볼 수 있다. 곧 기독교는 '세계에 대한 중상', '삶의 배반'으로 여겨지는 것이다. 이처럼 규정된 기독교는 그 안에 혁명적 실천의 싹을 가지고 있는 것이다. 그리고 혁명적 실천은 당연히 그것의 유산물인 것이다.[19]

카뮈는 정확히 그 순간부터 서구는 그 원천으로 돌아가야 한다고 요구하고 있다. "우리는 이타카, 충실한 대지, 대담하고 간소한 사상, 명석한 행동, 현명한 인간의 관용을 선택하게 될 것이다. 빛 안에서 세계는 우리의 처음이자 최후의 사랑으로 남아 있게 될 것이다."[20] 근대 유럽은 '이상'에 매혹되었다. 그러나 근대 유럽은 결코 이 이상에 가까이 갈 수 없었다. 따라서 다시 원점으로 돌아가든가 아니면 자신의 조국을 거기에 포함시키든가, 두 가지 중 하나를 선택해야 했다. 이것이 바로 카뮈의 향수이다. "유럽의 밤 한복판에서 태양의 사유는…… 새벽을 기다리고 있다."[21]

*　*　*

자연으로부터 도피하기보다는 거기에 뿌리를 내려야 할 것이다. '존재'를 '초월하지' 말고 관조해야 할 것이다. 바로 여기에 카뮈의 전체 저작을 관

---

19 Albert Camus, *Carnets II*, p.164를 볼·것. "근대적 광기의 기원. 인간을 세계에서 분리시킨 것은 기독교이다. 기독교는 인간을 그 자신과 그 자신의 역사로 환원시켜 버렸다. 공산주의는 기독교주의의 논리적 연속이다. 그것은 기독교도들의 역사이다."
20 *Ibid.*, p.708.
21 *Ibid.*, p.703.

통하는 일관된 주제 가운데 하나가 드러난다. 카뮈는 계속해서 이 세계 밖에는 구원이 존재하지 않는다는 사실을 역설하고 있다.[22] 인간에게 있어서 '대지에 동의하는 것'이 행복과 지혜의 열쇠라고 반복해서 말하고 있다.[23] 물론 이 주제를 통해 드러나는 것은 우선적으로 카뮈의 개인적 경험이다. 태양에 의해 밝혀졌기 때문에, 가난이 "반드시 욕망으로 이어지지는 않는"[24] 그러한 세계에 대한 경험 말이다. 카뮈 자신은 이렇게 말하고 있다. "나는 찬탄 속에서 삶을 시작했다……. 내 어린 시절을 지배했던 아름다운 열기가 나의 모든 원한을 앗아가 버렸다."[25] 그러나 그에게 있어서 대지에 대한 '긍정'은 단순한 본능과는 다른 무엇이다. 그것은 의식적인 선택, 곧 정밀하게 추론된 결정인 것이다. 카뮈는 여러 저작들에서 자기의 향수만을 이야기하는 것으로 만족하지 않는다. 오히려 카뮈는 그만의 철학을 주조하고 있다.

분명 『결혼』에서 이와 같은 철학이 가장 명료하게 드러나고 있다.

이 작품은 신비로운 시론의 모든 측면을 포함하고 있다. 이 작품은 카뮈 자신이 플로티노스(Plotinos)의 변증법과 주저하지 않고 비교했던 변증법에 적용되는 법칙들에 의해 유도되고 있는 진정 "행복한 삶에의 입문서"이다.[26] 물론 플로티노스에게서와는 반대로 카뮈에게 있어서 변증법은 **상승하는 변증법**이 아니고 **하강하는 변증법**이다. 의식을 세계 **밖으로** 이끌기보다는 오히려 세계 안으로 **귀착시키는** 변증법 말이다. "여기에서 통일은

---

22 Albert Camus, *Noces*, *O.C.*, t.II, p.87.
23 *Ibid.*, p.88.
24 Albert Camus, "Préface à *L'Envers et l'endroit*", *O.C.*, t.II, p.8.
25 *Ibid.*, pp.6, 8.
26 Albert Camus, *Noces*, *O.C.*, t.II, p.75. 또한 아르망 기베르(Armand Guibert)의 『개인 소장의 새』(*Oiseau Privé*)에 할애된 카뮈의 글을 볼 것(Albert Camus, *O.C.*, t.II, pp.1335~1337).

태양과 바다라는 용어로 표현된다."[27] 카뮈의 경우에는 그 어떤 종교로의 '개종'도 없다. 단지 선택된 것의 '완성'만이 있을 뿐이다.[28] 인간은 '본연의 자기가 되는 것'을 배우는 것이다. 이렇게 해서 그가 유일하게 얻는 것은 "저 어려운 삶의 지혜를 참을성 있게 깨우치는 것"[29]이다.

『결혼』은 '사랑과 인내'의 교훈을 동시에 전하고 있다.[30] 사랑에 대해서 보자면, 인간은 "자신의 피의 맥박과 자연의 모든 곳에 있는 심장에서 나는 다른 커다란 맥박 소리와 함께 어울리게끔"[31], 즉 "대지와 아름다움의 잔치"[32]에 초대받은 자이다. 인내에 대해서도 역시 같은 말을 할 수 있다. 그도 그럴 것이 "인간에게 있어서 본연의 자기가 되어 가고 또 그 자신의 심오한 척도를 발견하는 것은 결코 쉬운 일이 아니기"[33] 때문이다. 인간을 '저곳' 너머 '세계의 고동치는 한복판으로' 이끄는 노정, 즉 귀환은 아주 긴 여정이며, 때로는 고통스러운 여정이기도 하다. "제밀라[34]에 가려면 많은 시간이 필요하다……."[35]

이처럼 여기에서 카뮈가 특별한 관심을 가지고 다루고 있는 주제는 귀환이라는 주제이다. '희망'에 의해 포위당하고, '정신'에 의해 소외된 인간은 의심스러운 '저편'의 길로 접어들기 위해 고향 땅을 황폐화시킨 셈이다.

---

27 Albert Camus, *Noces*, *O.C.*, t.II.
28 *Ibid.*, p.56.
29 *Ibid.*, p.58.
30 *Ibid.*, p.61.
31 *Ibid.*, p.62.
32 *Ibid.*, p.86.
33 *Ibid.*, p.56.
34 알제리의 수도인 알제 북동부 연안에 위치한 마을 이름으로, 아랍어로 '아름다운 것'을 뜻한다. 고대 로마 시대의 유적이 남아 있으며, 1982년 유네스코 세계문화유산으로 선정되었다. — 옮긴이
35 *Ibid.*, p.61.

카뮈는 바로 이 인간을 세계에서 그의 자리인 '자연'에 다시 서도록 초대하고 있으며, 그를 그곳에 다시 뿌리내리도록 초대하고 있는 것이다. 형이상학적 환상이 심어 준 노정과는 반대되는 노정을 끝까지 따라가면서 인간은 그 자신의 존재의 여러 근원과 합류하게 되는 것이다.

이러한 뿌리내리기에의 초대를 '유물론적'이라고 규정해야 할 것인가? 카뮈의 경우 이와 같은 규정은 잘못일 것이다. "가장 혐오스러운 유물론은 사람들이 흔히 생각하는 것이 아니다. 오히려 그것은 우리에게 죽어버린 생각을 살아 있는 현실로 믿도록 만들고자 한다. 또한 그것은 우리 속에 내재하는, 영원히 죽어 없어지게 마련인 것에 대해 기울이는 집요하고 명석한 의식의 관심을 돌려 황폐한 신화 쪽으로 쏠리게 하는 유물론이다."[36] 카뮈는 우상숭배와 유심론적 신비화를 거부하고 있다. 카뮈가 보기에 정신이 그 능력을 발휘하는 것은 분명 신체 내에서이다.[37] 왜냐하면 "신체는 희망을 모르기"[38] 때문이다. 신체는 있는 그대로의 것이다. 따라서 카뮈가 '다른 삶'을 거부하는 것은 '또 다른 더 큰 삶'을 위해서이다.[39] 그에 따르면 통합되는 것은 스스로를 완수하는 것이다.[40] '절대'를 포기하고 한계를 인정하게 되면 인간은 분명 초라해진다. 그러나 이와 같은 초라함은 또한 정화이기도 하다. 대지를 재발견한다는 것은 자기 스스로를 재발견하는 것이며, 결국 "본연의 자기를 만들어 가는 것"이다.[41]

---

36 *Ibid.*, pp.82~83.
37 *Ibid.*, p.87.
38 *Ibid.*, p.80.
39 *Ibid.*, p.84. 또한 Albert Camus, *Le Mythe de Sisyphe*, *O.C.*, t.II, p.149를 볼 것. "그에게 있어서 더 큰 삶은 또 다른 삶을 의미할 수는 없다."
40 *Ibid.*, p.56.
41 *Ibid.*

『헤겔 강독 입문』에서 코제브는 두 개의 커다란 철학적 전통을 구분하고 있다. 하나는 자기와의 일치라는 명령법에 의해 특징지어지는 **비기독교적** 전통이고, 다른 하나는 개종에의 명령법에 의해 지배되는 **기독교적** 전통이다. 비기독교인에게 있어서 자연은 선(善)으로, 따라서 그것을 **따라야 하는 것**으로 나타난다. 이와는 반대로 기독교인에게 자연은 악(惡)으로, 따라서 그것에 대항해 **싸워야 하는 것**으로 나타난다…….[42] 이러한 의미에서 『결혼』은 근본적으로 **비기독교적** 작품이라고 할 수 있다. 사실 이 시론의 주된 생각은 '초월'의 해로운 특징을 단언하는 것 이외의 다른 것이 아니다. 인간은 자연으로부터 도망칠 것이 아니라 거기에 동조해야 하는 것이다. 다시 말해 소여를 추상화할 것이 아니라 거기에 복종해야 하는 것이다. 카뮈에게 있어서 모든 생물체와 마찬가지로 인간은 자연 속에서 그가 차지하고 있는 위치에 의해 정의된다. 분명 이 인간은 그 자리를 **떠날 수 있다**. 사실 인간 정신의 목표는 모든 한계를 넘어서서 무한으로 향해 가는 것이다. 그러나 카뮈는 이렇게 말한다. 무한으로 향하는 것은 스스로를 소외시키는 것이라고 말이다. 자연의 경계를 파괴하는 것은 스스로 불행에 빠지는 것이라고 말이다. 행복이 지고의 가치가 아니라고 말할 것인가? 중요한 것은 '동물적 만족'이 아니라 자신을 스스로 '극복하고' 모든 '조건 지움'에서 벗어나는 것이라고 말해야 되는가? 이러한 것이 바로 기독교적(혹은 헤겔적) 관점일 것이다. 그러나 정확하게도 카뮈는 이와 같은 관점을 비판한다. 카뮈에게 있어서 '불행한 의식'은 하나의 모델이 아니다. 카뮈가 보

---

42 "그리스인들에게 있어서 인간은 (영원히 이념으로서) 본연의 그 자신이 **된다**. 비기독교적 도덕 : 본연의 너 자신이 되어라(이상=이념으로서). 기독교적 도덕 : 네가 본연의 너 자신이 아닌 것이 되어라, ('항구성', 자기 자신과의 동일성의 '스토아적' 도덕과 대조되는) '개종'의 도덕" (Alexandre Kojève, *Introduction à la lecture de Hegel*, p.40).

기에 무한을 정복하는 것은 오히려 행복의 상실을 보상해 줄 수가 없는 것이다.

이렇게 해서 카뮈의 철학적 '기획'이 우리 눈앞에 펼쳐진다. 앞에서 살펴본 것처럼 이 기획은 다음과 같은 근본적인 관심에 의해 지배되고 있다. '초월', '부정성', 한마디로 인간을 자연(그리고 그의 천성)의 **경계 밖으로 끌어내는** 모든 것에 대항하는 투쟁이라는 관심이 그것이다. 또한 카뮈가 제일 중요하게 생각하는 가치는 **충실함**이라는 가치이다. 자기에게의 충실함, 삶에의 충실함, 그리고 타인에게의 충실함이 그것이다.

카뮈가 『결혼』에서 겨냥하고 있는 것은 바로 '이론적' 형태하에서 이해된 부정성뿐이다. 반전체주의적 투쟁의 긴박함 때문에 카뮈가 '실천적' 부정성에 관심을 갖기 시작한 것은 훨씬 뒤의 일이다. 그럼에도 카뮈의 추론의 본질적 내용은 그대로 남게 된다. 또한 카뮈의 정치적 저작들에서도 『결혼』의 주요 주제를 볼 수 있다. 삶을 사랑하고 구체적인 것에 동의해야 한다는 주제가 그것이다. "대지에 충실하기 위해서 나는 정의를 선택할 것이다……." 이 구절은 『독일 친구에게 보내는 편지』[43]에도 포함되어 있다. 『결혼』에 동의한 '새로운 입문자'는 ― 그의 '입문'은 앞으로 더 연장될 수 있다고 해도 ― 결합되는 형식을 잘 고안해 낼 수도 있을 것이다.

* * *

이 단계에서 우리는 사르트르의 입장을 살펴보지 않을 수 없다. 쥘리앙 그락(Julien Gracq)은 언젠가 이렇게 썼다. "사르트르는 **부정의 감정**을 대표한다. …… 그는 우리 문학이 오랫동안 받아들인 원한이라는 감정을 몇

---

43 Albert Camus, "Quatrième lettre", *O.C.*, t.II, p.241.

년 사이에 가장 강렬하게 폭발시켰다. 그리고 이 원한의 감정은 전체적이
다. **부정**은 물질세계, 자연, 즉 문란하고, 암처럼 퍼지며, '절망할 정도로 잉
여'이고, 구토를 유발하는 자연에 대립한다. 이 모든 것이 바로 『구토』(*La
Nausée*)의 중심 주제이기도 하다. 타인에 대한 **부정**, 타인의 의식과 시선에
대한 **부정**이 바로 『닫힌 방』(*Huis clos*)에서 볼 수 있는 '지옥'이다. 기존의
사회에 대한 **부정**, 이것이 바로 일기를 쓰는 화자의 모든 행동이 가지는 의
미이다. ……『구토』는 의심의 여지없이 아주 강력하고, 심지어는 충격적
인 순간을 담고 있는 작품, 하지만 감각적 **소여** 덩어리를 가래침처럼 적극
적이고 즉각적으로 내뱉는 데 온통 할애된 작품이다. 이러한 작품 속에서
아주 인색한 현상들에 대한 휴식의 시간을 찾고 또 일반화된 알레르기를
진정시키고자 하는 것은 헛된 일일지도 모른다. 하지만 분명한 것은 여기
에서 부정의 감정이 그 순수성 속에서 아주 잘 표현되고 있다는 점이다."[44]

쥘리앙 그락은 '감정'에 대해 말하고 있다. 그러나 주지하다시피 사르
트르에게서 부정은 그의 모든 체계의 기초에 해당한다. 『존재와 무』에서
사르트르는 의식을 본질적으로 **거부**의 힘으로 정의하고 있다. 의식은 세계
로부터의 끊임없는 벗어나기이자 영원한 자기 초월이다. 인간은 계속해서
'즉자'에 의해 '응고되지' 않도록 해야 하며, '현재 있는 그대로의 자기가 되
기'보다는 오히려 현재의 그가 아닌 **다른** 것이 되기 위해 모든 노력을 다해
야만 한다. 왜냐하면 '인간이 현재 있는 그대로 존재하는 것'은 그의 자유
를 가리는 것과 동의어이며, 따라서 이것은 그저 사물들의 존재 방식으로
존재하는 것과 동의어이기 때문이다.

---

44 François Bondy, "Jean-Paul Sartre et la révolution", *Preuves*, n° 202, décembre 1967,
   pp.66~67에서 재인용.

이처럼 카뮈와 사르트르 사이에 첫번째 대립의 윤곽이 뚜렷하게 그려진다. 카뮈의 긍정에 대해 사르트르의 부정이 자리한다. 카뮈는 뿌리내리기의 주제(더 정확하게는 다시 뿌리내리기)를 전개하고 있는 데 반해 사르트르는 분리와 망명의 주제를 펼치고 있다. 사르트르적 인간은 본질적으로 **기투**인 반면 카뮈적 인간은 본질적으로 **향수**이다. 앞에서 살펴본 것처럼 카뮈는 **충실함**에 가치를 부여하고 있는 반면, 사르트르는 '윤리'를 정립하기 위해 **배반** 개념에 의존하고 있다. 사르트르에 의하면 필요한 것은 방향을 바꾸는 것이 필요한 매 순간 스스로를 다시 '문제 삼을 수 있는' 능력이다. 그러니까 진정성은 고정된 의지에 있는 것이 아니고 변화를 위한 이용가능성에 있는 것이다.

이처럼 카뮈와 사르트르 사이의 대립을 계속해서 설명할 수도 있을 것이다. 하지만 여기에서는 한 가지 점만을 강조하는 것으로 그치자.

카뮈는 본질적으로 **지금-여기**를 강조하는 인간이라고 말했다. 카뮈의 거의 모든 철학, 특히 그의 '부조리' 철학은 바로 이와 같은 주장과 관련되어 있다. 그도 그럴 것이 카뮈가 형이상학이나 혁명의 의사(擬似)치료제를 거부한다면, 찬양된 미래에 대해 그가 소극적인 태도를 보인다면, 그것은 분명 '구원'에 관계된 모든 생각을 신비로운 것으로 치부해 버리기 때문이며, 또한 그가 보기에 현재는 **즉자적**으로 '상대화할 수' 없는 것이기 때문이기도 하다. 그러니까 카뮈에게 있어서 현재는 '유일한 진리'이며,[45] 따라서 현재를 추상화하는 것은 그것을 배반하는 것, 혹은 미래에 대한 환상을 품는 것이다. 그런데 형이상학과 혁명은 정확하게 현재에 대한 추상화를 표현한다. 다시 말해 그것들에 의해 현재가 '가려지는' 것이다. 『페스트』의 주

---

45 Albert Camus, *Noces, O.C.*, t.II, p.85.

요 주제, 최소한 이 소설의 몇몇 주된 일화들의 중심 주제가 바로 이것이다 (특히 파늘루 신부가 등장하는 장면의 주제이다). 우리는 여기에서 카뮈가 기독교를 맹렬히 공격하는 것을 목격한다. 카뮈가 기독교를 격하게 비판하는 것은, 기독교가 현재를 잘 **이용하는** 것을 방해하기 때문이 아니고 오히려 사람들을 **해방시키려** 하기 때문이다. 『페스트』에서 무고한 자들이 고통받고 죽어 간다. 그런데 문제는 이 작품에서 신은 **모든 것을** 원상태로 되돌릴 수 있다는 이론에 의해 기독교가 그들에게 힘을 줄 수 있다고 하는 파늘루의 태도이다. 그런데 우리는 정확히 혁명에 대해서도 똑같은 이야기를 할 수 있다. "역사적 기독교는 역사에서 고통을 받는 살인과 악의 치유를 역사 너머로 미루고 있다. 현대 유물론 역시 이 모든 문제에 답할 수 있다고 믿고 있다. 그러나 역사의 노예인 유물론은 역사적 살인의 영역을 증가시킴과 동시에 그것을 정당화시키지 못한 채로 방치하고 있다. 여전히 신앙을 요구하는 미래 속에서 그 정당화를 찾고 있는 것이다. 이 두 경우에 있어서 중요한 것은, 기다려야 한다는 것이며, 기다리는 동안 무고한 자들이 계속해서 죽어 간다는 것이다."[46]

따라서 카뮈에게 있어서는 현재가 **절대**이다. 기쁨, 그것은 '맛보아야' 할 것이고, 고통은 정면으로 대결해야 할 것이다. 그러나 기쁨이든 고통이든 우리로 하여금 모든 관심을 기울일 것을 요구한다. 아무것도 우리를 거기에서 **멀어지게** 할 수는 없다.

이와 같은 카뮈의 입장은 사르트르의 그것과는 얼마나 크게 대조되는가! 우선 사르트르적 의식은 순간을 맛보지 않고 오히려 그것을 **피한다**. 의식을 사로잡고 있는 것은 미래이다. 항상 잡을 수 없는 위치에 있는 미래,

---

46 Albert Camus, *L'Homme révolté*, *O.C.*, t.II, p.706.

따라서 항상 욕구불만의 근원으로 있는 미래가 그것이다. 사르트르에게는 카뮈적인 '순간'이 존재하지 않는다. 사르트르에게 있어서는 이 '순간'의 위치를 차지하는 것이 즐거움, 기분전환, 자신의 고유한 무(無)와 친화하는 실존이다. 결국 무한한 운동이며 아무것에도 이르지 못하는 운동이다.

그렇다고 해서 사르트르가 악과 고통에 큰 중요성을 부여했다고 할 수는 없다. 소련의 강제수용소 문제와 관련한 그의 태도가 그것을 잘 보여 준다. 사르트르가 수용소에 대해 분개한 것은 분명하다. 하지만 사르트르를 더욱더 분개하게 한 것은, 이 수용소로 인해 서양 기자들이 소련을 비판할수 있는 기회를 잡은 것처럼 보인다는 사실이다. 「알베르 카뮈에 대한 대답」에서 사르트르는 이렇게 설명하고 있다. "당신과 마찬가지로 나도 포로수용소를 용납할 수 없습니다. 그러나 부르주아 언론이 매일 그것을 이용하는 것 역시 용납할 수 없습니다."[47]

따라서 카뮈와는 반대로 사르트르는 **지금-여기**를 상대화시키고 있으며, 이것을 항상 **다른 것**, 즉 미래, 사회주의의 '고차원적 이해관계', 역사와 연결시키려는 경향이 있다. 사르트르는 현재를 **즐길지** 모르는 것뿐만 아니라 그것에 정면으로 **부딪치지도** 못했다.

47 Jean-Paul Sartre, "Réponse à Albert Camus", *Situations IV*, p.104.

5장
아폴론과 디오니소스

지금까지 두 가지 주제를 주로 살펴보았다. 하나는 **부조리**(악을 정면으로 바라보아야 하며, 그것을 '피하는' 것은 자기기만이다)이고, 다른 하나는 세계에 대한 긍정(현실을 뛰어넘는 것이 아니라 거기에 **동의해야 한다**)이다. 이 두 가지 주제가 서로 긴밀하게 연결되어 있다는 사실을 지적하자. '부조리'의 벽을 뛰어넘는 것이 불가능하다는 의식을 갖는 것은, 그 자체로 **지금-여기**(비극적일 뿐만 아니라 설레는 것이다. **왜냐하면** 비극적이기 때문이다)를 가리키는 것이다. 역으로 카뮈가 주장하는 '순간'의 이면은 '부조리'에 대한 쑵쓸한 경험이다. 카뮈에게 있어서 기쁨은 어떤 의미에서는 절망의 다른 측면에 불과하다. 이 세계 밖에는 구원이 없다는 사실에 대한 확언에서 연유하는 절망이 그것이다.[1]

그러나 정확히 바로 그 차원에서 이렇게 묻지 않을 수 없다. '부조리'의 벽에 의해 제한되는 영역은 무조건적이고 육체적인 행복 이외의 **다른 것**에 어느 정도까지 자리를 내줄 수 있을까? 지금-여기의 포로가 된 인간

---

1 Albert Camus, *Noces, O.C.*, t.II, p.87.

이 그 상태에서 어느 정도까지 **분별 있는** 삶을 누릴 수 있을까?

카뮈는 '부조리'의 **긍정적** 측면을 강조한다. 가령 『시지프 신화』에서 카뮈는 제대로 이해된 '부조리'는 자살을 막을 수 있다는 것을 보여 주고 있다. 이와 마찬가지로 『결혼』에서는 삶이 가치가 있다면, 그것은 **정확히** 이 삶이 궁극적으로는 무(無)로 환원될 운명이기 때문이라는 점을 확언하기도 한다. 그러나 그보다 더 멀리 나아갈 수 있을까? 이와 같은 '중요한' 가치들 너머에서 이른바 **도덕적** 가치들을 구할 수 있을까? 아니 이 도덕적 가치들과 **조화**를 이룰 수 있을까? 정확히 이 수준에서 좀더 면밀하게 검토해 보아야 할 문제가 제기된다.

앞 장에서 카뮈와 니체 사이의 관계를 간략하게 살펴보았다. 그 기회에 카뮈가 혁명을 비판하기 위해 니체와 거의 같은 관점을 선택했다는 점을 지적한 바 있다. 카뮈가 문제 삼고 있는 것은 **초월**이라는 개념이다. **실천적** 초월뿐만이 아니라 **이론적** 초월에 대해서도 마찬가지이다. 달리 말하자면 카뮈는 인간에게 있어서 '무한'과 관계를 맺는다는 사실뿐만 아니라, 그 사실로 인해 삶을, 여기 이 삶을 '배반한다'는 사실을 문제 삼았던 것이다. '로고스'의 주장에 맞서 카뮈는 니체와 마찬가지로 '자연'의 권리를 내세우고자 하는 것이다. 요컨대 카뮈는 이상적인 횡설수설이나 도덕적인 비장함을 비난하고 있다.

하지만 이와 같은 의심의 여지없는 유사성에도 불구하고 카뮈와 니체 사이에는 중요한 차이가 존재한다. 이제 그 차이에 대해 살펴보도록 하자.

카뮈는 『반항하는 인간』에서 니체에게 열다섯 쪽 이상이 되는 한 장(章)을 할애하고 있다. 실제로 이 장은 형이상학적 반항이 주제가 되고 있는 부분에 삽입되어 있다. 그런데 이 장에는 니체에 대한 카뮈의 몇몇 비난이 들어 있다. 카뮈는 니체를 궁극적으로 "생물학적 전제주의"(달리 말해 나치즘)의 선구자로 만들고 있다.[2] 카뮈는 니체에게 "허무주의의 위장과 신성화"를 완성했다고 비난하고 있다.[3] 카뮈에 따르면 니체주의는 죄악의 정당화로 곧장 나아간다는 것이다.[4]

그렇다면 이와 같은 카뮈의 비난을 어떻게 이해해야 하는가? 문제의 장으로 가보자. 문제의 핵심은 다음 한 문장에 잘 요약되어 있다. 카뮈는 이렇게 말하고 있다. "살인이 정당화되는 것은, 우상숭배에 대한 니체의 거부에서가 아니라 니체 저작의 핵심인 그 열광적 동의 속에서라는 사실을 주목해야 할 것이다."[5] 카뮈가 보기에는 세계에 **현전**해야만 한다. 그러나 니체는 더 멀리 나아간다. 니체에게 있어서는 세계에서 **상실해야**[6] 한다. 니체의 긍정은 **절대적** 긍정이다. 그것은 "개인의 생성에 대한 절대적 복종"[7], "전적인 필연성에 대한 전적인 동의"[8]이다. 여기에서 동의는 "실수 그 자체, 고통, 악, 살인, 그리고 실존이 지닌 문제제기적이며 심상치 않은 그 모든 것에 대한 제약 없는 긍정"[9]이다. 왜냐하면 "모든 것을 받아들이는 것, 최고의 모순과 고통을 동시에 받아들이는 것, 그것은 모든 것을 지배하는 것"[10]이기 때문이다. 전지전능한 비합리적인 것과 동일화된 의식이 승리를 거두게 되는 것이다. 이렇게 해서 니체는 "도덕을 부정한다".[11] 니체는 운명을 신성화한다.[12] 카뮈는 이렇게 단언한다. 니체는 로젠베르크(Alfred

---

2 Albert Camus, *L'Homme révolté*, *O.C.*, t.II, p.489.
3 *Ibid.*
4 *Ibid.*, p.486.
5 *Ibid.*
6 *Ibid.*, p.482.
7 *Ibid.*
8 *Ibid.*
9 *Ibid.*
10 *Ibid.*, p.483.
11 *Ibid.*, p.486.

Rosenberg)[13]와 혼동되어서는 안 된다고 말이다.[14] 그러나 이념은 그것만의 고유한 논리를 가지고 있다. 니체의 생각들이 "결정적 살인의 의미 안에서 이용될 수 있다는 것"[15]은 이해 가능한 일이다. 왜냐하면 "모든 것에 대해 '그렇다'(oui)로 대답하는 것은 살인에 대해서도 '그렇다'로 대답한다는 것"[16]을 상정하기 때문이다. 개인에게 '영원한 종(種)에 굴복하기'를 요구하는 것은, 원하든 그렇지 않든 간에, 나치즘에 대한 굴복을 미리 정당화하는 것이다.

따라서 카뮈는 '우상숭배에 대한 니체의 비판'에 대해 동의하는 대신 '열광적 동의'를 배척하는 것이다. 니체와 마찬가지로 카뮈는 기독교적-헤겔적 부정성(삶을 비방하는 반자연주의)에 맞서 싸우고자 한다. 하지만 카뮈는 비합리적인 것에 자신을 내맡기는 것, 대지의 심연에서 솟아나는 어두운 힘의 포로가 되는 것에는 항복할 준비가 되어 있지 않다. 요컨대 카뮈가 보기에 악은 늘 악으로 남아 있는 것이다.

이 단계에서, 『시지프 신화』에서 카뮈가 키르케고르에게 했던 비판을 생각하지 않을 수 없다. 그런데 키르케고르 역시 '열광적 동의'를 주장했다는 비난을 받고 있다.[17] 카뮈에 따르면 키르케고르는 "비합리적인 것을 신성화한다". 키르케고르는 "희망을 그 반대항인 죽음으로부터"[18] 끌어내려 노력한다. 그러나 이러한 조건하에서 의식은 '희생되어' 버린다.[19] 그리고

---

12 *Ibid.*, p.482.
13 나치 독일의 정치가·이론가 — 옮긴이
14 *Ibid.*, p.485.
15 *Ibid.*
16 *Ibid.*, p.486.
17 Albert Camus, *Le Mythe de Sisyphe*, O.C., t.II, p.126.
18 *Ibid.*, p.127.
19 *Ibid.*

우리는 "철학적 자살"[20]에 이끌리고 만다. 카뮈는 정확히 이것을 거부한다. "지성은 자신의 오만을 포기해야 하고 이성은 굴복되어야 한다고…… 사람들은 나에게 말한다……. 그러나 내가 이성의 한계를 인정한다고 해서 이 이성 자체를 부정하는 것은 아니다. 나는 이성이 갖는 상대적 힘을 인정한다."[21]

또 다른 접근이 제시된다. 나치즘을 "비의미의 신격화"[22], "원칙상 절망을 야기하는 것"으로 정의한 『독일 친구에게 보내는 편지』에서 카뮈는, "모든 것은 동일하다"[23]라고 말하고 있다.

그러나 카뮈의 전체 저작을 보게 되면 이와 같은 니체주의에 대한 비판에 가장 암시적인 태도를 보여 주고 있는 것이 바로 『이방인』이다.

카뮈의 관점에서 보면 뫼르소라는 인물은 분명 여러 가지 '긍정적'인 면을 가지고 있다. 가령 사회적 희극에 대한 거절, 종교에 대한 무관심, '정의'에 대한 관심 등이 그것이다. 카뮈는 뫼르소의 내부에 자기 자신의 여러 면을 담고 있다. 우선 **자기 자신의 존재**[24]에만 국한시키면서 자기가 한 말에 대해 대가를 지불하는 것을 거절하는 것, 그리고 진리에 대해 강한 열정을 보이는 것 등이 그것이다. 뫼르소는 모든 카뮈적 **정숙함**의 상징이다. 표현에 있어서의 정숙함과 감정에 있어서의 정숙함이 그것이다. 고삐 풀린 강조와 구멍 난 수사학이 부딪치는 것이 바로 반낭만주의이다.[25] 나중에 자

---

20 Albert Camus, *Le Mythe de Sisyphe*, O.C., t.II, p.119.
21 *Ibid.*, p.127.
22 Albert Camus, "Quatrième lettre", O.C., t.II, p.240.
23 *Ibid*.
24 『이방인』의 미국판 서문을 참조하라. "외관과는 달리 뫼르소는 삶을 단순화시키려고 하지 않는다. 그는 자신이 어떤 존재인지를 말하고, 자기 감정을 숨기는 것을 거부한다. 그러자 곧 사회가 위협을 당한다는 느낌을 갖게 된다"(Albert Camus, O.C., t.I, p.1920).
25 Robert Champigny, *Sur un héros païen*, Paris, 1959를 참조하라.

신의 정치 비평에서 카뮈가 "정의의 바리새인"[26] 혹은 "철학적 가해자"[27]를 비난할 때, 그가 『이방인』을 생각했을 것이라는 점은 의심의 여지가 없다. 물론 『이방인』이 **범죄** 이야기라는 점을 잊어서는 안 될 것이다. 뫼르소는 **살인**을 저질렀고, 그 죄목으로 감옥에 갇혀 있는 것이다. 그런데 재판을 받으면서 자신의 살인 동기에 대해 질문하는 판사에게 뫼르소는 "태양 때문이었다"[28]라고 대답하고 있다. 얼핏 보기에 놀라운 대답이지만(화자에 의하면 "방청객들 사이에서 웃음이 일어났다"), 심각하게 생각해야 할 대답이다. 왜냐하면 태양은 이 범죄에서 중요한 역할을 담당하기 때문이다. 뫼르소가 방아쇠를 당긴 것은 그에게 내리쪼이는 뜨거운 태양 아래에서 갑자기 "모든 것이 흔들렸기"[29] 때문이다. "하늘이 활짝 열리며 뫼르소에게 불이 비 오듯 쏟아붓는 것 같았다."[30] 그러나 이러한 충격은 잘 해석되어야 할 것 같다. 그렇다면 문제가 되는 것은 무엇인가? 문제가 되는 것은 정확히 니체적 긍정(혹은 키르케고르적 자살)이 진행되는 **동안**의 경험인 것이다. 뫼르소는 태양에 사로잡혔으며, 이것은 정확히 '열광적 동의'인 것이다. 뫼르소라는 인물은 니체와 마찬가지로 자신을 비합리적인 것에 의해 유혹되도록 내버려 둔다. 니체적 긍정과 마찬가지로 뫼르소의 긍정도, 의식의 주어진 소여 속으로의 완전한 사라짐과 동의어인 존재에의 맹목적 함몰인 것이다.

클로드 비제가 정확히 지적하고 있는 것처럼, 『이방인』의 이야기는 그 자체로 한계를 지니고 있으며, 거기로부터 출발해서 후퇴하면서 또 다

---

26 Albert Camus, "Lettre à la revue *Caliban*, à propos des *Justes*", *O.C.*, t.II, p.720.
27 Albert Camus, *L'Homme révolté*, *O.C.*, t.II, p.643.
28 Albert Camus, *L'Etranger*, *O.C.*, t.I, p.1196.
29 *Ibid.*, p.1166.
30 *Ibid.*

른 길을 찾아내야 할 것이다. '이방인'의 운명은 왕국을 순례하는 것에 대한 경고이다. 인간을 죽음에 처하게 하지 않고 어떻게 신의 행복으로 이끌 수 있겠는가? 이 두 가지 불가분의 요소가 뫼르소에게 주어진 예외적 운명의 씨줄과 날줄인 것이다. 카뮈는 그날의 **제의적 관조**를 통해 세계의 격렬한 폭발이 정복 속에서 운명적이고 치료 불가능한, 그러면서도 필연적이고 성스러운 것을 가져다주었다는 점을 알려 주고자 애쓰고 있다".[31]

물론 여기에서 사용된 '성스러운'이란 단어는 어느 정도 유보해 두어야 할 것이다. 만약 카뮈가 뫼르소의 열광적인 자연주의에 비교해 거리를 두려고 한다면, 그의 눈에는 당연히 **그 어떤 것**도(역사와 마찬가지로 자연도) 성화될 수는 없는 것이 아닌가? 카뮈는 역사적 신비를 거절한다. 카뮈는 또한 우주적 신비도 거절한다. 카뮈가 보기에 모든 우상숭배는 추방되어야 한다. 클로드 비제가 특별히 문제를 잘못 지적하고 있는 것은 아니다. 『이방인』에서 함축적으로 그려져 있는 것은 '자연'에 대한 두 가지 대조되는 접근이다. 하나는 '디오니소스적'이라고 부를 수 있는 것이고, 다른 하나는 '아폴론적'이라고 부를 수 있는 것이다. 한쪽에는 "열락이라는 혼돈에 의한 도취"[32]가 있고, 다른 한쪽에는 세계와의 거리를 둔 결혼이 있다. 뫼르소는 태양에 너무 가까이 가려다가 갑자기 벼락을 맞은 것이다. 그러나 '자연'과의 소통이 가능한 단 하나의 **다른** 방법이 존재한다. 『결혼』, 『안과 겉』(*L'Envers et l'Endroit*), 『시지프 신화』에서 기술되고 있는 방법이 그것이다. 이 저작들에서 카뮈는 자연과 맺는 관계의 하나의 전형을 보여 주고 있는데, 이 전형은 삶과의 **동일화**가 아니라 삶에의 **주의**(注意)이다. 그러니까

31 Claude Vigée, "La nostalgie du sacré chez Albert Camus", *Hommage à Albert Camus*, Paris, 1967, pp.135~136.
32 *Ibid*., p.136.

'존재'와의 접촉이 **갑자기** 이루어지는 것이 아니라 **간접적으로** 이루어지는 방법이 그것이다. 카뮈는 **지혜**의 외관을 묘사한다. 지혜는 '형이상학적 분기'와 '열광적 동의', 혹은 '절대적 부정'과 '절대적 긍정' 사이 중간쯤에 위치해 있는 것이다. 이처럼 『이방인』에는 뚜렷한 한계가 나타나고 있다. 카뮈는 항상 이 한계 **이쪽**에 남아 있고자 한다고 말할 것이다.

* * *

"니체는 대지와 디오니소스를 긍정하는 것은 곧 자기 자신의 고통을 긍정하는 것이라고 생각했다. …… 진리를 찾기 위해 진리가 있는 곳, 즉 대지의 뱃속으로 들어가기 위해 에트나 화산 속으로 몸을 던진 그 엠페도클레스와 마찬가지로, 니체는 인간에게 영원한 자신의 신성을 재발견하고, 그 스스로 디오니소스가 되기 위해 우주의 심연으로 빠져들 것을 제안했다. …… 니체 역시 이 극단에 이르러 동요했다. '바로 이것이 그대의 용서받지 못할 점이다. 그대는 권력을 가졌으나 서명하기를 거부하고 있다.' 어쨌든 그는 서명을 하게 된다. 그러나 디오니소스의 이름으로 불멸의 자리에 오른 것은 단지 아리아드네에게 보내는 편지들뿐이다. 그가 광기의 상태에서 썼던 그 편지들 말이다."[33]

앞에서 살펴보았듯이 카뮈의 사유에서 볼 수 있는 특징들 가운데 하나는, 열광적인 것과 걱정스러운 것을 동시에 갖고 있는 현재를 '속이지' 않으려는 배려이다. 그러나 카뮈는 혼동하기를 거절하고 있다. 세계의 '이면'(裏面)이 존재하고, 세계의 '겉면'이 존재한다. 그것들은 같은 것이 아니다. 대지는 우리를 행복으로 초대하지만, 그 행복의 지평선에는 '부조리'라는

---

33 Albert Camus, *L'Homme révolté*, O.C., t.II, pp.483~484.

극복 불가능한 벽이 드리워져 있는 것이다. 부조리를 제거하기 위해 그것을 감싸 안는 것으로 충분할까? 악은 사람들이 그것을 기뻐한다는 단 하나의 사실로 없어질 수 있을까?

카뮈는 형이상학적 '기분전환' — 보장이 되는 저편의 세계에 대한 탐구 — 을 거절한다. 카뮈에 의하면 악과 고통은 **정면**에서 바라보아야 한다. 그러나 카뮈는 또한 '열광적인 동의'도 거절한다. 왜냐하면 이 경우에는 명석성이 희생되기 때문이다. 거기에서 행해지는 '극복'은 더욱더 복잡하다 (부조리의 끝에 도달하기 위해 부조리를 반대의 것으로 바꾸려 한다). 그러나 여전히 이 '극복'이 문제이다. 다시 말해 비인간적인 '절대' 또는 그것의 폐위 앞에서의 의식의 포기가 문제가 된다. 의식은 진리를 '피하고자' 애쓰는데, 의식은 또한 자기기만이기도 하다.[34]

절대적 긍정과 부정의 이러한 (마침내는 하나가 되는) 대립된 두 신비 사이에 새로운 제3의 길이 있을까? 카뮈는 그렇다고 본다. 그것이 바로 '정오의 사유'이며 '진정한 반항'이다. 진정한 인간은 부조리에 휩쓸리지 않으면서도 부조리를 인정한다. 카뮈에게 있어서 동의는 반항과 함께한다.[35] 분명 이 길은 좁은 길이자 '힘든' 길이기도 하다.[36] 그러나 균형은 존재한다. 이 길을 정복하기 위해 어느 정도의 '엄격함'이면 충분할 것이다.[37]

---

34 이러한 이유로 니체를 형이상학적 반항가들의 부류에 넣을 수 있다. 카뮈에게 있어서는 극단적인 자들은 서로 통한다(같은 방식으로 나치즘 혹은 '비합리적 공포정치'는, 공산주의 혹은 '국가 테러리즘'과 조우한다).

35 Albert Camus, *Noces*, *O.C.*, t.II, p.88.

36 Albert Camus, *L'Homme révolté*, *O.C.*, t.II, p.705.

37 *Ibid*.

이처럼 『반항하는 인간』에서 반기독교적 논의와 반니체적 논의는 덜 분명
할지는 모르지만 같은 비중을 가지고서 균형을 유지하고 있다. 실제로 『반
항하는 인간』의 도식은 『시지프 신화』의 그것과 같다. 『시지프 신화』에서
카뮈가 후설(Edmund Husserl, 형이상학적 합리주의의 챔피언)과 키르케고
르(비합리주의의 챔피언)를 대조시키는 것과 마찬가지로, 『반항하는 인간』
에서 그는 '반자연주의'와 '운명애'(amor fati)라고 하는 두 가지 상반된 주
장을 거부하고 있다. 카뮈에게 있어서 중요한 것은 '부조리'에 대한 분명한
인정이다. 하지만 '부조리'는 정확하게도 **있는 그 자체로** 인정되어야 한다.
니체가 했던 것처럼 이 부조리를 찬양의 대상으로 바꾸어 버리는 것은, 허
무주의를 **뛰어넘는다**기보다는 오히려 그것을 **성화시키는** 것이다. 그리고
카뮈는 **지금-여기**에 대한 이와 같은 배반에 반대한다. 카뮈가 보기에 이 배
반은 기독교적 혹은 헤겔-마르크스적 배반과 만나게 되는 것이다.

　　충실함(fidélité)과 명석함(lucidité). 우리는 다시 한번 카뮈 저작의 주
요 문제인 이 두 단어와 이 두 단어에 의해 제기되는 문제로 돌아오게 된
다. 부조리는 우리를 마치 우리의 유일 '왕국'에 묶어 두는 것처럼 **지금-여**

기에 국한시키고자 한다. 그러나 이 왕국에서 어떤 종류의 부(富)가 나올 것인가? 이 왕국으로부터 권리상 어떤 것을 기대할 수 있는가? 앞에서보다 더 긴요하게 이와 같은 문제들이 제기된다.

모든 것이 다 같은 것은 아니다. 이 사실을 우리는 금방 알아차렸다. 하지만 카뮈는 『반항하는 인간』에서 거기에 머물지 않는다. 앞에서 보았던 주장에 정의와 연대성과 관련된 주장들이 덧붙여진다. 카뮈는 몇몇 '가치'의 존중을 변호한다. 카뮈는 혁명적 냉소주의에 '도덕'을 대치시킨다. 그러나 이 도덕과 충실함이라는 명령법 사이에는 도대체 어떤 관계가 있는가? 아니 이 두 가치 사이에 어떤 관계가 있다고 말할 수 있기나 한가?

누구도 『반항하는 인간』에서 카뮈가 주장하는 이와 같은 공리들이 공중에 매달려 있다는 ── 이 공리들과 그가 설파한 자연주의 사이에 결합 불가능성이 존재한다는 ── 것을 보여 주려고 애쓰지 않았다. 이와 같은 해석에 대해 생각해야 할 바가 무엇인지를 곧 살펴보게 될 것이다. 그러나 분명 문제가 있다. 한편으로 카뮈는 '형이상학적' 반항에 반대되는 주장을 하지만, 다른 한편으로 정확히 '형이상학적' 성격을 갖는 가치들에 대해 지적하고 있다.[1] 『시지프 신화』에서는 사태가 비교적 간단했다. 카뮈는 그때 "최상의 삶을 살아야"[2] 할 필요가 있다고 말하는 것으로 충분했다. 카뮈는 정의에 대해서는 얘기하지 않고 행복에 대해서만 얘기했다. 그리고 모든 면에 있어서 카뮈의 도덕은 '양'(量)의 도덕이었다.[3]

앞으로의 논의 방향을 정하기 위해 다시 **지금-여기**로 돌아오자. 그리고 청년 시절의 저작에서 카뮈가 이 주제로부터 무엇을 끌어내고 있는지

1 Albert Camus, *L'Homme révolté*, O.C., t.II, p.426.
2 Albert Camus, *Le Mythe de Sisyphe*, O.C., t.II, p.143.
3 *Ibid*.

를 보도록 하자.

카뮈가 끌어내고 있는 첫번째 사실은 자살에 대한 반대이다. 카뮈에게 자살은 (종교, 형이상학과 마찬가지로) 도피이며, 해방이기도 하다. 자살하는 것은 운명을 피하는 것이며, "문제를 제거하는 것"[4]이다. 카뮈에게 있어서 부조리는 삶의 가치를 저하시키기는커녕 그 가치를 더 고양시킨다. 왜냐하면 "삶이 부조리하다고 말하기 위해 의식은 생생하게 살아 있어야 하기 때문이다".[5] 보통 우리는 '살기 위해 삶에 의미가 있어야만 하는가?' 하고 묻는다. 그러나 문제가 '거꾸로' 제기되어야 한다. 삶에 "의미가 없으면 더 나은 삶을 살 수도 있다"[6]는 것을 이해해야만 한다. "산다는 것은 부조리를 살아나게 하는 것이다. 부조리를 살아나게 하는 것은 무엇보다도 그것을 정면으로 바라보는 것이다."[7]

그러나 카뮈는 자살을 거부하는 것만으로 만족하지 않는다. 카뮈는 또한 삶의 윤리를 제시하기도 한다. 이 윤리는 '최상의 삶을 살아라!'라고 하는 단순한 명령법 위에 기초한 윤리이다. 이 명령법의 의미는 종종 오해의 대상이 되곤 했다. 사람들은 이 명령법에서 고상한 가치에 대한 무관심, 되는 대로 살아가는 쾌락주의적 태도에 대한 고무의 표현을 보았다.[8] 하지만 사실은 전혀 그런 것이 아니었다. '양'을 중요시하는 카뮈의 윤리는 '질'(質)을 중요시하는 윤리와 분명 대립된다. 또한 카뮈의 이 윤리는 영원한 것 혹은 저편의 존재에 대해서는 과격한 회의주의를 표명하는 윤리이기도 하다. 그러나 이렇게 말한다고 해서 이 윤리가 **비도덕주의**와 같은 것이라고

---

4 *Ibid.*, p.138.
5 Albert Camus, *L'Homme révolté*, O.C., t.II, p.416.
6 Albert Camus, *Le Mythe de Sisyphe*, O.C., t.II, p.138.
7 *Ibid.*
8 André Nicolas, *Une philosophie de l'existence, Albert Camus*, Paris, 1964, pp.48~53.

생각해서는 안 된다. 카뮈가 자신의 윤리를 통해 말하고자 하는 것은, 자기가 되어야 한다는 것이다. 보다 정확하게 말하자면, 사람은 본연의 자기가 되어 가는 것이다. '최상의 삶을 산다는 것', 그것은 "인간이 자신의 삶, 반항, 자유를 느끼는 것, 그것도 최고로 느끼는 것"이다.[9] 그것은 인간이 자기 존재와 의식의 충만함에 가까워지는 것이다. 이와는 달리 거기에는 방임주의로의 초대는 결코 없다. 카뮈는 '지혜'와 '집요함'을 말한다.[10] 사람이 "본연의 자기가 되기 위해서"는 "가능한 한 자주, 세계를 정면으로 마주보아야 한다".[11] 그러나 특히 "의식의 명증한 상태를 유지해야 한다".[12] 여기에서 의지는 '삶에 대한 규칙'을 제공한다.[13]

스피노자의 윤리를 다루면서 질 들뢰즈는 그의 저서 『스피노자와 표현의 문제』에서 다음과 같이 쓰고 있다. "스피노자는 잘 알려진 전통에 합류한다. 철학자의 실천적 임무는 모든 신화, 모든 신비화, 모든 '미신'을 폭로하는 데 있다. 그 기원이 무엇이든지 간에 말이다. 이러한 전통은 철학으로서의 자연주의로부터 구별되는 것이 아니다. 미신은 우리들의 행동하는 힘으로부터 우리들을 분리시켜 두는 것이며, 우리들의 힘을 감소시키는 것이다. 미신의 기원은 또한 슬픈 열정의 연속이고 두려움이며, 두려움에 사로잡히는 희망이자, 우리들을 환영으로 내모는 불안이다. …… 슬픈 정념의 가치절하와 그 정념을 가꾸고 이용하는 자들에 대한 고발이 철학의 실천적 대상이다."[14]

---

9 Albert Camus, *Le Mythe de Sisyphe*, *O.C.*, t.II, p.144.
10 *Ibid.*, p.137.
11 *Ibid.*, p.144.
12 *Ibid.*, p.145.
13 *Ibid.*
14 Gilles Deleuze, *Spinoza et le problème de l'expression*, Paris, 1968, pp.249~250.

스피노자의 윤리학에 대한 이와 같은 설명은 그대로 카뮈에게도 적용될 수 있는 것으로 보인다. 카뮈 역시 인간을 슬픔에 젖게 만들어 버리는 미신을 적대시한다. 카뮈가 '양의 도덕'이라고 부른 것은 결국 이 단어의 고유한 의미에서 행복의 도덕과 같은 것이다. '부조리'와 "이 부조리에 내포된 삶의 양의 증가"[15] 덕택으로 인간이 자기 자신과 합치하는 것, 그의 존재(보통은 형이상학적 환상에 의해 자기의 존재와 분리된다)를 회복하는 것이 문제가 된다.

그렇다면 『시지프 신화』에서 타인은 어떻게 되는가? 카뮈는 이 저서에서 오직 '나'의 차원에만 머무는가 아니면 '우리'의 차원으로 넘어가는가? 사람들은 이렇게 물을 것이다.

『시지프 신화』에서는 타인의 문제가 원경(遠景)에 해당하는 생각에 불과하다는 사실을 인정하자. 이 저서에서 카뮈의 흥미를 끄는 문제는 부조리에 부딪친 개인적 실존의 비극이다. 하지만 '정복자들'에 할애된 다음의 문장을 인용해 보자. "그들에게는 단 하나의 사치가 있는데, 그것이 바로 인간들의 관계이다. 허약한 이 세계에서 인간적인 모든 것들이 보다 더 강렬한 의미를 지닌다는 것을 어떻게 이해하지 못하겠는가? 긴장된 얼굴, 위협받는 우정, 인간들 사이의 그토록 강하고 그토록 순수한 우정, 이 모든 것들이, 결국은 일회적이라는 사실로 인하여 참다운 의미에서의 부(富)인 셈이다."[16]

부조리의 '이면'은 따라서 단지 행복만이 아니라, 죽음을 선고받은 모든 인간들 사이의 연대성이다.

---

15 Albert Camus, *Le Mythe de Sisyphe*, O.C., t.II, p.145.
16 *Ibid.*, p.167.

그럼에도 다음과 같은 사실을 고백해야 한다. 『시지프 신화』에서 이 주제는 그다지 중요한 역할을 하지 않고 있다는 사실이 그것이다. 카뮈는 이 주제에 대해 그저 지나가면서 암시하고 있을 뿐이다. 따라서 문제는 '양의 도덕'을 정의와 개방된 우정이라는 생각에 과연 어느 정도까지 반영할 수 있는가, 또는 보조를 같이할 수 있는가를 알아보는 것이다.

물론 세계를 향한 열림에는 타자를 향한 열림이 포함된다고 가정된다. 카뮈가 『결혼』에서 말하고 있는 것처럼, "유일한 사랑이 있을 뿐이다. 여자의 몸을 감싸 안는 것, 그것은 또한 하늘에서 바다로 내려오는 이상한 기쁨을 껴안는 것이다".[17] 그러나 타인에게 개방하는 것은 단지 '몸을 감싸 안는 것'일 뿐일까? 사랑에는 '육체적' 차원을 넘어 '형이상학적' 차원 역시 있지 않을까? 이러한 질문에 대해 카뮈는 초기 저작에서 답을 하지 않고 있다. 답을 하더라도 분명한 방법으로 하고 있지는 않다. 『결혼』에서 문제가 되고 있는 '살아가는 것에 대한 어려운 기술'은 무엇보다도 먼저 개인에, 그리고 그가 '본연의 자기가 되어 가는' 노력에 관련된다.

* * *

다시 『반항하는 인간』으로 돌아가 보자. 그리고 이 저서에서 가치의 문제가 어떻게 제기되고 있는가를 보도록 하자.

『반항하는 인간』에서 카뮈가 무엇보다도 중점을 두고 있는 과제가 진보적 폭력에 대한 반대라는 사실을 잊지 말자. 그런데 앞에서 살펴본 대로 이 진보적 폭력의 문제는 다음과 같은 본질적인 두 개의 '가정' 위에 기초한다. 하나는 **휴머니즘적** 가정(역사는 '절대'이고, '절대'는 역사다)이고, 다른

---

17 Albert Camus, *Noces*, *O.C.*, t.II, pp.57~58.

하나는 **테러주의적** 가정(현재 상태에서 인간은 인간에 대해 늑대이다)이다. 부조리의 이론은 휴머니즘적 가정의 무용성을 보여 준다. 이제 테러주의적 가정만이 남는다. 그렇다면 인간은 인간에 대해 늑대인가? '자연상태'는 만인에 대한 만인의 전쟁에 의해 충분히 정의되는가? 이 문제들은 카뮈 역시 소홀히 할 수 없는 '고전적'인 문제들이다. 카뮈도 그의 설명에서 이 문제들의 중요성을 무시하지 않고 있다. 만인에 대한 만인의 전쟁과 관련이 있는 헤겔-마르크스 이론을 논의하면서, 카뮈는 연대성의 문제를, 그리고 이 문제를 기화로 정의의 문제를 자연스럽게 논의하고 있다.

우선 인간은 인간에 대해 늑대인가? 카뮈는 『반항하는 인간』의 앞부분 십여 쪽에서 강도 높은 논의를 통해 인간이 인간에 대해 늑대가 아니라는 사실을 보여 주고 있다. 또한 자신의 주장을 더 잘 보여 주기 위해 카뮈는 적의 영역에 서기까지 한다. 사실 카뮈에게 주요 생각거리를 제공해 주는 것은 (마르크스의 주제인) 반항이다. 카뮈는 헤겔-마르크스에게 그들의 고유한 주장을 그대로 돌려주면서 공격한다. 헤겔-마르크스는 인간들 사이에 맺어지는 자연스러운 관계의 이론을 주인-노예의 갈등 위에 세우고 있다. 카뮈의 출발점도 같다. 단지 카뮈가 내리고 있는 결론이 반대될 뿐이다. 주인-노예의 갈등에 대한 검토를 통해 카뮈는 연대성이 **존재**하며, 따라서 인간들은 매 순간 서로 **의사소통**을 할 수 있다는 점을 주장하고 있다.

카뮈의 논의를 따라가 보자.

이 논의는 크게 두 부분으로 되어 있다.

카뮈는 먼저 반항이 단지 **부정적** 태도(예를 들어 원한과 같은)가 아니라, 그 이상으로 그리고 근본적으로 노예의 **긍정적** 의지, 즉 주인에게 **인정받고자** 하는 의지를 나타낸다고 말하고 있다. "반항하는 인간이란 누구인가? '아니다'(non)라고 말하는 자이다. 그러나 그는 '아니다'라고 말하면서도 포기하지 않는다. 그는 또한 처음부터 '그렇다'(oui)라고 말하는 자이기도 하다."[18] 그렇다면 무엇에 대한 '그렇다'인가? '그 자신의 일부분'에 대한 '그렇다'이다. 지금까지 억눌렸던, 하지만 지금부터는 그가 '존경받게 만드는', 그가 "다른 모든 것보다, 심지어는 삶보다 더 선호하는"[19] 그 자신의 일부분에 대해서 말이다. 반항은 우리로 하여금 '전체 아니면 무'의 질서 속으로 돌진하게 한다. "반항인은 전체가 되고자 한다. 그는 자신이 갑자기 의식하게 된 선(善), 자신의 인격 속에서 인정받고 존중받기를 바라는 그 선에 전적으로 동화되기를 바란다. 그렇지 않으면 그는 무(無)가 되기를, 다시 말해 그를 지배하는 힘에 의해 결정적으로 실추되기를 바란다. 극단적으로 말해 그는, 만약 그 자신이 자유라고 부를 수 있는 그 배타적이고 궁극적인 인정을 받지 못할 경우에는, 죽음이라는 최후의 실추를 받아들인다."[20]

이와 같은 카뮈의 추론의 첫번째 단계는 헤겔적 '주석'과 무관하지 않다고 할 수 있을 것이다. 그러니까 거기에는 헤겔의 『정신현상학』에서 본질적으로 주인-노예 변증법으로부터 기인하는 '인정 욕망'에 대한 완벽한 분석이 있는 것이다. 반항인은 타인 앞에서 스스로를 자유로 단언한다. 다시 말해 그 타인에 대해서 대상이 아니라 주체로 있기를 원한다. 그리고 이러한 요구의 근거가 바로 자기 자신이 자유로서 인정되는 것을 보기 위해 죽음을 무릅쓸 각오가 되어 있다는 점이다. "무릎을 꿇고 살기보다는 차라리 서서 죽기를 바란다."[21]

---

18 Albert Camus, *L'Homme révolté*, *O.C.*, t.II, p.423.
19 *Ibid.*, p.424.
20 *Ibid.*, pp.424~425.
21 *Ibid.*, p.425.

하지만 이것은 카뮈의 추론의 시작일 뿐이다. 카뮈는 곧바로 방향을 바꿔 버린다.

"아무리 막연한 것일지라도 의식의 자각은 반항 운동으로부터 태어난다. 인간의 내부에는, 비록 일시적일망정, 인간이 동화할 수 있는 그 무엇인가가 있다는 사실에 대한 번득이는 자각이 찾아든다." 그의 자유 혹은 그의 자존심이 그것이다.[22] 하지만 이 자존심은 인간이 **인간으로서** 갖는 자존심이라고 카뮈는 말한다. 반항인이 존중받는 것을 보고자 하는 '자신의 일부분', 그것은 바로 가치이다.[23] 그러니까 **모든** 개인(주인, 노예, 반항인, 비반항인)에게 공통되는 안녕이다. "흔히 생각하는 것과는 달리, (그리고 반항이 인간의 가장 엄밀하게 개인적인 면에서 생겨나긴 하지만) '전체' 혹은 '무'의 출현을 통해 반항이 오히려 개인적이라는 관념 그 자체를 재검토의 대상으로 만든다는 사실이 드러난다. 개인이 그의 반항 운동 속에서 죽기를 받아들이고 또 실제로 죽게 되면, 그는 그렇게 함으로써 하나의 선, 즉 자기 개인의 운명 그 이상이라고 여겨지는 선을 위해 스스로를 희생한다는 사실을 보여 주는 셈이다. 자기가 수호하는 권리를 부정하기보다 죽음의 기회를 선택한다면, 그것은 그가 그 권리를 자기 자신보다 더 상위에 두기 때문이다. 그러니까 그는 아직 막연하긴 하지만 적어도 자신이 만인과 공유하고 있다고 여기는 가치의 이름으로 행동하는 것이다. 반항적 행위에 내포된 긍정은, 그것이 개인을 그가 빠져 있을 것으로 짐작되는 고독으로부터 끌어내어 그에게 행동할 이유를 제공한다는 점에서, 개인을 초월하는 그 무엇에까지 확대된다는 사실을 알 수 있다."[24]

---

22 *Ibid.*, p.424.
23 *Ibid.*
24 *Ibid.*, p.425.

이처럼 '현재의 의견과는 반대로'(즉 헤겔과 마르크스와는 반대로) 반항은 인간들 사이의 내면적 관계가 아니라 그들 사이의 근본적인 연대성을 보여 준다. "노예가 명령을 거역하고 분연히 일어서는 것은 동시에 모든 인간을 위한 것이기도 하다. 그가 어떤 명령으로 인해 부정된다고 판단하는 자기 내부의 그 무엇은, 그 혼자에게만 속하는 것이 아니라 모든 인간, 심지어는 그를 모욕하고 억압하는 자까지도 포함하는, 모든 인간이 준비된 공동체를 갖는 일반적 논거와도 같은 것이다."[25] 게다가 관찰은 이러한 추론을 보증해 준다. 실제로 다음과 같은 사실을 볼 수 있다. "반항은 오직, 그리고 반드시 피억압자에게서만 나타나는 것이 아니라, 타인이 억압의 피해자가 되는 광경을 목격할 때에도 나타날 수 있다."[26] "우리 자신은 반항하지 않고 당해 왔던 박해도 타인에게 가해지는 것을 보면 오히려 견딜 수가 없는 경우가 있다. 러시아 테러리스트들 중 어떤 이들이 감옥에서 동지들이 혹독한 매질을 당하는 것을 보고서 항의의 표시로 자살한 사건들은 이 위대한 반항 운동을 잘 설명해 준다."[27]

주인과 노예 사이에는 최소한 갈등이 존재한다고 반박할 수도 있을 것이다. 그러나 카뮈는 "희생자들의 공동체는 희생자를 가해자와 잇는 공동체와 같은 것"이라고 쓰고 있다. 단지 "가해자는 그 사실을 모를 뿐이다".[28] 그리고 만약 반항이 모욕에 대한 거부라고 한다면, 그것은 타인에 대한 모욕을 절대로 요구하지 않는다.[29]

사실 반항이 주장하는 것은 **모든** 사람이 형제라는 사실이다. "인간은

25 Albert Camus, *L'Homme révolté*, *O.C.*, t.II, pp.425~426.
26 *Ibid.*, p.426.
27 *Ibid.*
28 *Ibid.*
29 *Ibid.*, p.427. 그리고 *Ibid.*, p.688도 참조하라.

반항에서 스스로를 초월하여 참으로 타인 속으로 들어가게 된다. 그리고 이러한 관점에서 보면 인간의 연대성은 형이상학적이다."[30] "우리가 겪는 일상적 시련 속에서 반항은 사유의 차원에서의 '코기토'와 같은 역할을 수행한다. 즉 반항은 첫번째의 명증성 그 자체이다. 하지만 이 명증성은 개인을 고독으로부터 끌어낸다. 반항은 모든 인간들 위에 첫번째 가치를 정립시키는 공통의 토대이다. 나는 반항한다. 그러므로 우리는 존재한다."[31]

우리는 곧 이 주장과 이 주장이 갖는 내재적인 의미로 다시 돌아올 것이다. 그전에 이 문제가 갖는 논쟁적 범위를 끌어내는 것이 적합할 것이다.

반항에 대한 분석은 카뮈로 하여금 다음과 같은 주장을 하도록 유도한다. '현재 유행하는 의견과는 반대로' 인간은 인간에 대해 늑대가 아니라 신이라는 주장이 그것이다. 방금 우리가 보았듯이 카뮈는 데카르트를 참조한다. 데카르트에 의하면, 인간은 모든 것을 다 회의할 수는 없다. 왜냐하면 최소한 의심하는 나는 "존재하고 실존하기"[32] 때문이다. 이와 유사하게 카뮈에 의하면, 반항인은 죽음의 투쟁을 받아들일 수가 없다. 왜냐하면 그가 반항을 하면, 그것은 "단지 그에게만 속하는 것이 아니라 모든 사람들이 —심지어는 그 사람을 욕하고 억압하는 사람들까지 포함해서— 가지고 있는 준비된 공동체라고 하는 공동의 장소인 그 무엇의 이름으로 반항하는 것이기 때문이다". 반항과 '우리는 존재한다'의 관계는 의심과 '나는 존재한다'의 관계와 같다. 다시 말해 '우리는 존재한다'가 반항 **가능성의 조건**, 혹은 **심층적 본질**이다. 이처럼 의심과 마찬가지로 반항은 그 자체에서 한계를 발견한다. "논리적으로 보면 우리는 살인과 반항은 모순적이라

---

30 *Ibid.*, p.426.
31 *Ibid.*, p.432.
32 René Descartes, *Méditation seconde, Œuvres et lettres* (Pléiade), p.275.

고 말해야 한다. 사실 한 명이라도 주인이 살해된다면, 반항인은 인간의 공동체, 자신의 정당성이 바로 거기로부터 나오는 그 공동체를 말하는 것이 허용되지 않는다."[33]

우선 카뮈의 이러한 추론은 문제의 소지가 있는 것으로 보인다. 사실 카뮈의 '논리'는 반항에 대한 정의(定義)와 무관하지 않다. 그런데 이 정의란 분명 명목상의 정의는 아니다. 왜냐하면 그 정의는 여러 사실에 근거하고 있기 때문이다. 하지만 우리가 이 사실들에 대해 다른 사실들을 제시할 수 있다면 반대할 수도 있을 그러한 정의이다. 반항의 본질이 '우리는 존재한다'는 것이라는 주장을 정당화시키기 위해 카뮈는 19세기에 소련의 도형수들이 보여 주었던 희생을 예로 들고 있다. 카뮈는 '쇠사슬에 묶인 자들의 연대성' 등에 대해 말하고 있다. 분명 이 모든 것은 부인할 수 없다. 하지만 반항적 운동에서 원한, 힘에의 의지, 공격성 등의 동인들이 가지는 중요성을 부정할 수도 없을 것이다. 이것들은 '유의미적'이지 않은가? 그렇다고 하자. 이 경우 그렇다고 말하기 위해서는 무엇에 근거해야 하는가? '유의미적'이라고 하는 것은 무엇인가? 마지막으로 카뮈는 반항에 대한 정의를 경험적으로 내리는 듯한 태도를 보인다. 그러나 이러한 정의를 출발점에서부터 내리고 있는 것은 아닌지, 그리고 그로 인해 그의 '추론'이 악순환에 빠지는 것이 아닌지를 물어야 할 것이다.

그럼에도 사태를 다른 시각에서 이해해야 할 필요도 분명 있는 것 같다. 자신의 주장을 보증하기 위해 카뮈는 여러 사실을 들고 있다. 그것이 추론을 위한 것인가? 오히려 다음과 같이 말하자. 증명을 하기 위해서라고 말이다. '우리는 존재한다'라는 주장은 카뮈에게 있어서는 **자연적**이라기보다

---

33 Albert Camus, *L'Homme révolté*, *O.C.*, t.II, p.685.

는 **역사적** 소여이다. 역사가 자연을 강화시키는 일이 발생하기도 한다. 그러나 카뮈는 어떤 환상도 품지 않는다. 역사가 자연을 **가리며, 황폐화시키기도** 하기 때문이다. 주지하다시피 루소는 『인간 불평등 기원론』에서 홉스를 비난하고 있다. 홉스가 "루소 자신이 사회상태에 적용한 생각을 자연상태에 덧씌웠다"고 말이다. 루소에 의하면 홉스가 인간은 인간에 대해 늑대라고 생각한 것은 다음과 같은 이유에서였다. 홉스는 "인간이 자기 자신의 본성에서 끌어낸 것과, 환경과 발전에 의해 그의 자연상태에 덧붙여진 것을 혼동했기 때문이다."[34] 루소는 또한 이렇게 주장한다. "모든 사실들을 제쳐 두는 작업부터 시작한다. 이 사실들은 문제의 본질을 건드리는 것이 아니다."[35] 카뮈는 사실들을 제쳐 두는 데까지 나아가지 않는다. 이와는 달리 카뮈는 그것들이 가지는 중요성을 많이 고려한다. 루소와 마찬가지로 카뮈에게서도 본질적인 것은 다른 데 있다. 결정적인 것은 자연적인 명증성, 즉 양심의 목소리인 것이다. 역사는 자연이 보여 주는 것을 확인해 주는 한에서 가치 있는 것이다. 그러나 그렇다고 해서 역사가 자연의 위대한 심판관인 것은 아니다. 이처럼 카뮈는 선택된 예를 통해서 자기에게 확실하게 보이는 반항과 '우리는 존재한다'는 주장 사이의 관계를 설명하고 있다. 그러나 이 예들은 분명 증거가 아니다. 기껏해야 예증일 뿐이다. 그것들은 '도화선'의 역할은 한다. 또한 카뮈는 폭력적 현실에 대해 메를로퐁티에 못지않게 알고 있다. 다만 카뮈에게 있어서 이러한 현실은 아무것도 아니다. 카뮈에게 있어서 현대인은 기껏해야 추락한, **탈자연화한** 존재에 불과하다. 죽음의 투쟁은 사실이다. 진정한 반항보다 역사적으로 사회학적으로 더 중

---

34 Jean-Jacques Rousseau, *Discours sur l'origine de l'inégalité*, *Œuvres complètes* (Pléiade), t.III, p.122.
35 *Ibid.*, p.132.

요한 사실이긴 하다. 그러나 역사도 사회학도 카뮈가 보기에는 내적 명증성을 흔들어 놓지는 못한다. 카뮈는 아무리 수적으로 많다고 할지라도 '사실' 앞에서 굴복하는 것을 거절한다.

카뮈의 추론 방식은 따라서 무엇보다도 반성적이며 내면적이다. '인간의 인간'을 넘어서서 루소는 '자연의 인간'이라는 개념과 조우하려고 노력한다.[36] 이와 마찬가지로 카뮈는 반항의 변형된 형태 너머로 '진정한' 반항과 조우하려고 애쓴다. 이를 위해서 카뮈는 분명 많은 예들의 도움을 받는다. 하지만 카뮈는 특히 자신의 가슴이 말하도록 내버려 둔다. 왜냐하면 『반항하는 인간』의 제사로 사용될 수도 있을 형식으로 루소가 말하고 있는 것처럼 "자연의 첫번째 움직임들은 항상 옳기"[37] 때문이다. 잘 행동하기 위해서는 자신을 잘 알아야 할 필요가 있는 것이다.

* * *

이 단계에서 가치의 문제가 다시 나타난다. 하지만 지금에 와서는 모든 것이 훨씬 더 명료하다. 앞에서 제기되었던 문제, 즉 『반항하는 인간』에 내포된 도덕적 주장들이 카뮈의 자연주의와 어떻게 연결되는가의 문제가 쉽게 해결될 수 있다.

카뮈가 『반항하는 인간』에서 말하는 가치들이 자연과 반대된다면, 혹은 단지 (칸트에게서처럼) 자연과 **분리되어** 있다면, 이 저서의 전체적 논리

---

36 Jean-Jacques Rousseau, *L'Émile*, *O.C.*, t.IV, p.549.
37 Jean-Jacques Rousseau, *Lettre à M. de Beaumont*, *O.C.*, t.IV, pp.935~936. 라투르 모부르의 도미니카 수도회 회원들 앞에서 1948년에 했던 발표에서 카뮈는 이렇게 말하고 있다. "인간에 대해 기독교가 비관적이라고 해도, 인간의 운명에 대해서는 낙관적입니다. 하지만 저는 인간의 운명에 대해서는 비관적이지만, 인간에 대해서는 낙관적입니다"(Albert Camus, *O.C.*, t.II, p.374).

가 문제될 수 있다. 하지만 과연 그런가? 결코 그렇지 않아 보인다.

　카뮈는 이렇게 말하고 있다. "불의가 나쁜 것은, 그것이 정의 — 어디에다 위치시켜야 할지 모르는 — 의 영원한 관념에 반대되기 때문이 아니라, 그것이 억압자와 피억압자 사이를 갈라놓는 말 없는 적대감을 영속시키기 때문이다. …… 이와 마찬가지로 거짓말하는 자는 다른 사람들에 대해 스스로의 문을 닫아 버리기 때문에 거짓은 추방되어야 하며, 그리고 좀 더 낮은 단계에서 결정적 침묵을 강요하는 살인과 폭력 역시 추방되어야 한다."[38]

　이처럼 모든 다른 가치들과 관련이 있고, 또 모든 가치들이 그로부터 파생되는 **근본적인** 가치는 연대성이다. 그런데 이 연대성은 — 반항에 대한 분석이 그것을 증명해 주는데 — 자기애 못지않게 **자연스러운** 것이다. 자기애와 마찬가지로 연대성은 자발성에 그 뿌리를 두고 있다. 자기애처럼 연대성도 의식의 **즉각적인** 소여이다. 따라서 카뮈에게 있어서 윤리와 자연 사이의 **대립**은 없다. 이와는 반대로 윤리는 자연에 의해 직접 제한된다. 결국 윤리가 자연 속에 뿌리내리는 것이다.

　이러한 뿌리내리기의 정확한 의미를 설명하기 위해 다시 한번 **지금-여기**를 고려해 보자. 『시지프 신화』에서 **지금-여기**에 대한 분석을 통해 카뮈는, '최상의 삶을 사는 것'의 필요성을 강조하고 있다. 중요한 것은 '본연의 자기가 되는 것'에 성공하는 것이다. 형이상학적 환상 없이 자신을 정복하는 것이다. 『반항하는 인간』에서도 카뮈는 **지금-여기**의 차원을 떠나지 않는다. 다만 카뮈는 더 심도 있는 분석을 하고 있을 따름이다. 부조리하다는 이유로 삶은 인간에게 있어서 "유일하게 필요한 자산"[39]으로 남아 있다. 그

---

38 Albert Camus, *L'Homme révolté*, *O.C.*, t.II, p.687.

런데 이 삶은 단지 나만의 삶이 아니라 **타인**의 삶이기도 하다. 카뮈는 나의 존재에서 **우리**의 존재로 넘어간다. 카뮈가 반항에 대해 말하고 있는 바로 되돌아가자. 반항은 두 가지 계기를 담고 있는 것으로 여겨진다. 첫번째 계기는 모든 반항 행위가 '인정 욕망', 즉 '인간의 자기 자신의 일부에 대한 순간적이고 완벽한 연결'(그의 자유 혹은 자존심)임을 드러나게 해주는 계기이다. 두번째 계기는 반항과 연계된 이 '자기 자신의 일부'가 사실은 모든 인간에게 공통된 자산이라는 사실을 보여 주는 계기이다. "나는 반항한다. 그러므로 우리는 존재한다." 그런데 카뮈가 시도한 반항에 대한 분석에서 이 두 계기는 『시지프 신화』의 도달점이기도 한 삶이라는 생각에 비해 더 심화된 계기이기도 하다.

첫번째 계기는 양적인 것에서 질적인 것으로의 이행을 보여 준다. '본연의 자기가 되는 것', 이것은 단지 '최상의 삶을 산다는 것'만을 의미하는 것이 아니라 '최선의 삶을 산다는 것'을 의미하기도 한다. 행복에 대한 요구는 존엄성에 대한 요구로 바뀐다. 인간이 중요시하는 것은 그 자신의 어떤 일부분이며, 이 '일부분'에 대해 그는 필요하다면 '나머지' 모든 것을 희생시킬 준비가 되어 있는 것이다. "무릎을 꿇고 살기보다는 차라리 서서 죽기를 바라는 것이다."[40]

두번째 계기에 대해 카뮈는 '나'에서 '우리'로의 이행을 지적하고 있다. 사실 나의 존엄성은 내가 인간으로서 갖는 인간의 존엄성이다. 내가 중요시하는 것은 나에게만 배타적으로 고유한 자산이 아니다. 그것은 **공통의** 안녕이다. 이처럼 나의 존재는 ('본질적'으로 말해) **우리**의 존재인 것이다.[41]

---

39 Albert Camus, *L'Homme révolté, O.C.*, t.II, p.416.
40 *Ibid.*, p.425.
41 "만약 우리가 존재하지 않는다면, 나는 존재하지 않는다"(*Ibid.*, p.685).

앞에서 살펴본 것처럼 『시지프 신화』에서 『반항하는 인간』까지 특기할 만한 변화는 없다고 할 수 있다. 카뮈는 '기술적 사유'를 위해 '사변적 사유'를 계속 거부한다.[42] 카뮈는 체험, 그의 눈에 초월 불가능한 것으로 보이는 명증성에 충실하다. 다만 여기에서 체험은 우선 양에서 질로의 이행을 가리키고, 다음으로 '나는 존재한다'에서 '우리는 존재한다'로의 이행을 가리키기도 한다. 행복에 대한 관심은 정의의 요구에 비례해 더욱더 커진다.

앞에서 '부조리'의 벽에 의해 막힌 인간의 실존이 의미를 가질 수 있는지의 여부에 대해 질문을 던진 바 있다. 이제 이 질문에 답을 할 수 있다. 그 답은 '보편적인' 것에 가세하기 위해 삶을 배반할 필요가 전혀 없으며, 그것을 밝히는 것으로 충분하다는 것이다. 왜냐하면 자연은 그 내부에서 초자연의 표식으로 나타나기 때문이다. 인간이 정의를 옹호하고 타인들과 잘 지낼 수밖에 없도록 하는 것은 그 자신으로부터 오는 명령 때문이다. 순간적으로 '부조리'가 윤리를 해친다고 생각할 수도 있다. 그러나 이와는 정반대의 현상이 확인될 수 있다. 연대성이 절대라면, 그것은 '부조리'에도 불구하고가 아니라 정확히 이 '부조리' 때문이다. 앞에서 살펴본 것처럼 '부조리'는 '이면'을 갖고 있는 모든 것을 '절대'로 여기게끔 강요한다. 그런데 이면을 갖고 있는 것은 본질적으로 지금-여기이다. 그러나 지금-여기는 다른 여러 가지 사실을 가리킨다. 분명 행복을 가리키기도 하고, 또한 타인들과의 연대성이라는 감정을 가리키기도 한다. 어떤 면에서는 우선적으로 타인들을 가리킨다고 할 수 있다. 왜냐하면 카뮈에 의하면 "만약 우리가 존재하지 않으면, 나도 존재하지 않기 때문이다".[43] 달리 말해 우리의 존재에 연결

---

42 "기술하는 것, 이것은 부조리한 사유의 마지막 야망이다"(Albert Camus, *Le Mythe de Sisyphe*, O.C., t.II, p.174). 그리고 '사변적' 사유와 '기술적' 사유의 대립에 대해서는 *Ibid.*, p.133을 참조하라.

되지 않고서는 본연의 나가 되는 것은 실제로 불가능하기 때문이다. '이성의 질서'에서는 나의 존재가 우리들의 존재에 선행한다. 그러나 '존재의 질서'에서는 그 역이 진실이다. 이렇게 해서 행복은 연대성에 의해 좌우된다. 결국 연대성이 행복의 가능성을 결정짓는 조건인 셈이다.

『페스트』의 한 인물은 이렇게 말하고 있다. "혼자서 행복하다는 것이 부끄러움일 수도 있다."[44] 그렇다면 이 '부끄러움'을 어떻게 이해해야 하는가? 단순한 불편함으로 이해해야 하는가? 아니면 보다 더 심각한 윤리적 선언의 표현으로 이해해야 하는가? 칸트의 관점에서 본다면 첫번째 가정으로 기울 것이다. 하지만 카뮈는 칸트와는 거리가 있다. 게다가 카뮈의 생각을 왜곡시키지 않고 제대로 평가하기 위해 그가 거부하고 있는 칸트의 범주 개념에 의존할 수는 없는 노릇이다. 루소와 마찬가지로 카뮈는 인간의 선함을 믿는다. 『에밀』의 저자와 마찬가지로 카뮈에게도 가치는 욕망에 뿌리내리고 있다. 칸트와 그의 형식주의에도 불구하고 오히려 두번째 가정을 선택해야만 할 것이다. 카뮈에게 있어서, 혼자서 행복할 때 '부끄러움'이 있다면, 그것은 인간이 그 자신의 내부에서 **양심**의 목소리에 다름 아닌 또 다른 목소리를 듣기 때문이다. 아마도 양심 — 루소가 신적 본능이라고 불렀던 것 — 만으로는 윤리를 정초하기에 불충분할지도 모른다. 하지만 그것만으로도 최소한 윤리를 구할 수는 있을 것이다.

43 Albert Camus, *L'Homme révolté*, *O.C.*, t.II, p.685.
44 Albert Camus, *La Peste*, *O.C.*, t.I, p.1387.

7장
자유와 정의

"나는 반항한다. 그러므로 우리는 존재한다." 카뮈의 이 주장은 얼핏 보기에 의문투성이다. 사실 무엇보다도 '나는 반항한다'에서 '우리는 존재한다'로의 이행이 '분명하지' 않다. 데카르트에게서는 의심하기 위해 내가 존재해야 한다는 것을 인정한다고 하더라도, 반항-연대성의 관계가 '나는 의심한다'-'나는 존재한다'의 관계와 유사할 수 있는가? 이와 같은 카뮈의 주장이 갖는 의미는 보다 자세히 검토되어야 할 필요가 있다.

어쨌든 이해하도록 해보자. 방금 '부조리' 개념을 참조한 바 있다. 혹시 이 부조리 개념이 위의 수수께끼를 풀 수 있는 실마리를 제공해 주지는 않을까? 카뮈는 초기 저작에서 **지금-여기**의 가치화와 '부조리' 앞에서의 명석성을 구별하지 않았다. 카뮈가 보기에 삶이란 단지 죽음이 선고되었다는 관점에서만 의미를 가질 뿐이었다. 시지프가 내건 '살아야 한다는 결심'은 직접적으로 '영원성', '저편' 등에 대해 가지고 있는 환상의 분쇄와 밀접한 관계가 있다. 이와 유사하게 뫼르소는 그 자신의 실패의 경험으로부터 자기의 실존을 받아들이겠다는 격정(그가 스스로에게 "다시 살 준비가 되어 있다"[1]고 말하는 것)을 끌어내고 있다. 그런데 『반항하는 인간』에서 카뮈가 따르고 있는 노선도 이와 유사하지 않은가? 카뮈는 『시지프 신화』, 『결혼』, 『이방인』 등에서 반항이라는 개념에 훨씬 자주 호소하는데, 그것도 '부조리'에 대한 사색과 같은 **범주**에서가 아닌가 하고 충분히 물어볼 수 있다. 카뮈의 저작들에서 반항은 '부조리'에 대한 인간의 자각 이외의 다른 무엇이 아니다. 왜냐하면 '부조리'의 본질은 **물의를 빚는 특성**에 있기 때문이다. 그렇다면 부조리를 **비난하지** 않으면서 그것을 자각할 수 있는 길은 없는 것일까? 하지만 부조리의 이면은 **의미로서의** 삶이다. 이처럼 반항은 "삶에 가치를 주는 것"[2]이기도 하다. 결국 모든 것이 반항과 더불어 시작되며, 또한 이 반항에 의해서만 모든 것이 가치를 지닐 뿐이다.

   이 도식을 『반항하는 인간』에 그대로 옮겨 보자. 『시지프 신화』에서와 마찬가지로 반항은 '부조리'와의 조우에 일치될 수 있는 것으로 보인다. 하지만 '부조리'는 나만의 조건을 특징짓는 것이 아니다. '부조리'는 **다른 사람들의** 조건 역시 특징짓는다. 이처럼 우리는 모두 형제, 그것도 부조리 안에서 형제가 된다. 이처럼 형제애는 '부조리'와 **동시에** 주어졌다. 이제 카뮈가 반항-형제애를 '나는 의심한다'-'나는 존재한다'의 관계와 같은 것으로 볼 수도 있다고 한 것을 이해할 수 있다. 그도 그럴 것이 이러한 조건에서 반항은 **즉각적으로** '우리는 존재한다'를 가리키기 때문이다. 내가 반항하는 것은 결국 우리가 **존재하기** 때문이다.

   카뮈가 **정말로** 이런 식으로 추론을 했을까? 분명 그렇지 않다고 할 수도 있다. 앞에서 보았지만, 반항에 대해 분석하면서 카뮈는 부조리에 대해서는 아무런 암시를 하지 않고 있다. 카뮈는 모든 논의를 주인-노예 갈등

---

1 Albert Camus, *L'Étranger*, *O.C.*, t.I, p.1209.
2 Albert Camus, *Le Mythe de Sisyphe*, *O.C.*, t.II, p.139.

에 집중시킨다. 그러나 『반항하는 인간』에서 주인-노예 갈등에 의미를 주는 것이 인간-부조리의 충돌이라고 생각할 수는 없을까? 카뮈가 "희생자들의 공동체는 희생자를 가해자와 잇는 공동체와 같은 것이다. 다만 가해자는 그 사실을 모를 뿐이다"[3]라고 선언할 때, 이 문장은 과연 부조리의 관점 밖에서도 이해될 수 있는가? 여기서 『페스트』를 기억할 필요가 있다. 이 작품에서 카뮈는 반항에서 기인한 형제애를 환영하기 때문이다. 반항은 부조리에 정면으로 충돌하는 것으로 주어진다. 카뮈는 운명에 사로잡힌 자로서의 인간을 보여 준다. 그는 형이상학적 악의 문제, 무고한 자들이 받는 고통의 문제를 제기한다. 단순한 알레고리 의미의 겹침인가? 실제로 『페스트』는 점령 시대에 대한 상징적 이야기를 그리고 있다. 페스트균이 표상하는 것은 나치의 억압이다. 이와 같은 겹침은 그 자체로 의미심장하다. 카뮈는 실제로 다음과 같은 말을 반복하곤 했다. 그에게 나치즘이 '반동적'이라면, 그것은 나치즘이 부조리의 유희를 더욱더 부추겼기 때문, 즉 어쨌든 '부조리'에 동화되었기 때문이라고 말이다. "당신들은 불의를 선택했고, 당신들은 신을 끌어들였다."[4] 카뮈는 『독일 친구에게 보내는 편지』에서 이렇게 썼다. 『페스트』는 이와 같은 주제를 더 분명하게 해줄 뿐이다.

결국 『반항하는 인간』도 마찬가지이다.

* * *

"나는 반항한다……." 카뮈가 내세우는 인간은 우선 근본적으로 반항의 주체이다. 카뮈가 보기에 모든 진정한 삶의 근원에는 자기-정립, 자기-긍정

---

3 Albert Camus, *L'Homme révolté*, *O.C.*, t.II, p.426.
4 Albert Camus, *Lettres à un ami allemand*, *O.C.*, t.II, p.241.

행위가 있는 것이다. 사람들은 "저항하고", "선회를 하며", "말하기"[5] 위해 침묵으로부터 빠져나온다. 뫼르소는 "목청껏 외칠"[6] 준비가 되어 있다. 뫼르소는 분노로 "질식할"[7] 정도이다. 『반항하는 인간』에서 볼 수 있는 노예는 '전체 아니면 무'의 논리 속에 자리 잡고 있다. 그의 행동에는 '자각'이 따른다. "인간의 내부에는 그가 동일시할 수 있는 그 무엇인가가 있다는 섬광과도 같은 갑작스러운 자각"[8]이 있는 것이다.

물론 반항은 '우리는 존재한다'를 가리킨다. 나는 혼자서 나 스스로를 '반항의 주체'로 정의하는 것이 아니다. 모든 인간은 잠재적으로 반항의 주체이다. 나는 고독한 동시에 연대적이다.[9] 하지만 이와 같은 연대성은 정확히 인간은 잠재적으로 모두 고독하다는 사실에 대한 자각 위에 정초한다. 우리는 전적으로 반항의 주체의 자격으로서만 형제일 수 있을 뿐이다. 이처럼 '우리'는 복수태일 수밖에 없다. 나는 나의 자유를 단념하기 위해, 나의 고유한 존재를 포기하기 위해 우리로부터 분리되는 것을 요구할 수 없을 것이다.

이 마지막 주장은 카뮈의 정치사상을 이해하는 데 중요한 역할을 한다. 카뮈는 연대성과 형제애를 아주 높이 평가한다. 하지만 그에게 있어 이와 같은 가치 부여는 자유와 연결되어 있다. 카뮈는 정의를 옹호한다. 하지만 언제나 바로 그곳에서 다음과 같은 문제가 제기된다. 대체 누구를 위한 정의인가? 카뮈의 생각은 모든 집산주의적 신념과 대척되는 지점에 있다.

분명하게 살펴보자. 결국 반항의 본질은 '우리는 존재한다'이다. 이것

---

5 Albert Camus, *L'Homme révolté*, O.C., t.II, pp.423~424.
6 Albert Camus, *L'Étranger*, O.C., t.I, p.1208.
7 *Ibid.*, p.1209.
8 Albert Camus, *L'Homme révolté*, O.C., t.II, p.424.
9 Albert Camus, *Jonas ou l'artiste au travail, in fine*, O.C., t.I, p.1652를 참조하라.

은 인간의 본질이 정확히 반항인 한도 내에서 그렇다. 특별한 것, 근본적인 것을 갖고 있는 자로 환원된 인간은 반항으로 **존재한다**. 반항은 다시 말해 명석한 고독, 부조리와의 충돌이다. 따라서 반항과 동일시되는 자기-긍정은 인간의 **인간으로서의** 자기-긍정과 같은 것이다. '우리'가 없다면 반항은 인지 불가능할 것이다.

그렇기 때문에 반항은 그 스스로를 해치지 않은 채 죽음의 투쟁으로 다시 태어나는 것이다. 반항은 그 내부에 한계를 안고 있다. '우리는 존재한다'는 주장에 타격을 주는 살인, 거짓말 등과 같은 모든 것은 반항을 배반하는 것과 같은 것이다.

그렇다면 반항은 대체 **일상**의 정치에서 어떤 측면의 새로운 길을 열수 있는가? 정확히 이 단계에서 앞에서 이미 지나친 적이 있는 하나의 문제를 만나게 된다. 자유와 정의의 문제가 그것이다.

앞에서 살펴보았듯이 카뮈에게 있어서 자유와 정의는 서로 대립되는 개념이다. "절대적 자유는 정의를 조롱한다. 절대적 정의는 자유를 부정한다."[10] 하지만 대립은 정확히 절대 속에서만 존재한다.[11] 상대적 차원에 서게 되면 대립은 금방 "체험될 수 있고 또 극복될 수 있다".[12] 이것은 무엇을 의미하는가? 우선 자유와 정의는 하나 없이는 다른 하나가 성립되지 않는다는 점을 알아야 한다. 이 점에 대해 카뮈의 입장은 분명하다. 카뮈는 다음과 같이 설명하고 있다. "어떤 인간도, 그의 조건이 정당하지 않다면, 그 조건을 자유로운 것으로 평가하지 않는다. 이와 동시에 그 조건이 자유롭지 않다면 그는 이 조건을 정당한 것으로 평가하지 않는다." "자유는 …… 정

---

10 Albert Camus, *L'Homme révolté*, *O.C.*, t.II, p.694.
11 *Ibid.*, p.691.
12 *Ibid.*, p.693.

의와 불의를 명확하게 가르지 않고서는 생각될 수 없다." 그리고 역으로 "정의를 정초하는 자연권이나 시민권이 없다면 정의는 존재하지 않는다". "정의를 실현하기 위해 자유를 말살하는 것은, 신의 개입 없이 은혜의 개념을 다시 정립하려는 것과 같으며, 현기증 나는 반응을 통해 가장 천한 종들 밑에 신비한 신체를 다시 세우는 것과 같은 것이다. …… 침묵의 세계에서의 정의, 종속되고 말 없는 정의는 공모를 파괴하고 말며, 결국 그것은 정의가 될 수 없게 된다."[13]

이처럼 비옥하게 되기 위해서 자유와 정의는 서로가 서로의 한계 지점에서 조우해야 하는 것이다. 실제로 정의는 자유와 결합할 때만 정의일 뿐이며, 자유도 정의와 결합될 때만 현실적으로 자유일 뿐이다. 그런데 이와 같은 사실은 그대로 반항의 가르침과 연결되어 있다. 반항은 무엇을 가르쳐 주었던가? 개인적이고 공동체적인 다음과 같은 두 원칙의 **상호-내포**가 아니었던가? '내가 존재하는 것은 바로 우리가 존재하는 것이다.' 그리고 '우리가 존재하는 것'은 반항의 주체들, **자유**의 주체들이 이루는 잠재적 공동체라는 원칙이 그것이다.

그로부터 출발해서 어떻게 원초적 '대립'이 '체험되고 극복될' 수 있는가를 이해하는 것은 그다지 어려운 일이 아니다. 사실 정의를 실현하기 위해서는 단 하나의 수단만이 있다고 카뮈는 말하고 있다. '형식적' 민주주의와 그것이 제공하는 대화의 가능성에 대한 의지라는 수단이 그것이다. '절대적' 정의는 꿈에 불과하다. 땅 위에는 '개략적'인 정의만이 존재할 뿐이다.[14] 하지만 우리 모두가 이 '개략적인 정의가 점점 더 나아지게' 할 수는

---

13 Albert Camus, *L'Homme révolté*, *O.C.*, t.II, p.694.
14 *Ibid*.

있을 것이다. 그리고 이를 위해서는 '언어에의 자유로운 호소'에 맡겨 두는 것으로 충분할 것이다. "이 권리의 표현이 없다면 그 어떤 권리도 존재하지 않는다. 아무런 대가 없이 권리가 표현되도록 하라. 그러면 언젠가는 이 세계에 정의가 오게 되는 개연성이 존재하게 될 것이다." "정의가 실현되지 않을 때라도 자유는 항의의 권리를 가지고 있으며, 또한 의사소통을 구하게 된다."[15]

이처럼 카뮈는 자유를 강하게 신뢰한다. 카뮈에게 있어서 자유는 **선험적으로** 정의의 적(敵)이 아니다. 이와는 반대로 정의의 특권적인 보조사이다. 카뮈는 대화를 높이 평가한다. 그 이유는 대화를 통해 '개별'의지가 일반화되며, 또한 어떤 면에서는 **그 자체로 스스로** 일반화될 수도 있기 때문이다. 정확히 이 대화 덕택에 앞서 문제가 되었던 정의와 불의 사이의 일치는 조금씩 현실이 될 수 있는 기회를 갖게 된다. 전제자들 역시 정의의 지배를 내세운다. 다만 그들이 말하는 정의는 추상적이며, 개인들을 **초월하는** 정의일 뿐이다. 결국 그것은 **더 이상** 정의가 아니다. 이와는 반대로 여기에서 정의는 **구체적** 특성을 갖는다. 사실상 자유들과 **대립되기는커녕** 정의는 자유에 **선행한다**. 정의는 각자의 일이다. 왜냐하면 각자는 정의(正義)를 정의(定義) 내리는 일에 협조할 수 있기 때문이다.

이러한 시각에서 본다면 카뮈가 연방주의에 관계된 고전적 주제들을 취사선택하고 있다는 점은 그다지 놀라운 것이 아니다. "20세기의 혁명은 …… 절대로부터 출발하여 현실을 억지로 끼워 맞춘다. 이와 반대로 반항은 현실을 기반으로 부단한 투쟁 속에서 진리를 향해 나아간다. 전자는 위로부터 밑으로 진행되고, 후자는 밑으로부터 위로 진행된다. …… 반항

---

15 *Ibid*.

은 무엇보다도 가장 구체적인 현실, 즉 사물들과 인간들의 살아 있는 심성과 존재가 투명하게 드러나 보이는 직업이나 마을 등에 그 기반을 둔다."[16]

카뮈는 또한 스칸디나비아 식의 사회주의를 요구하기도 한다. "오늘날의 스칸디나비아 여러 나라의 사회는 …… 순수하게 정치적인 적대 관계 속에는 인위적이고 살인적인 요소가 있다는 사실을 역으로 증명해 주고 있다. 거기에서는 가장 풍성한 성과를 거두고 있는 조합주의가 입헌군주제와 공존하는 가운데, 정의로운 사회의 근사치를 실현하고 있다. 이와는 반대로 역사적·합리적 국가가 제일 먼저 착수한 일은 직업의 세포 조직과 공동체의 자율권을 분쇄하는 일이었다."[17]

위의 인용문을 읽으면서 우리는 『억압과 자유』와 『뿌리내리기』(카뮈가 이 저서들의 편집자였다는 사실이 알려져 있다) 등과 같은 시몬 베유 (Simone Weil)의 글을 읽는 듯한 느낌을 지울 수가 없다. 카뮈에 대한 **종교적** 해석을 하는 자들에 의해 자주 거론되는 이와 같은 카뮈-베유 사이의 친화력은 카뮈의 **정치**사상의 경계 내에 머물게 되면 자연스럽게 느껴지는 것이기도 하다.[18] 시몬 베유 역시 정치 영역에서 **아래로부터 위로** 가고자 했다는 점에 주목하기 바란다. 결국 그녀에게도 중요한 것은, 사회적인 것은 역시 개인적인 것에 **비례해서** 이루어져야 한다는 점이다.

그러나 좀더 일반적인 관점에서 보면, 여기에서 강조되어야 할 사항은 카뮈의 사유에서 볼 수 있는 근본적인 **민주적** 특징이다. 카뮈에 대한 논의를 마치면서 이 점에 대해 특히 강조를 하고자 한다. 그도 그럴 것이 앞으로 곧 보게 되겠지만, 사르트르의 사유는 카뮈의 그것과 정면으로 대립되

---

16 Albert Camus, *L'Homme révolté, O.C.*, t.II, p.701.
17 *Ibid.*
18 Jean Onimus, *Camus*, pp.59~62를 참조하라.

는 특성을 갖고 있기 때문이다.

주지하다시피 칸트는 『판단력비판』에서 공화국의 정치적 개념과 유기
체의 생물학적 개념을 접근시키고 있다. "사실 어떤 한 전체에 있어서 각자
는 단지 수단만이 아니라 동시에 목적이어야 한다. 그리고 그가 전체의 가
능성에 기여하는 동안, 그는 자기 자리와 직능에 관계되는 면에서는 그 자
신 전체라는 '이념'에 의해 한정되어야 한다."¹⁹ 사회적 공존에 대한 카뮈의
생각도 칸트가 '공화국'에 대해 내린 정의와 아주 흡사하다. 칸트에게 있어
서 정의상 이상적인 것은 **전체성**(다시 말해 차이의 불식)이 아니라 **통일성**(즉
이러한 차이들의 통합)이다. 개별성들을 **해체**하는 것이 오히려 그것들을 **조
직**하도록 노력해야 한다.

카뮈는 이렇게 쓴다. "합리성만으로도 세계 제국을 손에 넣기에 충분
하겠지만, 전체성은 비합리성의 복종을 요구할 수 있다. 하지만 통일성에
의 욕망은 더 많은 것을 요구한다. 모든 것이 합리적이라는 것만으로는 충
분하지 않다. 그것은 특히 합리성과 비합리성이 동일한 수준으로 조화를
이루기를 원한다. 절단이나 훼손을 전제로 하는 통일이란 있을 수 없다."²⁰

결국 카뮈에 의하면 혁명 정치의 가장 큰 실수는 **통일적**(공화적)이 아
닌 **전체주의적**인 이상향과 연결되어 있다는 점이다. 혁명가는 완전한 조화
와 절대적 정의를 바란다. 혁명가가 가정하는 것은 만장일치이다. 하지만
만장일치가 이상향에서만 나타나는 것이라는 점은 너무 분명하다. 비합리
적인 것(다시 말해 차이 나는 것)을 **제거**할 수는 없다. 그렇다면 결국 할 수
있는 것은 그것을 **통합하는** 것이다. 그때부터 혁명가가 고집을 부리게 되

---

19 Immanuel Kant, *Critique de la faculté de juger*, trad. Alexis Philonenko, Paris, 1965,
   §65, note.
20 Albert Camus, *L'Homme révolté*, *O.C.*, t.II, p.505.

면, 그는 반드시 폭군으로 변하게 된다. 그리고 그가 얻게 되는 것은 만장일치가 아니라 공포가 된다. 다시 말해 그는 만인에 대한 만인의 투쟁만을 얻게 되는 것이다.

카뮈는 또한 이렇게 말하고 있다. "모순적이게도 '우리는 존재한다'라는 주장은 새로운 개인주의를 정의하게 한다. …… 나는 나와 각자를 필요로 하는 타인들을 필요로 한다. 각각의 집단적 행위, 각각의 사회는 규율을 가정한다. 이 규율이 없다면 개인은 적대적인 집단의 무게에 눌려 복종만하는 이방인일 뿐이다. 그러나 사회나 규율은, 만약 그것들이 '우리는 존재한다'를 부정한다면, 나아갈 방향을 잃게 된다. 어떤 의미에서, 나는 나 자신에게 있어서나 타인들에게 있어서나 짓밟히는 것을 가만히 보고만 있을 수는 없는 인간 공통의 존엄성을 오직 나 혼자만의 힘으로 짊어지고 있다. 이 개인주의는 쾌락이 아니다. 그것은 자랑스러운 연민의 정상에서 언제나 투쟁하는 것이며, 또 때로는 비할 데 없는 환희이기도 하다."²¹

이것은 거의 루소의 표현이라고 할 수 있다. 앞에서 『에밀』을 상기한 바 있다. 여기에서는 『사회계약론』에 대해 말해야 할 것 같다. 루소는 일반의지와 모든 사람들의 의지는 결국 하나가 될 뿐이라고 말한다. 달리 말하자면 각자는 공동의 결정에 **합류하도록** 되어 있으며, 그 결정을 현실적으로 **자기 것으로** 만들도록 되어 있다고 말하고 있다.²² 카뮈도 같은 생각을 하고

21 Albert Camus, *L'Homme révolté*, *O.C.*, t.II, p.700.
22 Jean-Jacques Rousseau, *Le Contrat social*, *O.C.*, t.III, pp.371~372를 참조하라. 필로넨코는 이렇게 주해하고 있다. "루소에게 있어서 하나의 수학적 과정을 통해 개별의지가 일반의지에 이르게 된다. 일반의지는 그 안에서 **차이의 통합**이 이루어지는 것의 기원이다. 이처럼 일반의지는 무화되지 않고 이 일반의지 속에서 표현되는 개별의지와 긍정적으로 연결된다" (Alexis Philonenko, *Théorie et praxis dans la pensée politique et morale de Kant et de Fichte en 1793*, pp.191~205 참조. 인용문은 p.205).

있다. 루소에게 있어서와 마찬가지로 카뮈에게 있어서도 정치적 문제는 굴복이 아니라 **자유**의 용어로 다루어져야만 한다. 개인들이 서로 영합하고 돕는 것은 사실 **자발적으로** 그렇게 하는 것이다. 이처럼 법은 자유의 **이면**으로서 나타난다. '합의'를 이루기 위해서는 그 어떤 권위주의적 매개도 필요하지 않다. 『사회계약론』의 용어로 말하자면 '연합의 계약'은 자족적이라고 할 수 있다.[23]

---

23 카뮈는 루소에 대해 항상 많은 불신을 보이고 있다. 콩스탕(Benjamin Constant)과 파게(Émile Faguet)로부터 내려온 피상적인 해석에 따르면, 카뮈는 루소를 실제로 근대 전체주의의 선구자로 여기기도 했다. 심지어는 『반항하는 인간』에서 카뮈는 이 주제를 길게 다루고 있기도 하다(pp.523~526). 사실 실제 루소는 카뮈에 의해 부여받은 이미지와는 정반대된다(앞의 각주 22번을 참고할 것). 그리고 카뮈는 결국 루소와 아주 가까운 입장을 취하게 된다.

1부 결론

『반항하는 인간』은 스탈린주의에 대한 단순한 문제 제기를 넘어서 이 주의 자체의 **정당성**을 문제 삼는 저서이다. 이 저서에서는 **사회**와 같은 제도적 체제로서의 공산주의에 대한 분석에는 몇 쪽밖에 할애되지 않았다. 카뮈가 우선적으로 관심을 보이고 있는 것은 **역사철학**의 문제이다. 목적론적 기획은 어느 정도까지 폭력에의 호소를 정당화할 수 있는가? 여기에서 논의되고 있는 문제는 바로 '진보주의' 철학의 범주에서이다. 진보주의자들은 기꺼이 여러 가지 사실들을 인정한다. 소련 체제의 권위주의적 성격, 시베리아에 있는 포로수용소의 존재 등을 말이다. 그들이 주장하는 바에 따르면, 그들은 이 사실들을 '미래의 전망' 속에 위치시킨다. 다시 말해 그들은 미래, 계급 없는 사회, 목적의 지배 등을 상기시키면서 이 사실들을 **상대화한다**. 그들의 주장을 믿는다면 공산주의는 오랜 기간이 걸리는 발전 과정에서의 우회이고, 따라서 그에 대한 논의는 전체적인 전망 속에서 이루어져야 할 필요가 있는 것이다. 이처럼 문제는, 공산주의자들이 실제로 **행동하는** 것보다는 오히려 그들이 무엇을 **원하는지**를 묻는 것이다. 행위보다는 의도가 더 중요하다는 것이다. 하지만 이러한 의도는 대체 어떤 **의미**를 갖는가? 역사는 이렇게 그 자체로 신성화되는 것일까? 카뮈는 『반항하는 인간』에서 이와 같은 질문들을 던지고 있다. 카뮈는 **사실**이 아니라 **권리**를 다룬다. 요컨대 카뮈는 사회학자로서가 아니라 철학자로서 자기 의견을 제시하고 있는 것이다.

『반항하는 인간』은 1951년에 출간되었다. 그로부터 4년 후에 출간된 메를로퐁티의 『변증법의 모험』에서 다음과 같은 구절을 읽을 수 있다. "혁명의 목적은 스스로 절대라고 믿는 것이며, 또한 이 절대를 믿기 때문에 혁명은 절대가 될 수 없기도 하다."[1] 메를로퐁티는 자기비판을 하고 있다. 『휴머니즘과 공포』에서 메를로퐁티는 소련에게 모든 것을 위임하고 있다. 메를로퐁티는 소련을 '비(非)공산주의'를 설교하는 나라, '자국에 대해 알 수 있는 것에 대해 호의나 반감 없이' 검토하는 것을 요구하는 나라로 제시하고 있다. 카뮈가 『반항하는 인간』에서 요구하는 것이 바로 이것이다. 그런데 그 당시에 많은 사람들이 그랬던 것처럼 메를로퐁티의 지적 여정을 통해 이와 같은 요구가 이루어진다. 1950년대 중반에 프랑스에서는 해방 이후 좌파 지식인들이 참조점으로 삼았던 마르크스주의-공산주의 결합 정도의 점진적 약화가 나타난다. 러시아의 10월 혁명 신화에 대해 점차 거센 이의 제기가 이루어졌던 것이다. 사람들이 마르크스주의를 계속 참조한다면, 그것은 특히 그들의 마음속에 간직되었던 마르크스주의가 가진 **비판적** 영감 때문이었다. '수정주의적', 나아가 개량주의적 형태의 문학에 자양분을 제공한 사회인 '산업사회' 개념이 나타났다. 사람들은 이 개념을 더 깊이 알기 위해 소외라는 문제를 제기했고, 국가, 신자본주의, 기술적 관료주의 등에 대해 연구를 했다. 간단히 말해 구체적인 것으로 되돌아온 것이다.[2]

---

1 Maurice Merleau-Ponty, *Les Aventures de la dialectique*, Paris, 1955, p.298.
2 이와 같은 변화의 자세한 내용에 대해서는 George Lichtheim, *Marxism in Modern France*, New York and London, 1966, 특히 pp.79~102, 136~150, 160~198을 볼 것. 제

그렇다면 『반항하는 인간』은 이러한 변화에 우호적이었는가? 분명 그렇다고 말하기는 어려운 일이다. 하지만 분명한 것은 이 저서로 인해 논의 영역이 정리되었다는 점이다. 진보적 폭력에 대한 논의의 범위는 좀더 명확해졌으며, 공산주의-반공산주의의 충돌에 대한 논의도 분명해졌다. 1956년까지, 마르크스주의는 역사적 신화로서 신봉자들을 거느리며 군림했다. 이주의가 붕괴되는 것을 목격하기 위해서는 제20차 소련 공산당 전당대회와 부다페스트 사태[3]라는 이중의 충격을 기다려야 했다. 하지만 그것만으로는 충분하지 않았다. 사르트르를 위시한 몇몇 이들은 한동안 마르크스주의에 대해 여전히 관심을 갖게 될 것이다. 하지만 그사이에 엄청난 변화가 일어나게 되는 것도 사실이다. 회의주의가 점차 지배하기 시작했다. 사람들은 질문을 던지곤 했다. 이와 같은 변화의 과정에서 카뮈의 『반항하는 인간』이 하나의 중요한 이정표 구실을 한 것은 사실이다. 사회란 현재 있는 그대로의 사회라는 것(그리고 부차적으로 지도자들이 믿는 사회가 언젠가는 되리라는 것), 후기 역사와의 관계하에서 논의되는 역사의 모든 변화는 신화에 속한다는 것, 그리고 마지막으로 철학과 정치는 별개라는 것, 이 모든 것을 카뮈 혼자 말한 것도 아니고, 또 처음으로 말한 것도 아니었다. 그러나

20차 소련 공산당 전당대회와 공산주의 세계, 혹은 프랑스 공산주의자들에 대한 '영향'에 대해서는 Jeanne Hersch, *Idéologies et réalité*, pp.265~273을 볼 것. 하지만 잔 에르쉬는 전(前)스탈린주의자들, 혹은 어쨌든 그들 가운데 많은 자들이 그들의 '도덕적 오만함'을 전혀 잃지 않았다고 지적하고 있다(p.271). "그 누구도 이렇게 말하지는 않았다. '다른 사람들의 사유와 이해를 도울 정도로 내가 심각하게 속은 것은 아니었다. 나는 침묵을 지켰다.' 하지만 그들은 실제로 글을 쓰고, 분노하고, 사기를 북돋았다. 그들은 그 어느 때보다도 모든 고통에 민감한 인류의 양심임을 자처했던 것이다"(p.270).

3 일명 헝가리 혁명. 1956년 10월 헝가리의 수도 부다페스트에서 시민들이 소련의 지배에 공개적으로 저항하며 스탈린 동상을 끌어내리는 등 과격한 시위를 벌였다. 이에 소련은 일시적으로 퇴각하는 척하다가 같은 해 11월 4일 20만 명의 소련군이 2,500대의 탱크를 앞세우고 부다페스트로 진입했다. 이로 인해 3,000여 명이 사망하였으며 1만 3,000여 명이 부상당했다. ─ 옮긴이

카뮈의 목소리는 '좌파의' 목소리였다. 따라서 '부르주아' 권력과의 음험한 결탁이라는 혐의를 받을 수는 없었다. 사람들이 그런 목소리에 대해 완전히 무관심한 것은 아니었다. 다른 자들이 오히려 자신들의 의견을 더 잘 표현할 수도 있었으며, 분석이나 토론에서 더 멀리 나아갈 수도 있었다. 하지만 카뮈는 『콩바』지의 편집장이라는 명성을 가지고 있었다. 공산주의와 친공산주의의 선전에 의해 지배되었던 1951년의 파리 지식인사회에서 『반항하는 인간』은 특이한 반향을 일으켰다. 이 책은 또한 공산주의에 대한 다른 생각을 갖게 하는 데 일조를 하기도 했던 것이다.

*　*　*

그럼에도 하나의 물음이 제기된다. 『반항하는 인간』의 독자들은 어느 정도까지 카뮈의 주장의 의미를 정확히 파악할 수 있었을까?

대번에 오해가 있었던 것으로 보인다. 카뮈는 무책임한 '이상주의자', 퇴색한 '도덕론자'를 자처하는 사람이 되어 버렸다. 칸트와 마찬가지로 카뮈는 깨끗한 손을 간직하려고 했다(물론 그가 '손을 가지고 있지 않기 때문에' 이러한 태도가 가능했다는 것이다), 카뮈는 '추상적' 가치에 의거했다 등의 비판이 거세게 일었다. 그러나 카뮈의 공격은 전혀 다른 각도에서 이루어졌다. 우선 『반항하는 인간』에서 도덕의 문제가 제기된 것이 사실이라면, 또한 이 저서에서 이와는 **전혀 다른 문제**가 제기된 것도 사실이다. 예컨대 '부조리' 문제가 그것이다. 기분전환이라는 파스칼의 주제를 그 나름대로 다시 거론하면서 카뮈는, 인간 조건의 굴레를 제거한다는 것이 헛된 것이라는 점을 보여 주려고 했다. 정치적 실천을 통해 몇몇 개혁이 일어날 수는 있다. 하지만 그것을 통해 인간에게 구원이 오지는 않으며, 또한 무고한 자들의 고통도 해소되지 못한다는 것이다.

다른 한편 카뮈가 언급하고 있는 도덕은 칸트나 혹은 '도덕주의'와는 아무런 관계도 없는 것이다. 그것은 '존재'의 도덕, '삶'의 도덕이었다. 카뮈는 '형식적' 원칙들에 의거하지 않는다. 카뮈는 단지 구체적인 것만을 설명하고 있다. 카뮈에게 있어서 상호주관성은 '주어진 것'으로 나타나며, 따라서 '우리는 존재한다'는 당연히 '나는 반항하다'로부터 도출되는 결론이다. 이처럼 카뮈는 인간의 불행한 찢긴 의식에서 벗어나고자 한다. 카뮈가 보기에 유일하게 요구되는 것은 충실함이다. 사람이 본연의 자기였던 것에 대한 충실함, 좀더 근본적으로는 **인간의 본성**에 대한 충실함이 그것이다. 그렇다고 해서 『시지프 신화』의 관점이 전복되는 것은 아니며, 오히려 더 심화된다. 항상 행복해지는 것이 문제이다. 여기에서 행복에의 의지는 정의에의 의지로 바뀐다. 자기애는 형제애로 이어진다.

『반항하는 인간』의 내용보다 칸트에게서 더 멀리 떨어진 것은 없다. 진보적 폭력이라는 생각에 대한 '칸트적' 비판도 있기는 하다. 가령 레이몽 아롱의 『지식인들의 아편』을 생각해 보자. 하지만 『지식인들의 아편』과 『반항하는 인간』 사이에는 커다란 차이가 있다. 아롱은 자신의 저서에서 무엇보다도 역사적 주체에 대한 마르크스-레닌적 이론에 반기를 든다. 아롱이 비판하는 것은, 목적의 지배의 완수가 그 안에 모든 대립을 용해시켜 버리는 '보편적 계급'인 프롤레타리아의 정권 획득에 종속된다는 생각이다. 아롱은 이러한 생각이 완벽한 미신이라고 말한다. '목적의 지배'는 초역사적 개념이며, 어떤 경우에도 주어진 **사건**(프롤레타리아의 혁명이라고 할지라도)에 연결될 수는 없는 것이다. 역사가 인간에게 여러 과제를 부과하는 것은 사실이다. 하지만 이 과제는 무한하며, 나라·당·개인뿐만 아니라 계급을 위시한 그 누구도 이 과제를 **완수했다**고 자랑삼아 말할 수는 없는 것이다. "인간은 절대로 제도의 무게를 정의의 의지에 붙들어 맬 수는 없다."[4] 이처럼 아롱이 거절하는 것은 '보편적인 것'에 대한 참조가 아니라 오히려 '보편적인 것'과 특수한 것을 혼동하는 것이다.[5] 아롱은 진보주의자들이 이상향을 요구한다고 비난하는 것이 아니라, 이상향에서 독단으로 미끄러진다고, 그러니까 "원칙과 기회의 판단이라는 원초적인 구별"[6]을 망각하고 있다고 비난하는 것이다.

카뮈의 입장은 훨씬 더 급진적이다. 실제로 카뮈가 『반항하는 인간』에서 비난하고 있는 것은, 실천적 이상향과 기회 판단의 혼동보다는 오히려 실천적 이상향에 대한 참조라고 할 수 있다. 카뮈는 마르크스를 넘어 칸트를 겨냥하고 있다. 아롱에게 있어서 논의는 "인류가 계급 없는 사회로 향하는 과정에서 하나의 계급, 하나의 당이 이 모험에서 수행할 수 있는 구원자의 역할을 보여 주는 역사의 진리에 대한 해석"[7]과 관련된다. 여기에서 문제가 되는 것은 신념이 아니라 미신이다. 하지만 카뮈는 신념까지도 문제삼고 있다. 카뮈가 제기하는 문제는 '무한'과의 관계 문제이다. 이 관계는 독단적인 것으로도 그렇지 않은 것으로도 생각될 수 있으나, 어쨌든 이 관계는 소외를 포함하고 있다. (이론적으로 그리고/혹은 실제로) '세계를 비방하든' 아니면 '세계를 초월하든' 간에, 인간은 길을 잘못 들었으며, 따라서 그는 방황하고 있는 것이다. 그를 올바른 길로 안내하기 위해서는 '존재'와 '당위-존재'를 비판적으로 구분하는 것만으로는 충분하지 않고, 더 멀리 나아가야 한다. 이 구별 자체를 넘어서 '존재'의 의미와 '삶'의 의미를 찾아

4 Raymond Aron, "Le fanatisme, la prudence et la foi", *Preuves*, mai 1956. Raymond Aron, *Marxismes imaginaires*, Paris, 1970, p.157에서 재인용.
5 Raymond Aron, "Aventures et mésaventures de la dialectique", *Preuves*, janvier 1956. *Marxismes imaginaires*, p.89에서 재인용.
6 Raymond Aron, "Le fanatisme, la prudence et la foi", p.159를 참조하라.
7 *Ibid.*, p.157.

야 한다. 결국 숙고되어야 하는 것은 칸트가 아니라 니체인 것이다.

카뮈의 사유의 중심 또는 출발점이 죽음에 대면하는 것이라는 점은 아무리 강조해도 지나치지 않을 것이다. 카뮈에게 있어서 죽음은 항상 스캔들로 나타났다. 그리고 카뮈는 이 스캔들과 정면으로 **부딪치고자** 한다. 카뮈는 죽음에 대한 모든 '회피', 모든 '치유'를 거절한다. 왜냐하면 카뮈가 보기에 기독교에서 말하는 '저편', 마르크스적 목적론 등과 같은 치유책들은 **의사치료제**이기 때문이다. 그 어떤 것도 죽음을 **중성화시킬** 수 없다. 죽음은 원칙적으로 초월 불가능하며 환원 불가능하다. 그런데 카뮈가 죽음에 부여한 이와 같은 중요성, 그리고 죽음을 **정면**에서 마주해야 한다는 결심의 결과는 일반의 기대와는 달리 절망이나 무관심이 아니다. 카뮈는 실존의 의미의 문제를 죽음의 중성화와 연결시키는 통상적인 관점을 뒤엎는다. 카뮈에게 있어서 죽음은 의미의 가능성을 폐허로 만드는 것이 아니라 오히려 그 의미의 가능성의 조건이다. 삶이 의미나 가치를 갖는 것은 정확히 삶이 유한하기 **때문**이다(유한함에도 **불구하고**가 아니다). 카뮈는 또한 이 추론을 끝까지 밀고 간다. 만약 죽음이 의미의 조건이라면, 역으로 죽음을 중성화시키려는 노력은 인간을 비(非)의미에 붙잡아 매는 것이다. '저편'의 탐색 혹은 역사적 전체성의 파악에 대한 기쁨보다 더 무의미한 것은 과연 무엇일까? 이 두 경우에 있어서 인간은 삶이자 바로 이 삶인 **중요한 부분**을 상실하게 된다.

그렇다. 바로 이 삶이다. 우리는 지금 기독교와 후기 기독교적 사고의 흐름과 대척 지점에 있다는 점을 강조하자. 기독교주의, 독일 고전철학(마르크스를 포함하여, **특히 마르크스**)은 인간이 유한한, 죽을 수밖에 없는, 그리고 독특한 자기 존재의 한계를 초월하면서 무한(혹은 전체성)을 향해 기투하기를 바라는 것이다. 그것도 혼자서 자기 자신의 존재 이유와 행동의 이유를 부여하면서 말이다. 그런데 이것은 카뮈가 선호하는 생각과 완전히 반대되는 생각이다. 카뮈는 인간이 자신의 **한계**를 잘 파악하기를 바란다. 카뮈는 초월이 아니라 내재성을 선호한다. 카뮈에게 있어서 인간의 본성은 완벽하게 있는 **그대로**의 것이다. 있는 그대로의 것, 다시 말해 '육화시키는' 기능을 갖는 이념, 또는 '빈 자리'를 차지해야 할 이념의 덕택으로서가 아니라, **유한성 그 자체**에 있는 것이다. 서구의 모든 철학의 역사는 (에피쿠로스, 그리고 오늘날 몇몇 실존주의자들을 제외하고는) 삶과 죽음의 범주를 **상대화하는** 것을 목적으로 하는 노력으로 요약될 수 있다. 이것이 바로 영혼의 불멸성에 대한 기독교적 개념의 심오한 의미이다. 혹은 종의 불멸성이라는 현대적 가설의 심오한 의미이기도 하다.[8] 그러나 카뮈에게 있어서는 삶도 죽음도 상대화를 허락하지 않는다. 삶과 죽음은 **절대**이다. 그리고 철학은 이 '절대'의 의미를 **심화시키는 것**, 즉 그것을 **밝히는 것** 이외의 다른 과제를 가질 수 없을 것이다.

정확히 이러한 관점에서 카뮈가 진보주의자들의 이데올로기에 가한 비판을 이해해야 할 것이다. 실제로 카뮈가 『반항하는 인간』에서 제기한 것은 **의미의 기원**으로서의 역사의 문제이다. 인간이 자기 종족의 생성과 변이에 관여하는 것이 과연 그에게 자신의 죽음을 받아들이도록 할 수 있는가? 또한 그렇게 함으로써 그의 삶에 대해 어떤 의미를 부여하도록 해줄 수 있는가? 『반항하는 인간』에서 카뮈가 다루고 있는 문제가 바로 이와 같은 것들이다. 그리고 카뮈는 정확히 이 점에서 마르크스는 물론이거니와 헤겔과 칸트(주지하다시피 칸트는 역사를 주제로 한 소책자에서 인간의 불행을

---

8 예컨대 칸트의 『세계 시민적 관점에서 본 보편사의 이념』의 세번째 정리와 Immanuel Kant, *Anthropologie du point de vue pragmatique*, trad. Michel Foucault, Paris, 1964, pp.163, 167 등을 참조하라.

진보의 도구로 삼으면서 인간의 죽음을 정당화한다)에 대해서도 반대의 입장을 취하고 있다. 카뮈에게 있어서 죽음과 고통은 회복될 수 있는 것이 아니다. 게다가 개인이 부조리를 극복할 수 있는 기회를 갖는 것은 실천에 의해 이루어질 것으로 가정된 빛나는 미래와의 관계 내에서도 아니다. 결국 카뮈는 다른 곳에서와 마찬가지로 여기에서도 문제의 본질을 바꿔 버린다. 카뮈는 '부조리'의 벽을 '초월하려고' 하지 않고, 이 '부조리'의 이면, 즉 **지금-여기**의 의미를 밝히려 한다. 그렇다면 **지금-여기**는 우리 인간을 어디로 이끄는가? 카뮈의 대답은 분명하다. **연대성**으로 이끈다. 카뮈에 의하면, 우리는 '부조리' 안에서 모두 형제이다. 우리들은 잠재적으로 명석하면서도 반항을 할 수 있는 고독한 존재들이다. 이렇게 해서 카뮈는 그만의 방법을 동원해서 전통적 도덕론의 중요한 주제인 형제애라는 주제에 도달하는 것이다. 하지만 카뮈가 **그만의 방법을 동원해서** 거기에 도달했다는 사실을 강조할 필요가 있다. 카뮈가 따라온 길은 형이상학이나 신학과 같은 경건한 길이 아니다. 그 길은 **지금-여기**의 심화라고 하는 모순된 길이다. 결국 카뮈는 대지에 충실한 자로 남아 있는 것이다.

보론

의심할 여지없이 카뮈에게 커다란 영향을 준 사람은 니체이다. 카뮈의 작품에서 니체의 흔적이 많이 발견된다(『결혼』의 그 유명한 "사람은 본연의 자기가 되어 간다"[9]는 것을 시작으로 말이다). 카뮈에게 있어서 니체는 오랫동

---

9 Albert Camus, *O.C.*, t.II, p.56의 편집자 주를 참조하라. 편집자들은 상당히 많은 분량의 니체적 회상을 지적하고 있다.

안 "법이자 예언자"[10]였다(고등사범학교준비반 2학년에 카뮈를 담당했던 교수들의 증언). 1951년에 있었던 한 인터뷰에서 카뮈는 여전히 『즐거운 지식』(*Die fröbliche Wissenschaft*)의 저자인 니체를 '헤겔과 마르크스(유럽의 또 다른 천재들)보다 훨씬 더 위에' 두고 있다고 고백하고 있다. "니체에게서 찬탄할 만한 것은, 그의 생각에 의해 표현되는 해로운 것을 수정할 수 있는 그 무엇인가를 그의 체계 안에서 발견할 수 있다는 것이다."[11]

하지만 니체주의에 몇몇 한계가 있다는 것은 주지의 사실이다. 그렇다. 우선 대지에 충실해야 한다. 하지만 카뮈에게 있어서 대지에 충실해야 한다는 요구는 정의에 충실해야 한다는 요구를 내포하고 있다. 그렇다. 사람들은 '본연의 자기가 되어야' 한다. 하지만 카뮈에게 있어서는 '내가 존재하는 것은 곧 우리가 존재하는 것이다'. 이처럼 카뮈는 니체를 넘어서서 루소와 조우한다. "나는 기독교적 관심사를 가지고 있다. 하지만 나의 본성은 비기독교적이다."[12] 카뮈는 「스톡홀름에서의 인터뷰」에서 이렇게 말하고 있다. 이와 같은 고백에서 우리는 앞부분과 마찬가지로 뒷부분을 강조할 수 있다. 분명한 것은 어쨌든 니체는 '기독교적 관심사'를 절대로 인정하지 않으리라는 점이다. 루소에 대해서 보자면, 그는 비기독교인이라기보다는 오히려 펠라기우스파[13]에 속한다. 그러나 루소의 펠라기우스주의는

---

10 『안과 겉』에 대한 로제 키요(Roger Quilliot)의 해설에서 인용(Albert Camus, *O.C.*, t.II, p.1172).
11 *Ibid.*, p.1341.
12 『반항하는 인간』에 대한 로제 키요의 해설에서 인용(Albert Camus, *O.C.*, t.II, p.1615).
13 5세기 펠라기우스(Pelagius)와 그의 추종자들이 가르친 그리스도교 이단을 가리킨다. 인간 본성의 선함과 인간의 자유의지를 강조했다. 펠라기우스는 그리스도교도들 사이에 만연해 있는 도덕적 태만을 걱정했으며, 자신의 가르침을 통해 그들의 행위가 개선되기를 원했다. 인간이 약하기 때문에 죄를 지을 수밖에 없다고 하는 사람들의 주장을 거부한 이들은 하느님이 인간에게 선과 악 사이에서 자유롭게 선택하도록 했다고 주장했고, 따라서 죄란 한 인간이 하느님의 법을 저버리고 자발적으로 범한 행위라고 했다. 아우구스티누스는 펠라기우스에 대항해 하느님이 선을 선택하도록 인도하시지 않으면 누구도 그렇게 할 수 없다고 논

카뮈의 이교도주의와 조우한다. 실제로 이 두 경우에 있어서 문제가 되는 것은 자연과 도덕 사이에서 연속성을 보장하고, 감정에서 의무를 재발견해 내는 것이다. 루소와 마찬가지로 카뮈도 덕성에서 감수성의 **부정**이 아니라 그것의 **연장**을 보고 있다. 다시 한번 루소와 마찬가지로 카뮈는 그의 본성을 따르는 것이 덕성으로만 이어질 수밖에 없다고 판단을 하고 있다. 이것이 "고매한 영혼"[14]의 오랜 전통이다.

　물론 루소는 '부조리' 개념을 몰랐고, 다시 한번 그의 자연주의적(혹은 인류학적) 낙관주의는 이교도주의보다는 펠라기우스주의에서 유래한 것이다. 루소는 기독교인이며, 기독교인이고 싶어 한다. 하지만 카뮈의 사유에서 아주 전형적인 지금-여기에 대한 애착은 루소에게 있어서는 덜 본질적이다. 루소는 『에밀』에서 "현실 세계는 한계가 있다. 상상적 세계는 무한하다. 현실 세계를 확대할 수 없으니 상상적 세계를 축소하자"[15]라고 선언하고 있다. 또한 그는 『대화』에서 "우리들의 힘 안에 홀로 있는 현재에 매달려야만 한다"[16]고 선언하고 있다. 이 두 선언에 카뮈의 모든 사상이 있다고 할 수 있다. 자신이 되는 것, 자신의 삶의 한계를 인정하는 것, **사색하지 말고 느끼는 것**(혹은 **기술하는 것**), 이와 같은 것들이 이 두 작가에게서 공통으로 나타나고 있는 것이다.

　마지막으로 다음 사실을 지적하자. 루소에게서 자연-역사의 대립이

박했다. 하느님은 택한 자를 미리 예정하시고, 그들을 구원하시며, 인간이 행하는 그 어떤 행동도 영원한 하느님의 작정을 바꾸지는 못한다고 주장했다. — 옮긴이

14 물론 사르트르는 「알베르 카뮈에 대한 대답」에서 카뮈를 이 표현의 **고전적** 의미에서 '고매한 영혼'으로 규정하고 있다. 하지만 이 표현은 그의 펜 아래에서 특별한 의미를 띠게 된다. 즉 사르트르에게 있어서 이 '고매한 영혼'은 '손을 더럽히는 것'을 거절하는 자의 의미가 된다. 여기서 문제가 되는 것은 이와는 전혀 다른 것이다.

15 Jean-Jacques Rousseau, *O.C.*, t.IV, p.305.

16 Jean-Jacques Rousseau, *O.C.*, t.I, p.822.

어떤 역할을 수행하고 있는지를 우리는 알고 있다. 루소는『인간 불평등 기원론』에서 인간의 영혼을 "시간과 바다와 소나기가 얼굴을 할퀴어 신보다 사나운 짐승의 얼굴을 닮은 글라우코스[17] 상"에 비교하고 있다.[18] 그런데 여기에서 표현되고 있는 것이 바로『결혼』과『반항하는 인간』의 주제들이 아닌가? 자연과 역사, 이것이 바로 카뮈가 제안하는 대안이다.[19] 인간이 그 자신의 내부로 들어가거나 아니면 그 자신을 전성에 내맡기는 것이 그것이다. 그러나 전성은 단지 환상만이 아니다. 그것은 부패이기도 하다. 전성은 인간을 그가 가지고 있는 것으로부터 앗아 내고, 그를 그의 존재와는 다른 것으로 만들어 버린다. 이렇게 해서 진리는 **전진적**이 아니라 **회고적**(혹은 **내면적**)이 되는 것이다. "시대를 그대로 놔두어야 하고, 그 시대의 청년적인 맹렬함도 그대로 놔두어야 한다."[20]

---

17 글라우코스는 원래 어부였는데 마법의 풀을 뜯어 먹고 바다의 신이 되었다. 그러나 수염은 파란색으로 나고 다리는 꼬리로 변해 버렸다. 글라우코스는 인간인 스킬라를 사랑하게 되었으나 스킬라는 그를 괴물이라 생각하고 싫어했다. 인간의 사랑과 존경을 받지 못하는 신의 비애를 상징한다. ― 옮긴이

18 Jean-Jacques Rousseau, *O.C.*, t.III, p.122.

19 Albert Camus, *L'Homme révolté*, *O.C.*, t.II, p.702.

20 *Ibid.*, p.709.

2부
사르트르

1장
사르트르와 공산주의

사르트르의 정치 노선에는 세심하게 구분해야 하는 여러 단계가 포함되어 있다. 1939년까지 사르트르는 정치에 전혀 관심을 갖지 않았다. 모든 종류의 참여에 대해 내키지 않는 태도를 취했던 사르트르는 여러 사건들을 그저 멀리서 지켜보는 것으로 만족했으며, 그 해석은 다른 사람에게 일임했다.[1] 사르트르는 좌파에 대해 호감을 갖기는 했다. 하지만 사르트르의 내면에서는 무정부주의에 물든 일종의 개인주의 성향이 지배적이었다. 보부아르의 증언에 의하면, 사르트르는 "자본주의 진영의 패배를 바라기는 했지만, 그렇다고 사회주의 사회의 도래"[2]를 바란 것은 아니었다. 소련은 사르

---

1 "1939년 9월에 나는 내 친구들의 의견과 스탈린의 결정을 분리시키는 것이 신중한 처사라는 것을 알게 되었다. 이로 인해 나는 놀랐다. 기분이 상했고, 비정치적이고 모든 참여에 대해 내키지 않는 태도를 보였지만, 그래도 내 마음은 당연히 좌파에 가 있었다. 니장(Paul Nizan) 의 빠른 성장은 보기 좋았고, 내게는 뭔지 모를 혁명적인 중요성을 가져다 주었다. 우리의 우정은 아주 소중했으며, 사람들이 우리 두 사람을 종종 비슷한 사람으로 여겼기 때문에, 『스수아르』(*Ce Soir*)지에서 니장이 외교 정책 지도자들에 대해 글을 썼지만, 내가 그것을 쓴 장본인이기도 했다. 또한 나는 그 글의 끝을 알고 있었다! 니장이 아무것도 모르고 있다면, 이 무슨 추락인가! 우리는 서로 볼품없는 종(鐘)이 되어 버렸다"(Jean-Paul Sartre, Préface à *Aden Arabie*, *Situations IV*, p.182).

2 Simone de Beauvoir, *La Force des choses*, Paris, 1963, p.15.

트르를 마뜩잖게 생각했다. 사르트르는 이 나라에서 이루어지고 있는 것이 기술자들의 문화라고 선언해 버렸다. 그런데 사르트르에게서 기술자보다 더 가증스러운 것이 또 있는가?[3] '근엄한 정신'(esprit de sérieux)[4]을 구현하고 있는 기술자는 "특권적인 적을 대표한다. 기술자는 삶을 철과 시멘트 속에 가두어 버린다"라고 사르트르는 선언하고 있다.[5]

하지만 제2차 세계대전과 더불어 사르트르의 태도는 첫번째 굴절을 겪는다. 뮌헨 협정, 나치의 위협, 포로수용소의 경험[6]을 통해 사르트르는 정치 문제에 커다란 관심을 갖게 된다. 사르트르는 그 무렵에 인간은 역사와 무관할 수 없다는 사실을 알게 되었다. 역사는 인간을 완전히 조건 지으며, 역사와의 단절은 ('자기기만'에 의해 잉태된) 몽상일 뿐이라는 것을 알게 된 것이다. 삶의 진정성은 인간으로 하여금 역사적 조건을 초월하기 이전에 '떠맡을 것'을 명령한다는 것이다. 요컨대 인간은 책임을 져야 하는 것이다.

이와 같은 첫번째 '개종'을 통해 사르트르는 프랑스의 해방과 더불어 '앙가주망'(engagement) 이론을 정립하게 되고, 지금까지 '상아탑'에 머문 자들을 격렬하게 비판하게 된다. 또한, 메를로퐁티를 포함해 몇몇 친구들

---

3 의붓아버지에 대한 사르트르의 증오는 유명하다. 의붓아버지가 기술자였다는 것도 그 이유 중 하나이다. ── 옮긴이

4 사르트르에게서 '근엄한 정신'이란, 미래를 향해 자기 자신을 기투하면서 자신의 삶을 창조해 나가지 않고 이미 정해진 목표에 입각해서만 삶을 창조해 나가는 인간의 정신을 의미한다. 다시 말해 자신의 삶을 이미 완수된 것으로 여기는 자의 삶에 대한 태도를 가리킨다. 가령 맹목적으로 권력욕에 사로잡혀 자신의 인생을 송두리째 바치는 사람이 거기에 해당한다고 할 수 있다. 물론 보는 사람에 따라서는 이 사람의 태도를 찬양할 수도 있을 것이다. 하지만 사르트르의 체계 내에서는 이와 같은 삶의 태도는 부정적인 것으로 여겨진다. ── 옮긴이

5 Simone de Beauvoir, *La Force de l'âge*, Paris, 1960, p.37.

6 사르트르는 1939년 9월 제2차 세계대전에 참전했다가 이듬해 독일군의 포로가 된다. 그는 포로수용소 생활을 하다가 1941년에 탈출했다. ── 옮긴이

과 함께 20세기의 여러 문제에 과감하게 개방적 태도를 취한 『현대』지를 창간한다. 이 시기에 사르트르는 적극적으로 정치에 가담하며, 1948년에는 '민주혁명연합'(RDR)[7]의 창립에 참가하기도 한다.

하지만 1952년까지 사르트르는 공산주의의 동향과 소련에 대해 계속 경계하는 태도를 보인다. 『현대』지의 편집장으로 있던 사르트르는 메를로퐁티로 하여금 현재의 위치에서 그의 의견을 자유롭게 피력하도록 독려했다. 사르트르는 여전히 정치에 대해 어느 정도 거리를 유지했으며, 개인적으로 '진보주의자'라기보다는 오히려 '중립주의자'의 태도를 취했다. 사르트르가 그 당시 바랐던 것은, 미국과 소련의 두 진영에서 독립한 사회주의 유럽의 건설이었다. 사르트르는 이렇게 생각했다. "부르주아화한 프랑스사회당(SFIO, Section Française de l'Internationale Ouvrière), 그리고 소련과 노선을 같이하는 프랑스공산당 사이에서 해야 할 역할이 있다."[8] 또한 "민주주의적 자유와 물질적 자유, 도덕과 실천의 종합을 실현하는 제3의 노선이 가능하다"라고 말이다.[9]

그러나 1952년에 또 한 번의 '개종'이 이루어지게 된다.[10] 이때부터 사르트르는 중립적 태도를 포기하고 노골적으로 공산주의자들과의 협력 노선에 참여하게 된다. 사르트르는 『현대』지에서 옛 민주혁명연합 동지들을 격렬하게 비난하면서 '제3의 세력'과의 결별에 힘쓴다. 사르트르는 그들이 객관적으로 노동자계급의 배반자라고 설명한다. 사실 그들은 프랑스공산당에 반대했으며, 오히려 프랑스공산당의 반대자들에게 더 열광했다. 그

---

7 Simone de Beauvoir, *La Force des choses*, p.162 이하.
8 *Ibid.*, p.163.
9 *Ibid.*, p.165.
10 Jean-Paul Sartre, "Merleau-Ponty vivant", *Situations IV*, p.249.

런데 프롤레타리아의 적이 되지 않고서는 프랑스공산당에 반대할 수는 없는 노릇이었다. 혁명의 대의명분과 공산주의의 대의명분이 혼동되었다. 공산주의의 대의명분을 물리치는 것은 혁명의 대의명분을 거부하는 것이었다. 프랑스공산당이 호소한 폭력이 반민주적이었던가? 프랑스공산당은 프랑스 노동자계급의 이해관계를 소련이 표방하는 정치의 이해관계에 종속시켰는가? 이것은 논의의 주제가 되지 못했다. 그도 그럴 것이 우선 폭력은 '프롤레타리아 휴머니즘'과 불가분의 관계에 있었고, 또 그것의 표현 자체였기 때문이다.[11] 프랑스공산당은 이와 같은 자발적 폭력을 '선전할' 수밖에 없었으며, 이 폭력이 그 자체를 스스로 의식하게끔 만들 수밖에 없었다.[12] 또한 소련이라는 나라를 절대적으로 옹호해야 했다. 왜냐하면 소비에트 진영은 평화의 진영과 같은 것으로 여겨졌기 때문이었다. 세계가 구렁텅이에 빠진 것은 소련의 잘못이라기보다는 오히려 서구가 저지른 잘못의 결과라는 것이었다. 요컨대 소련은 평화를 원했으며 또 그것을 항상 증명했다는 것이다.[13]

그 이후 사르트르는 이 주제에 대해 여러 차례에 걸쳐 논의하고 해명하는 기회를 가지게 된다. 특히 그는 공산당과 계급의 뒤바뀐 관계를 다시 거론했다. 그러면서 사르트르는 레닌과 루카치 이후 조직의 부재로 인해 계급으로서의 프롤레타리아가 존재하지 않는다는 것을 보여 주려고 애썼다. 역할이 축소된 프롤레타리아는 **계급**이 아니라 **대중**, 즉 고립된 개인들의 병렬에 불과하다는 것이다. 프롤레타리아가 통합을 하기 위해서는, 프롤레타리아가 역사의 주체가 되기 위해서는, '당'(黨)의 존재가 요구된다는

---

11 Jean-Paul Sartre, "Les communistes et la paix", *Situations VI*, p.150, note.
12 *Ibid.*, p.151.
13 *Ibid.*, p.96.

것이었다. 프롤레타리아에 속한 자들 사이를 '매개'하고, 그들 서로를 연대적으로 묶어 주는 것이 바로 '당'이라는 것이었다. 1956년 흐루시초프의 보고서가 나오기 몇 주 전에 사르트르는 다음과 같이 쓰고 있다. "역사에 의해 움직이는 당은 객관적으로 아주 영민한 지혜를 보여 주었다. 당이 속는 경우는 드물다. 당은 필요한 것을 할 따름이다."[14] 그리고 같은 글에서 사르트르는 당의 권위주의와 독단주의를 비판한 저서를 출간한 피에르 에르베(Pierre Hervé)를 강력하게 비판하고 있다. "사람이 혼자서 독트린을 넘어서려고 해도 곧 그 안에 떨어지고 만다."[15]

거의 15년 동안 사르트르는 이와 같은 태도를 견지했다. 분명 사르트르와 프랑스공산당 사이에는 여러 차례에 걸친 불화가 있었다. 예컨대 부다페스트 사태나 알제리 사태 때 그러했다. 사르트르는 첫번째 사태에서 소련이 정치적 계산을 잘못했다고 판단했다. 소련은 헝가리 사회주의가 패배한 것으로 여겼고, 따라서 그것을 다시 회복하기 위해 사건 현장에 서둘러 탱크를 보냈다는 것이다. 그러나 사실 헝가리 사회주의는 결코 위협받고 있지 않았다. 폭동자들이 원한 것은 라코시(Rákosi Mátyás)[16]와 그를 따르는 무리에 의해 위험해진 '프롤레타리아의 진정한 집권'이었다.[17] 따라서 소련의 개입에는 합당한 이유가 전혀 없었던 것이다. 한편 알제리 사태에 대해서 사르트르는 당의 유보적 자세를 비난했다. 사르트르에 의하면 당이 알제리민족해방전선(FLN, Front de Libération Nationale)을 당연히 지원해야 했음에도 불구하고 충분히 그렇게 하지 못했다는 것이다. 프랑

---

14 Jean-Paul Sartre, "Le réformisme et les fétiches", *Situations VII*, p.110.
15 *Ibid.*, p.117.
16 헝가리 공산당 서기장 ─ 옮긴이
17 Jean-Paul Sartre, "Le fantôme de Staline", *Situations VII*, p.213.

스공산당은 기 몰레(Guy Mollet) 정부의 특별법에 찬성투표를 했으며,[18] 나아가서는 '불복종의 권리'[19]에 대한 지지도 거절했다. 하지만 전체적으로 보자면 사르트르는 1968년까지 그래도 당이 혁명에 대한 희망의 구현이고, 따라서 당이 뭔가 잘못하고 있다고 생각하는 것 자체가 잘못을 저지르는 것이라는 생각을 강하게 믿고 있었다. 부다페스트 사태도, 알제리 사태 때의 발포도, 사르트르의 다음과 같은 확신을 흔들어 놓지는 못했다. 소련은 사회주의 국가이며,[20] 당과 협조를 하지 않을 경우 "우파로 넘어갈"[21] 수밖에 없을 것이라는 확신이 그것이다. 1963년에도 사르트르는 여전히 소련이 "진보라는 단어가 의미를 갖는 유일한 나라"라고 선언하고 있다.[22]

1968년 5월 혁명이 이 시기의 종말을 고한다. 사실 이 기회에 사르트르는 "공산주의자들이 혁명에 겁을 먹고 있다"[23]는 사실을 깨닫게 된다. 프랑스공산당은 파업에 유리하게 정권을 잡으려고 하기보다는 토대의 자발적 운동을 늦추기 위해 최선을 다했다. 또한 드골이 제안한 선거를 받아들였고, 정부에 의해 계엄령이 발동되었을 때 거의 침묵을 지키는 등의 반응

---

18 L'éditorial des *Temps modernes* de mars-avril 1956, pp.1346~1352를 참조하라.
19 1960년 9월에, 사르트르와 그의 친구들을 위시해 121명의 작가, 교수 및 예술가들이 선언서 (이른바 '불복종의 권리에 대한 선언서')에 서명을 했다. 이 선언서에서 특히 다음과 같은 대목을 읽을 수 있다. "식민지 체제를 결정적으로 무너뜨리는 데 커다란 기여를 한 알제리 국민들의 대의명분은 모든 자유로운 인간들의 그것이고", 그 결과 알제리 국민들에 맞서 무기를 드는 것을 거절하는 것은 '정당화된다'는 내용이 그것이다. 이 선언서는 커다란 스캔들을 야기했다. 몇몇 서명자들은 기소를 당했고, 또 다른 자들은 공적 직무에서 배제되거나 혹은 라디오, 텔레비전 출연이 '금지'되기도 했다. 프랑스공산당은 이 선언서를 비난했다(Simone de Beauvoir, *La Force des choses*, p.531을 참조하라).
20 Michel-Antoine Burnier, *Les Existentialistes et la politique*, Paris, 1966, p.146을 참조하라.
21 "Entretien avec Jean-Paul Sartre", *La Voix communiste*, n° 29, juin-juillet 1962. Michel-Antoine Burnier, *Les Existentialistes et la politique*, p.152에서 재인용.
22 Jean-Paul Sartre, "À propos de l'Enfance d'Ivan", *Situations VII*, p.342.
23 Jean-Paul Sartre, *Les Communistes ont peur de la Révolution*, Paris, 1969.

을 보였다.[24] 사르트르에 의하면 프랑스공산당은 보수적인 정당, 아니 "프랑스에서 가장 보수적인 정당"이라고 결론을 내릴 수 있다는 것이다.[25] 이제부터 물어보아야 하는 것은 프랑스공산당에 대해 좌파냐 우파냐가 아니라, 진정한 좌파는 무엇인가라는 것이 사르트르의 생각이었다.[26]

이처럼 사르트르의 정치 노선은 크게 네 단계로 구분될 수 있다. ① 제2차 세계대전 전까지 거의 비정치적 성향을 보인 시기, ② 1940년에서 약 1952년까지의 '참여'하고 동시에 비판적인 시기(사르트르는 소련 체제에 특별한 의미를 아직은 부여하고 있지 않으며, 단지 서구와 동구 사이에 동등한 관심을 보인다), ③ 1952년에서 1968년까지 공산당과 같이한 시기(그러나 가입은 하지 않은 상태였다), ④ 1968년 5월서부터 점점 더 '좌파주의'로 발전한 시기. 사르트르는 자본주의와 소련에 대해 모두 등을 돌리게 되며, 알랭 제스마르(Alain Geismar) 등의 '마오쩌둥' 식 운동에 동의하게 된다.[27]

물론 이와 같은 구분이 너무 도식적이긴 하다. 좀더 정확하고 세심하게 표현할 필요가 있다. 사르트르는 『말』(Les Mots)에서 그가 매사에 자신의 결정을 갑작스럽게 또는 충동적으로 내린다고 말하고 있다. 사르트르는 『파리떼』(Les Mouches)의 중심인물인 오레스테스와 같다. 개종이 이루어지기 위해 한순간이면 족하다.[28] 하지만 이러한 순간성이 사전의 '되새김'을 배제하는 것은 아니다. 개종이 아무리 화려하다고 해도, 보통 그것은 준비 과정을 거친다. 사르트르의 경우에도 마찬가지다. 사르트르의 불연속성은 단절의 여러 매듭을 보여 주기는 한다. 하지만 이 단절에 내재한 '반

---

24 Jean-Paul Sartre, *Les Communistes ont peur de la Révolution*, pp.28~29.
25 *Le Nouvel Observateur*, 26 janvier-Ier février 1970.
26 Jean-Paul Sartre, *Les Communistes ont peur de la Révolution*, p.28.
27 *Le Nouvel Observateur*, 18-24 mai 1970을 참조하라.
28 Jean-Paul Sartre, *Les Mots*, Paris, 1964, p.198.

성적' 행위가 항상 있었으며, 이 행위에 관계된 징후를 여기저기서 볼 수 있다.

어쨌든 개종 이후 사르트르의 정치적 태도는 다양한 변화를 거친 것으로 보이며, 특히 프랑스공산당과의 관계에서 그는 항상 같은 방식으로 그 자신을 규정하고 있지 않은 것으로 보인다. 그렇다면 이와 같은 다양성을 어떻게 이해할 것인가? 그리고 무엇보다 사르트르의 여러 정치적 태도와 특히 1952년과 1968년 사이 그의 철학 사이의 관계는 무엇인가?

위에서 지적한 1952년의 글에서 사르트르는 다음과 같이 말하고 있다. "이 글의 목적은 정확한, 그리고 한정된 몇몇 주제에 대한 공산주의자들과 나 사이의 일치를 **그들의** 원칙에서가 아니라 **나의** 원칙에 입각해 추론하고 선언하는 데 있다."[29] 여기에서 사르트르는 이미 통고를 하고 있다. 사르트르가 공산주의자들을 지지한 것은 그 자신의 개인적 이유에서 그런 것이지, 그가 스탈린의 독단이나 혹은 나아가 마르크스 이론에 동의해서가 아니라는 통고가 그것이다. 그러니까 여기에서 일치는 철학적인 것이 아니라 정치적이라는 것, 즉 이론적인 것이 아니라 실천적이라는 것이다.

그렇다면 다음과 같은 첫번째 의문이 제기된다. 스탈린의 이론이 아니라면 사르트르는 어떤 **이론** 위에 혁명적 실천을 정당화시키는 이론을 정립하는가? 사르트르가 출발점으로 삼고 추론하는 '원칙들'은 무엇인가?

이 질문에 답하는 것은 그다지 어려운 일은 아닐 것이다. 공산주의에 대한 사르트르의 사유는, 주로 1952년과 1956년 사이에 집필된 적지 않은 분량의 글에 집약되어 있으며, 따라서 그것을 분석하는 것으로 충분하다. 게다가 그 사유는 간결하며 모호하지도 않다. 결국 사르트르가 『휴머니즘

---

29 Jean-Paul Sartre, "Les communistes et la paix", *Situations VI*, p.168.

과 공포』에서 메를로퐁티에 의해 개진된 생각들을 급진화시키면서 다시 취했다는 사실이 드러나게 될 것이다. 메를로퐁티와 마찬가지로 사르트르도 진보적 폭력 개념에서 출발해서 공산주의를 정당화시킨 셈이다. 메를로퐁티와 마찬가지로 사르트르도 실천 개념을 그 자신의 정치철학의 한복판에 위치시킨다. 역설적인 것은, 분명 메를로퐁티가 자기 이론에 대해 회의를 갖던 그 시점에 사르트르가 『휴머니즘과 공포』의 이데올로기를 채택했다는 점이다. 1946년과 1956년 사이에 사르트르와 메를로퐁티는 일종의 쫓고 쫓기는 놀이를 한 것이다. 요컨대 그들 각자는 서로 반대 방향에서 자신들의 지적 여정을 완수한 것이다.

하지만 공산주의에 대한 사르트르의 이와 같은 정당화 문제를 넘어서서 더 애매한 또 하나의 문제가 있다. 사르트르가 공산주의를 정당화시킨 방식과 그의 근본적인 철학 사유 사이에 어떤 관계가 있다고 보아야 하는가의 문제 혹은 사르트르에게서 '존재적인 것'(l'ontique)은 어느 정도까지 '존재론적인 것'(l'ontologique)과 연결되어 있는가의 문제가 그것이다.

이 질문에 대해 다음과 같은 두 가지 입장이 가능하다. 어떤 이들의 입장은 사르트르가 역사, 당-프롤레타리아의 관계, 그리고 실천에 대해 말한 모든 것의 근거를 『존재와 무』의 존재론에서 볼 수 있다는 것이다. 사르트르가 공산주의에 대해 가졌던 생각들은 따라서 그의 철학 저서에서 옹호된 주제들을 정치적 차원으로 옮겨 놓은 결과라는 것이다. 이것은 특히 메를로퐁티가 『변증법의 모험』에서 전개한 주장이다.[30] 이와는 반대로 다른 이들에게 있어서는 『존재와 무』와 1950년대의 앙가주망에 관련된 논문들

---

30 Maurice Merleau-Ponty, "Sartre et l'ultrabolchévisme", *Les Aventures de la dialectique*, pp.131~271.

사이에는 구속 관계가 존재하지 않고 심지어 대립 관계가 존재하기까지 한다. 따라서 이 논문들을 이해하기 위해서는 『존재와 무』보다는 레닌의 저작을 읽는 것이 결정적으로 더 가치 있는 일이라는 것이다. 이것은 특히 아롱의 주장이다.[31]

하지만 사르트르가 정치적, 철학적으로 변했다는 사실 때문에 문제는 더 복잡해진다. 『존재와 무』는 사르트르의 마지막 철학 저서가 아니다. 그 뒤를 잇는 『변증법적 이성비판』이 있다. 이 저서는 정확히 존재론적인 것에서 존재적인 것으로의 연계를 노리는 노력으로 해석될 수 있는 저서이다. 사르트르 스스로 그의 '실존주의'와 정치철학 사이에 가교를 놓으려고 애쓴 것이다.

여기에서 우리는 문제를 다음과 같은 방식으로 접근하려 한다. 우선 사르트르에게서 **폭력** 문제가 제시되는 방식을 살펴보려고 한다. 이렇게 하면서 1950년대 그의 앙가주망에 관련된 글들을 자세히 분석하고, 이어서 『변증법적 이성비판』의 몇몇 의미심장한 내용을 검토하게 될 것이다. 특히 사르트르가 다른 글에서 전개한, 공포의 제도화로 여겨지는 **전제정치**의 정당화 문제를 살펴보게 될 것이다. 다른 한편 폭력이라는 주제는 사르트르의 '폭력 옹호론'에서 **진보**의 문제에 밀접하게 연결되어 있다. 여기에서 더 길게 살펴보게 될 다음과 같은 또 다른 문제들이 제기된다. 사르트르는 어느 정도까지 역사의 의미를 믿고 있는가? 사르트르의 철학에서 희망이라는 개념이 차지하고 있는 위치는 어디인가? 이 문제들을 다루면서 먼저 『존재와 무』를 준거점으로 삼고, 그다음으로 『변증법적 이성비판』을 준거

---

31 특히 Raymond Aron, "Aventures et mésaventures de la dialectique", *Marxismes imaginaires*, pp.98~116을 참조하라.

점으로 삼게 될 것이다(전자의 경우 실제로 해석하는 데 큰 문제가 발생하지는 않지만, 후자의 경우 다소 복잡하다). 이와 같은 이중의 분석을 통해 끌어낼 수 있는 결과들을 가지고 우리는 최종 결론을 내려 볼 것이다.

사르트르는 그의 앙가주망에 관련된 글들에서 '역사의 파도'를 지적하는 것을 잊지 않는다. 그것이 헤겔적이든 마르크스적이든 그다지 놀랄 것은 없다. 하지만 그것이 실제로 헤겔적이고 마르크스적인가? 결코 그렇지 않다. 사르트르는 자신의 지적 여정을 '상상적인 것'(Imaginaire)에 대한 사유로부터 시작한다. 그러고 나서 『존재와 무』에서 그는 인간을 '무용한 수난'(passion inutile)이라고 정의하며 불행한 인간 조건으로 기운다. 거기에서 하나의 역설이 도출된다. 물론 사르트르가 이 역설에 마지막으로 감동한 자는 아니다. 그렇다면 사르트르는 이 모순을 해결했는가? 아마 부분적으로만 해결한 것 같다.

2장
복종의 계약

1954년에 소련 여행에서 돌아오자 사르트르는 『리베라시옹』지에 여행기를 싣는다. 사르트르는 이렇게 말하고 있다. "나는 거기에서 새로운 형태의 인간을 보았다. 그들과는 우정 이외의 다른 관계를 맺는다는 것을 생각할 수 없다. 프랑스에서 사람들이 어떤 정치 노선을 따르더라도 그 노선은 소련의 정치 노선과 반대될 수가 없다." 사르트르가 보기에 "소련에서 비판의 자유는 완벽"했다. 거기에서는 "개인의 이해관계와 집단의 이해관계가 같았다".[1]

사르트르의 정치사상을 연구할 때 이러한 종류의 선언들은 주목할 만하다. 사실 이와 같은 선언들로 미루어 보면 사르트르의 정치에 대한 '아마추어리즘'과 순진함을 비난하는 것은 손쉬운 일이다. 사르트르는 정치에 대해 거의 아무것도 이해하지 못했고, 그의 판단 역시 '피상적'인 특징을 가졌다는 등의 비난[2]이 그것이다.

---

1 *Libération*, 14-20 juillet 1954.
2 François Bondy, "Jean-Paul Sartre et la révolution", *Preuves*, n° 202, décembre 1967, p.59. 우리가 '손쉬운'이라고 말할 때, 당연히 다음과 같은 사실을 잘 이해해야 한다. 고독 속

하지만 정확을 기해야 한다. 사르트르가 소련에 대해 이처럼 단순하게 자기 생각을 표현하는 경우는 아주 드물다. 보통의 경우 사르트르는 아무런 어려움 없이 소련의 제도가 갖는 독재적·공포적 성격을 인정했다. 사르트르는 명석한 판단을 하고 있던 때에도 소련에서의 강제수용소의 존재를 부정하지 않았으며, 이 나라에 **권력**의 문제가 있다는 사실 역시 의심하지 않았다. 실제로 사르트르는 자신의 친소련 성향을 정당화시키려 할 때조차도, 소련은 민주국가라거나 소련을 모델로 삼으라고 말하지 않았다. 그보다는 오히려 소련의 기획은 "모든 사람들에게 자유와 정의를 주려는 것"[3]을 목적으로 한다거나, 소련은 "인간들의 희망"[4]이라고 말했다. 사르트르는 현재가 아니라 미래를 말한다. 행동이 아니라 의도를 지적한다. 한마디로 말해 사르트르는 메를로퐁티의 『휴머니즘과 공포』에서 볼 수 있는 것과 같은 주장을 내세우고 있는 것이다.[5]

기이하게도 이 주장이 가장 훌륭한 형태로 표현되고 있는 것은 소련 정치에 대한 사르트르의 드문 비판의 글 가운데 하나이자 부다페스트 사태 직후에 발표된 「스탈린의 망령」에서이다.

어떤 이들은 사르트르가 「스탈린의 망령」에서 '정치적 사실주의'를 부

에서, 그리고 종종 중상모략과 싸우면서 '소련에서 비판의 자유는 완벽하다'라고 주장하는 한 명의 철학자에 대해 생각하는 바를 감히 큰소리로 말하는 자들의 용기를 문제 삼는 것은 결코 아니라는 사실이 그것이다. 사르트르가 이렇게 주장하고 있지만, 그러면서 그가 어떤 방식으로든 콜리마 혹은 포르쿠타 등에 갇혀 있는 도형수들이 겪은 고통의 공모자가 된 것이 아니라는 점에는 의심의 여지가 없다. 필자가 제기하는 문제는 단지 사르트르의 **다른** 텍스트들, 그것도 덜 가벼운 것들, 게다가 더 의미심장한 것들을 검토하는 것이 적합하지는 않은가를 알아보자는 것이다.

3 Jean-Paul Sartre, "Le fantôme de Staline", *Situations VII*, p.280.
4 *Ibid.*, p.282.
5 『휴머니즘과 공포』가 자기에게 영향을 주었다는 점을 사르트르 자신이 직접 인정하고 있다
   (Jean-Paul Sartre, "Merleau-Ponty vivant", *Situations IV*, p.215를 참조하라).

정했다고, 그리고 처음으로 한 사건에 대해 "동일한 도덕적 기준을 서구 사회와 공산주의 사회"[6]에 적용시켰다고 지적하고 있다. 우리의 판단으로는 정확히 거기에 오해가 있는 것으로 보인다. 사르트르는 이 글에서 정치적 사실주의를 부정하지도 않았을뿐더러, 바로 **그 점**에 **입각**해서 부다페스트에 침입한 소련의 군대를 비난했던 것이다. 사르트르는 이 글에서 소련의 개입이 **실수**였다는 사실을 보여 주고자 했다. 또한 그는 건설 중에 있는 사회주의의 이해관계라는 시각에서 볼 때**조차도** 이 실수는 극구 피해야만 했다는 사실을 보여 주고자 했던 것이다. 사르트르는 그 어떤 순간에도 도덕을 고려하지 않았다. 사르트르는 더 나아간 것이다. 사르트르는 문제의 글에서 도덕이 그 자체로 환기될 수 없는 이유를 보여 주었던 것이다.

문제의 글 몇 쪽을 자세히 살펴보자. 『휴머니즘과 공포』의 모든 주제가 그 부분에서 그대로 나타나고 있다.

사르트르의 추론은 간단하다. 우선 사르트르는 많은 경우에 있어서 도덕적 입장에는 정치적 조작이 숨겨져 있다는 사실을 설명하고 있다. 가령 부다페스트 사태에 대해 많은 말을 했던 자들도 수에즈 운하 분쟁에 대해서는 침묵을 지키고 있다는 것이다.[7] 그들의 '분노'를 유발시키는 징후는 결코 도덕적 이상주의가 아니라 반공산주의였고, 위대한 원칙들을 상기시키는 것은 조작을 감추는 것 이외의 다른 것이 아니라는 것이다.

그리고 사르트르는 본질적인 문제로 돌아온다. 사르트르는 일단 이렇게 말한다. 모든 정치사상의 배경에 대한 자유로운 도덕주의 입장을 가

---

6 François Bondy, "Jean-Paul Sartre et la révolution", *Preuves*, n° 202, décembre 1967, p.63.
7 소련이 헝가리에 탱크를 파견했던 바로 그 시기에 프랑스와 영국은 수에즈 운하에 대한 작전을 개시하고 있었다는 사실을 상기하자.

정해 보자고 말이다. 이것이 용인될 수 있는 것일까? 결코 그렇지 않다. 사실 순수한 도덕, 무조건적 비폭력은 '추상적' 태도이다. 이것들은 사실들을 '침범하지' 않는다. "흘린 피에 대한 거부를 모든 것 위에 놓는 자들만이 **도덕적** 입장을 가질 권리를 갖는다. …… 이것은 정확히 그들이 **정치적** 행위를 **선험적으로** 비난하기 때문이다. 게다가 소련과 프랑스의 지도자들은 그것을 거절할 권리를 가지고 있다. 프랑스를 히틀러로부터 방어한 것은 도덕주의자들이 아니었다. 그들은 점령 당시 저항하지도 않았고, 혹은 저항했다 할지라도 자신들의 원칙을 위반했다."[8] 여기에 아주 중요한 문장이 있다. "정치는 필요하다. 하지만 몇몇 경우에 폭력이 최소한의 악이라는 사실을 우선 받아들이지 않는다면, 그 누구도 정치에 관여할 수 없다."[9]

이처럼 사르트르는 메를로퐁티와 마찬가지로 '순수한' 도덕적 기준을 '추상적인 것'으로 생각하고 거절한다. "도덕주의자는 설 곳이 없다."[10] 그가 우파에 속하지 않는다면 허공에 있다. 그렇다면 비폭력은? 이것은 "기아도 착취도 막지 못하는"[11] '낡아 빠진' 원칙이다.

하지만 사르트르는 거기에서 멈추지 않는다. 도덕적 판단의 덧없음을 보여 주면서 사르트르는 또 한 번 메를로퐁티와 마찬가지로 정치적 판단의 가능성을 구하려고 애쓰게 되는데, 그것이 바로 진보적 폭력 개념이다.

모든 곳에서 폭력이 지배하고 있다. 이것은 모든 정치가 같은 가치를 지닌다는 것을 의미하는가? 사람이 다른 사람을 평가할 수 있는 권리를 갖지 못한다는 것을 의미하는가? 사르트르는 이와 같은 '상대주의'를 배격한

---

8 Jean-Paul Sartre, "Le fantôme de Staline", *Situations VII*, p.146.
9 *Ibid.*, pp.146~147.
10 *Ibid.*, p.147.
11 *Ibid.*

다. 역사에는 절대가 있으며, 이 절대는 사회주의 운동이다. "피착취자들이 자신들을 위해, 그리고 모두를 위해 완전히, 또한 충분히 인간이 될 수 있는 가능성을 요구하도록 유도하는"[12] 사회주의 운동이 그것이다. 사회주의는 "자기 자신을 창조해 가는 인간에 의해 주도되는 운동"[13]이다. 정확히 이러한 의미에서 사회주의는 '절대적 지표'이다.[14] 어떤 정치제도든 그것을 제대로 평가하기 위해서는 이 사회주의와 비교해 보아야 한다. "사회주의에서 일상의 실천에 의해 제시되는 원칙들, 대중으로부터 나오는 원칙들, 이 주의의 선전에서 강조되고 정립되는 원칙들, 이 주의의 적대자들, 이 주의의 실제 행동, 이 주의의 가까운 목표와 먼 목표를 이어 주는 구체적인 연결에 대해 매일 가해지는 선고들, 간단히 말해 현재에 있어서 이 주의의 총체성이 모든 정치 기획, 특히 우선적으로 이 주의 자체의 기획을 밝혀 주는 빛을 제공해 준다."[15]

그러나 '사회주의'라는 단어는 모호하다. 이 단어의 의미는 다양하며, 이 다양한 의미를 모두 받아들인다면 "이상주의로 다시 빠질"[16] 위험이 있다. 따라서 사르트르는 이렇게 더 정확한 의미를 부여한다. "공산주의는…… 그 내부에 사회주의 건설의 기회를 간직하고 있는…… 유일한 운동인 것 같다."[17] 따라서 인간들의 희망을, "그들의 유일한 희망"[18]을 구현하고 있는 것은 소련이다. 소련의 정치는 "모든 사람들에게 자유와 정의를

---

12 *Ibid.*, p.148.
13 *Ibid.*
14 *Ibid.*, p.149.
15 *Ibid.*
16 *Ibid.*, p.150.
17 *Ibid.*
18 *Ibid.*, p.282.

주는 것을 목표로 한다. 물론 이와 같은 근본 목표로 인해 소련이 역사에서 벗어나는 것은 아니다. 이와는 반대로 소련이 이 목표를 실현하고자 하는 것은 역사 안에서, 그리고 그 역사에 의해서이다. 하지만 사회 전체에 대한 한 계급의 지배를 수립 혹은 보존하려는 모든 정치와, 이 소련의 정치를 철저하게 구별하기 위해 그 이상의 것은 필요하지 않다."[19]

이처럼 모든 정치가 같은 것은 아니다. 인간은 역사 속으로 진입하기 위해 나침반을 이용한다. 이 나침반은 공산주의이다. 공산주의는 전진하고 있는 휴머니즘이다. 이와 같은 공산주의는 절대적 기준인 것이다.

그렇다면 이것은 과연 소련의 정치가 **선험적으로** '선'(善)과 동일하다는 것을 말하는 것인가? 또한 다른 모든 정치의 절대적 판단자로서의 소련의 정치는 과연 모든 판단에서 벗어나 있다는 것을 말하는 것인가? 결코 그렇지는 않다. 소련의 정치를 판단할 수 있고, 또 **판단해야만** 한다. 다만 판단을 하기 위해서는 **행위**보다는 **의도**를 더 고려해야 할 필요가 있다. "사회주의 건설은, 이것을 이해하기 위해서, 그 운동과 목표를 결합시켜야 한다는 의미에서 **특권적**이다⋯⋯. 사회주의가 원하는 것의 이름으로 이 주의가 하는 것을 판단하고, 또 그것의 목표의 이름으로 그 수단을 판단해야 한다. 그런데 사실 사회주의를 제외한 다른 모든 주의는, 사회주의가 알지 못하는 것, 또 이 사회주의에 의해 무시되는 것 혹은 거절되는 것의 이름으로 판단한다."[20]

그렇다면 소련의 정치는 어떤 기준, 어떤 **명령**에 입각해서 판단해야 하는가? 오로지 **가언적** 명령에 입각해서이다. 소련의 행동이 사람들의 권

---

19 Jean-Paul Sartre, "Le fantôme de Staline", *Situations VII*, p.280.
20 *Ibid.*, p.281.

리에 일치하는가의 여부를 물어서는 안 되고, 단지 사회주의라는 대의명분에 유리하게 작용하는가의 여부를 물어야 한다. 적용되고 있는 수단들이 과연 추구되는 목적에 적합한가? 이것이 문제이며, 그것도 유일한 문제이다. 이와 같은 시각에서 사람들은 소련의 부다페스트 사태에 대한 개입을 비판할 수 있다. 하지만 같은 시각에서 역으로 "수용소의 필요성"[21]을 환기시키면서 1930년대 스탈린의 강제수용소를 정당화할 수도 있다. 그러나 사실, 첫번째 경우에는 겨냥된 목적에 대한 수단의 **적합성**이 없고, 두 번째 경우에는 적합성이 있다. 소련 당국은 헝가리에 무장한 군대를 파견하는 것을 포기할 수도 있었을 것이다. 이와는 반대로 스탈린은 1930년대 소련의 상황을 고려해 강제적 수단에 반대하는 농부들에게 반(反)하는 조치를 취할 수밖에 없었다. 그리고 그 수단들은 그 자체로 정당화된 것이다. "'일국 사회주의' 혹은 스탈린주의는 사회주의의 우회가 아니다. 상황에 의해 강요된 우회인 셈이다."[22]

이것이 사르트르의 추론이다. 앞에서 살펴본 것처럼, 메를로퐁티에게서와 마찬가지로 사르트르에게서도 모든 것은 다음과 같은 두 가지 기본적인 생각 위에 정립된다. 하나는 현재 세계에서 휴머니즘은 환영(幻影)이라는 생각이다. 다른 하나는 휴머니즘을 실현하려는 의지는, 이것을 강조하는 자에게는, **절대적** 특권이라는 생각이다. 사회주의자들도 부르주아들과 마찬가지로 폭력을 자행한다. 다만 부르주아들은 현재 진행되고 있는 세계에 만족하는 반면, 사회주의자들은 그 세계를 변화시키고자 하고 또 그렇게 해야 한다고 주장한다. 이러한 이유로 부르주아들의 정치가 거부

---

21 *Ibid.*, p.223.
22 *Ibid.*, p.233.

되는 것과 마찬가지로 사회주의자들의 정치에 대한 관용이 이루어지는 것이다.

어떤 이들은 이렇게 주장한다. 사르트르가 쾌활하게 "카스트로와 흐루시초프의 잘못, 그리고 부르주아들의 또 다른 공인된 적들의 잘못을 덮어 주었다"[23]고 말이다. 물론 이와 같은 주장은 조금 지나친 면이 없지 않다. 그러나 서구의 정치가 문제될 때 가차없는 태도를 보였던 사르트르가, 소련의 정치가 문제될 때는 아주 '관용적'인 태도를 보였다는 것을 부인할 수는 없다. 사실 사르트르는 공산주의자들에게 두 가지 비판만을 가했을 뿐이다. 하나는 1945~1950년 사이에, 그리고 재차 1968년에 공산주의자들이 혁명의 '역량'을 충분히 가지고 있지 못했다는 비판이 그것이다. 다른 하나는 1956년에 그들이 서툴게 행동했다는 비판이 그것이다(그들이 사용한 수단들이 기술적으로 보아 불충분했기 때문이다). 하지만 사르트르는 어떤 경우에도 공산주의의 **전체주의**를 비판하지 않고 있다. 이와는 반대로 사르트르는 항상 전체주의는 혁명적 생각과 불가분의 관계를 맺고 있는 것으로 생각했고, 역으로 다원주의는 소외(혹은 부르주아화)와 다시 결합된다고 생각했다. 요컨대 공산주의가 정치적 자유를 제거한다는 사실은 사르트르에게 있어서 전혀 문제가 되지 않았던 것이다.

* * *

이 마지막 지적을 통해 우리는 자연스럽게 민주주의에 대한 사르트르의 태도에 질문을 던지게 된다.

사르트르는 그의 눈앞에서 전개된 '파시즘'의 위협이 있을 때를 제외

---

23 Maurice Cranston, "Jean-Paul Sartre", *Encounter*, avril 1962, p.45.

하고는 자유주의 제도에 대해 아주 단순한 관심을 보이고 있을 뿐이다. 사르트르에게 있어서 진짜 갈등은 다른 곳에서 발생하고 있다. 특히 사르트르는 선거제도나 다른 제도를 경계할 필요가 있다고 생각하고 있다. 사르트르에 의하면 자본주의자들이 프롤레타리아를 '잠재우거'나 그들의 전투 역량을 약화시키기 위해 사용하는 것이 바로 선거제도이다. 「공산주의자들과 평화」라는 글에서 사르트르는 더 멀리 나아간다. 사르트르는 그 자신이 '대중' 민주주의라고 부른 것을 부르주아 민주주의에 대립시키고 있다. 사르트르에 의하면 이 대중 민주주의만이 유일하게 프롤레타리아의 진정한 의지를 보여 준다. 그런데 사르트르가 정의하는 대중 민주주의는 만장일치를 전제로 한다. 물론 소수집단들도 존재할 수 있다. 그러나 이 소수집단들은 "고려되기 시작하자마자 사라지게 되어 있다……. 통일은 반대자들의 숙청에 의해 계속 이루어진다. 그들이 저항하면 그들에게 폭력을 가할 수도 있다. 집단의 눈으로 보면 반대자는 배반자일 뿐이다".[24]

그리고 사르트르가 민주주의에 대해 취하는 태도는 무엇보다도 사회 관계에 대한 그의 철학과 관련되어 있다. 방금 살펴본 것처럼 사르트르는 현재 상태에서는 도덕이 불가능하다고 보고 있다. 왜냐하면 지금 당장으로서는 폭력은 극복 불가능한 성격을 가지고 있기 때문이다. 이와 같은 추론은 민주주의에 대해 사르트르가 갖고 있는 생각과 정확하게 일치한다. 사르트르에 의하면 민주주의는 불가능하다. 왜냐하면 하나의 계급 또는 하나의 국가에서 민주주의를 세우기 위해서는, 그 구성원들이 공통되는 이해관계를 가져야 하며, 또한 그들이 **자연적으로** 서로 형제로 느껴야 하기 때문이다. 그런데 현실에서는 무슨 일이 일어나고 있는가? 사람들은 서로

---

24 Jean-Paul Sartre, "Les communistes et la paix", *Situations VI*, pp.373~374.

형제라고 전혀 느끼지 못하고 있을 뿐만 아니라, 다양한 갈등으로 인해 서로 대립하고 있기도 하다. 그들에게 있어서 하나로 단결하는 유일한 방법은 '제3자'의 개입을 통해서이다. 필연적으로 억압적이고 전제적인 제3자 말이다.

이 문제는 『변증법적 이성비판』에서 가장 분명하게 제시되고 있다. 하지만 이 저서를 살펴보기 전에 「공산주의자들과 평화」와 「르포르에 대한 대답」이라는 글을 빠르게 한 번 훑어보는 것이 좋을 것 같다. 실제로 이 글들에 이미 『변증법적 이성비판』의 주제를 암시하는 적지 않은 내용들이 들어 있다.

이 글들의 전체 주제는 잘 알려져 있다. 당과 프롤레타리아 사이의 관계 문제가 그것이다. 사르트르는 프롤레타리아가 공산당을 '인정하지 않을' 수도 있다거나 혹은 당과 분리될 수 있다는 것을 믿는 자들과는 정반대의 입장을 취하고 있다. 사르트르에게 있어서 이와 같은 주장은 받아들여질 수 없다. 왜냐하면 이 주장은 프롤레타리아가 당의 존재 및 의지와 **독립된** 존재와 의지를 가지고 있음을 의미하기 때문이다. 그런데 사르트르의 눈으로 보면 이것은 부조리하다. 사실 프롤레타리아에게 통일의 계기를 제공하는 것은, 달리 말해 프롤레타리아를 프롤레타리아이게끔 하는 것은, 정확히 당이다. 당이 없다면 프롤레타리아는 **계급**이 아니라 한갓 **대중**에 불과하다. 대중, 즉 개인들의 단순한 '연합', 그것도 단지 상황의 유사함에 의해 형성되는 '연합'에 불과하다.[25] 그렇게 되면 "노동자계급이 당과 분리되기를 바라는 경우, 이 계급을 기다리고 있는 것은 먼지처럼 흩어지는

---

25 당이 없는 프롤레타리아의 위상과 당에 의해 장악된 계급으로서의 프롤레타리아의 위상은 각각 『변증법적 이성비판』에서 사르트르에 의해 다루어지고 있는 '집렬체'(série)와 '융화집단'(groupe en fusion)의 그것에 해당된다. ── 옮긴이

결과일 뿐이다".[26] 분명 계급이 당을 종종 '인정하지 않을 수도 있다'고 생각할 수 있다(실패한 파업, 실패로 끝나 버린 시위 등의 경우). 그러나 **누가** 파업하는 것을 거부하는가? 계급인가? 아니다. 단지 '많은 수'의 **개인들**이 그럴 뿐이다. 계급은 이미 "존재하지 않는다".[27]

따라서 사르트르가 여러 글에서 제기하는 문제는 통일체로서의 계급에 대한 문제이다. 사르트르는 다음과 같은 두 개의 주장을 내세운다. 하나는 통일체에 대해 말할 수 있기 위해서는 삶의 조건의 동일함만을 상기시키는 것으로는 부족하다는 것이다. "통일과 동일성은 (심지어) 대립되는 원칙들에 속한다. 이 원칙들 중 하나는 인간들 사이의 구체적 관계를 맺어 주며, 다른 하나는 그들 사이의 추상적 관계를 맺어 준다."[28] 통일을 말하는 자는 조직, 사회화, 통합을 말한다. 따라서 개인들이 서로 유대감을 느끼면, 또 그들을 이어 주는 관계가 **내재적** 관계라면, 그들은 '통일된' 것이다. 다른 하나의 주장은 프롤레타리아의 경우처럼 규정된 통일은 자연적인 것이 아니라 인위적이라는 것이다. 통일체가 나타나기 위해서는 매개하는 기관, 즉 행동하는 '당'의 현전이 요구된다.

우선 첫번째 주장은 놔두고 두번째 주장부터 살펴보자. 사르트르가 계급-당의 관계를 논하는 과정에서 홉스가 『리바이어던』에서 했던 추론과 거의 비슷한 추론을 한다는 것은 놀라운 일이다. 어쨌든 기본적인 생각은 비슷하다. 사르트르는 하나의 공동체(여기에서는 계급)가 나타나기 위해서는 매개가 있어야 한다고 주장한다. 그런데 이 매개는 정확히 **외부에서** 올 수밖에 없다. 왜냐하면 개인들은 **그들만으로는** 분열을 극복하지 못하기 때

---

26 Jean-Paul Sartre, "Les communistes et la paix", *Situations VI*, p.195.
27 *Ibid.*, p.180.
28 *Ibid.*, p.202.

문이다. 다시 말해 그들은 개인주의적인 '나는 존재한다'로부터 형제적인 '우리는 존재한다'는 차원으로 **자발적으로** 옮겨 가지 못한다. 홉스와 마찬가지로 사르트르도 '자연상태'를 "분자적 무질서"[29] 상태로 규정한다. 홉스와 마찬가지로 사르트르도 그 상태에서 출발해 '사회상태', 즉 **조직된 삶**, **정치적** 삶을 정초하기 위해서는 개인들이 자기들 사이에 '제3자'를 개입시킬 필요가 있다고 생각한다. 제3자가 있다면, 이 사실로 인해 절대적 주권을 행사하면서 공동체를 조직하고, 또 이 공동체를 **존재하게끔 하는 것은** 정확히 이 '제3자'이다.

사르트르의 추론에서 볼 수 있는 이와 같은 '홉스적' 특징은 정당성의 문제를 제기하는 방법에서 특히 잘 감지된다. 앞에서 살펴본 대로 사르트르에게 있어서 이 정당성의 문제는 제기되지 않는다. 좀더 정확하게 말하자면, 이 문제는 **선험적으로** 해결되어 있다. 사르트르는 이렇게 말하고 있다. 당이 합법적인가 아닌가를 묻는 것, 당이 프롤레타리아의 의지를 정확하게 '표현하는가' 그렇지 못한가를 묻는 것은 의미가 없다. 왜냐하면 이 의지는 바로 당에 의해서만 존재하기 때문이다. 각각의 프롤레타리아가 가진 개별의지가 일반화되는 것은 바로 당에 **의해서**이다. 또한 역으로 "모든 프롤레타리아의 의지가 각자에게 표명되는 것 역시 당이 부과한 의무를 **통해서**이다. 거기에서는 복종하는 것이 자기 자신을 집단의 일원으로 만드는 것이다."[30] 그리고 사르트르는 더 멀리 나아간다. 사르트르에게 있어서 당은 대중의 통일을 **부추기기도** 하거니와 그것을 **구현하기도** 한다. "집단의 구체적 통일성은 **투사적**(投射的)이다. 다시 말해 이 통일성은 집단 외부의

---

29 Jean-Paul Sartre, "Réponse à Lefort", *Situations VII*, p.9.
30 *Ibid.*

필수요건이다. 분산된 주권은 지도자에게로 집중되고 응축된다. 이 지도자는 분산된 주권을 집단 구성원들 각자에게 보여 주고, 구성원들 각자는 이 주권에 복종하는 한에서 다른 구성원들과 다른 사람들 앞에서 주권 전체의 담지자가 된다."[31] 이처럼 프롤레타리아에 의한 당의 '통제'라는 생각은 무의미하게 된다. 홉스에 의하면 군주는 신민에 대해 해결해야 할 아무런 빚이 없다(왜냐하면 신민이 신민인 것은 정확히 **군주를 통해서**이기 때문이다). 사르트르에게 있어서도 이와 마찬가지로 당은 프롤레타리아에게 아무런 빚을 지고 있지 않으며, 당의 권위는 부과될 수 있는 모든 기준에서 벗어나게 된다. '민주적' 관점에서 보면 통치자는 피통치자들에게 종속되어 있으며, 그들의 요구를 고려해야만 한다. 하지만 "대중은 분산된 존재이기 때문에 아무것도 요구하지 못한다".[32] 분산에서 벗어나기 위해 대중은 스스로를 '당'에 일임하는 것 이외에 다른 방법이 없다. 그리고 당은 단독으로 당원들 각자의 희망과 필요를 공통의 것으로 만들 수 있다. 결국 가능한 연합의 조건은 복종인 셈이다. 따라서 당은 대중을 '대표'하기는커녕, 오히려 당을 반영하는 것이 대중이다. 당은 "질서를 명령하는 질서, 명령을 내리는 명령이다".[33]

그럼에도 사르트르는 자신의 정치적 글에서 프롤레타리아에 대한 당의 독재를 정당화하는 것으로 만족하지 못한다. 사르트르를 이와 같은 정당화로 이끈 원칙 —— 인간들의 자연적 분산의 원칙과 **그들 스스로** 각자의 개별의지를 일반화시키지 못한다는 원칙 —— 이 이번에는 그를 당에 대한 지도자의 독재를 정당화하는 것으로 이끈다.

---

31 Jean-Paul Sartre, "Les communistes et la paix", *Situations VI*, p.373.
32 *Ibid.*, p.248.
33 *Ibid.*, p.247.

'나는 존재한다'에서 '우리는 존재한다'로의 이행이 매개 없이 이루어질 수 없다면, 그때는 논리적으로 이를 해결해야 한다. **복종의 계약**이라는 홉스의 이론은 노동자계급에게만 해당되는 것이 아니라, 매개자인 집단 자체에도 해당한다. 매개자 집단 역시 그 나름대로의 매개자를 필요로 한다. 그리고 이 매개자가 한 **명**의 개인이 될 때까지 계속된다. 왜냐하면 그 순간에야 비로소 개인들의 **복수성**을 대표하는 분산의 위험이 사라질 수 있기 때문이다.

하지만 다음과 같은 사실을 지적하자. 사르트르가 「공산주의자들과 평화」에서도, 「르포르에 대한 대답」에서도, 자기 논리를 그렇게 멀리까지 밀고 나가지 못했다는 사실을 말이다. 이와는 달리 「스탈린의 망령」에서는 사르트르가 **복종의 계약**에 함몰된 여러 가지 의미를 의식하고 있었다는 점을 보여 주는 대목을 볼 수 있다. 사르트르가 스탈린 개인숭배의 기원을 설명하려고 하는 대목이 그것이다. 사르트르의 추론은 다음과 같다. 1930년대에 소련이 직면한 상황은 '지도자들의 공고한 단결'이 요구되는 상황이었다. 국가의 안전을 보장하기 위해 지도자들의 집단은 "우선 이 집단에 의해, 이 집단 위에, 이 집단 스스로 **내적** 안정을 실현해야" 했다. 그런데 보통 한 집단의 입장에서 보면 그 자체의 안정을 실현한다는 것은 다음과 같은 사실을 의미한다. 즉 통합을 끝까지 밀고 나가는 것이 그것이다. "그러나 결코 그 끝에 이르지 못한다. 왜냐하면 한 개인의 생물학적이고 정신적인 통일에 의해 통합의 가장 훌륭한 이미지가 제공되기 때문이다. 그로부터 다음과 같은 기이한 모순이 나온다. 각자는 모든 이들의 눈에, 그리고 심지어는 자신의 눈에도 수상한 자가 된다는 모순이 그것이다. 단지 그의 단일성이라고 하는 것만으로도 절대적 동일화를 이룰 수 없는 이유가 되기 때문이다. 그러나 한 **명**만이 통일의 사회적 과정의 모범이자, 주인공이자, 이상적 개념이 될 수 있다. 각 개인이 전체로 여겨진 집단과의 관계에서 비본질적이 되는 그 순간에, 이 전체는 단순한 하나의 기호가 되거나, 혹은 인간들의 다수성이 본질적인 개인의 성스러운 통일에서 극복되거나 응집되어야 한다. 이처럼 개인의 우상숭배는 무엇보다도 한 개인 안에서의 사회적 통일의 숭배이다. 그리고 스탈린의 의무는 집단의 용해 불가능성을 나타내는 것이 아니라 용해 불가능성 그 자체이어야 하며, 또 모두가 그것을 만들어야 하는 것이다."[34]

여기에서 복종의 계약에 대한 사르트르의 이론은 홉스의 이론과 겹친다. 즉 전제자의 절대 권리의 정당화 이론이 그것이다. 조금 전에 살펴본 대로 사르트르는 프롤레타리아에 대한 당의 독재에만 열광하지 않는다. 사르트르는 이번에는 당에 대한 지도자의 독재에 열광한다.

마르크스주의의 역사에서 독재에 대해 이처럼 공공연한 찬사를 보내는 이와 같은 새로움에 주목할 수도 있을 것이다. 레닌은 노동자 운동의 전위로서의 당 이론을 통해, 루카치는 이론과 실천 사이의 '가교'로서의 조직에 대한 그의 비전을 통해, 벌써 이 두 사람은 계급에 대한 당의 우월권을 인정한 셈이다. 하지만 레닌도 루카치도 지도자에 의한 당의 대치(代置)를 정당화시키는 데까지 나아가지는 못했다. 그런데 사르트르가 그 한계를 돌파한 것이다. 사르트르는 레닌 정부뿐만 아니라 스탈린 정부에도 보증을 서 준 셈이다. 사르트르에게 있어서 '개인숭배'는 (많은 사람들에 의해 진정한 레닌주의의 '우회'라고 비난받았지만) 이렇게 해서 이론적인 근거를 찾은 셈이다.

그렇다면 이 이론적 근거는 정확하게 무엇인가? 방금 인용된 텍스트는

---

34 Jean-Paul Sartre, "Le fantôme de Staline", *Situations VII*, p.229.

이 문제에 대해 아주 시사적이다. 사실 사르트르는 스탈린적 군주제가 **통일**이라는 문제를 해결해 줄 수 있는 유일한 해결책이라고 말하고 있다. '제국주의'에 포위된 1930년대의 소련이, 도약의 단계에서 경제적 어려움에 직면해 있었다고 하자. 사르트르는 이 나라에 대해 이렇게 말하고 있다. 완수되어야 할 임무의 위급함 때문에 조직자들의 완전한 동의와 그들의 통일을 극단까지 밀고 나갈 것이 요구되었다고 말이다. "그러나 결코 그 끝에 이르지 못한다. 왜냐하면 한 개인의 생물학적이고 정신적인 통일에 의해 통합의 가장 훌륭한 이미지가 제공되기 때문이다." 이와 마찬가지로 통일도 **투사적** 형태하에서만 이루어질 수 있을 뿐이다. 이것을 몸소 구현한 개인이 바로 스탈린이다. 조금 뒤에서 사르트르는 이렇게 말하고 있다. "스탈린은 집단에 불가능하게 보였던 통일을 제시해 준다. 그의 오른쪽 손은 왼쪽 손을 경계하지 않으며, 그의 왼쪽 귀도 오른쪽 귀를 경계하지 않는다. 그는 그 자신의 스파이가 될 수도 없고, 자기와 일치가 되지 않을 수도 없다. 집단은 신뢰 없이 존재할 수 없다. 집단이 스탈린을 신뢰하는 것만으로는 충분하지 않다. 집단은 그가 자기에게 갖는 신뢰를 자기 것으로 만들어야 한다. 스탈린 개인을 제외하고는 그 누구도 이 신뢰를 **향유**할 수 없다. 하지만 각자는 위계질서의 꼭대기에 있는 그에게서 관료적 집단이 강력한 통일의 형태로 존재하고 있다는 사실, 그리고 이 집단이 화해되고 조정되어 이루어진 것이라는 점을 알고 있다."³⁵

여기에서 사르트르는 **의심**의 문제를 거론하고 있다. 사르트르에 의하면, 의심은 바로 타인은 타인이라는 사실 —— 타인, 다시 말해 공간적으로 나와는 구별되며, 나와는 **다른** 자라는 사실 —— 에 의해 근거 지워진다. 모

---

35 Jean-Paul Sartre, "Le fantôme de Staline", *Situations VII*, p.232.

든 차이는 **그 자체로** 의심스럽다. 원칙적으로 이타성(異他性)은 통일의 붕괴와 **배반**의 원천이다. 이러한 상황에서 우리는 사르트르의 지적 여정을 이해할 수 있다. 만약 모든 이타성이 잠재적으로 배반이라면, 집단의 통일은 한 가지 방식으로만 정의될 수 있을 것이다. 이타성을 감소시키는 방식이 그것이다. 이타성은 과연 감소될 수 있는가? 분명 **상징적 방식만을 제외하고는** 그렇지 않다. 이렇게 해서 사르트르는 결국 전제자에게 호소하게 된다. "집단성이 집약된"[36], 즉 "순수 통일"[37]로서의 전제자에게 말이다.

앞에서 살펴보았듯이, 사르트르에게 있어서 '복종의 계약'은 **통일** 개념을 전제로 한다. 왜냐하면 '한 개인의 생물학적이고 정신적인 통일'은 집단의 **이상형**, 즉 그 '모델'을 형성한다고 여겨지기 때문이다. 사르트르에게 있어서 모든 것은 마치 통일에 대한 유일한 가능한 양상이 전체성인 것처럼 진행되고 있다. 집단은 전체성, 즉 **초(超)조직**(방금 보았듯이 이것은 복종의 계약을 포함하고 있다)이거나, 아니면 '분자적 분산'일 뿐이다. 그런데 후자의 경우에 집단은 존재하지 않는다. 거기에는 중간항이 없다.

* * *

『변증법적 이성비판』에서는 이와 같은 주제들이 더 심화되고 더 일반화된 형태로 다시 나타나게 된다.

우선 보기에는 『변증법적 이성비판』에서 사르트르가 자발적 연합의 문제를 긍정적으로 해결했다고 생각할 수도 있다. 이 저서에서 '융화집단'의 모든 이론이 전개되지 않았는가? 구성원들의 공동 책임과 개별의지와

---

36 *Ibid.*
37 *Ibid.*, p.233.

일반의지의 내재성이라는 특징을 갖는 '융화집단'에 대한 이론이 말이다.

사실 『변증법적 이성비판』에서 흥미로운 것은, '융화집단' 이론이라기보다는 오히려 이 집단의 **퇴화**에 대한 이론이다. 왜냐하면 사르트르에게서 이 '융화집단'은 짧은 시간 동안만 지속되기 때문이다. 가령 바스티유 감옥을 탈취하는 시간 동안만큼이다. 또한 이 집단을 태어나게 했던 특수한 여러 원인이 일단 사라지게 되면, 이 집단은 그 뒤로 점차 제도화의 길로 접어들기 때문이다.[38] 그리고 정확히 이 시점에서 일시적으로 나타나는 대부분의 어려움을 만나게 된다.

논의를 시작하기 위해 우선 사르트르의 견해를 가능한 한 충실하게 요약해 보자.

제도화 문제에 대한 연구는 『변증법적 이성비판』 제2서의 첫 두 장, 즉 250여 쪽을 차지하고 있다. 사르트르는 거기에서 혁명 집단이 점차 위계질서화되고 관료화되는 구조로 변모되는 과정, 그리고 봉기의 기도(企圖)가 처음에 가졌던 '공동 자유'라고 하는 성격을 상실해 가는 과정을 차례로 기술하고 있다. 혁명 집단은 처음에는 **융화집단**이다. 다시 말해 이 집단에서는 개인들 상호 간의 투명성이 거의 총체적이다. 각자는 각자와 일치하고, 각자 안에서 자기를 **재발견**한다. 그러나 시간이 지남에 따라 기능은 다양화되며, 매개도 증가한다. 한마디로 공동 실천이 '약해진다'.[39] 통일체로서

---

38 사르트르는 『변증법적 이성비판』에서 인간들 사이의 이타성에 의해 지배되는 '집렬체'에서 그들의 상호성에 의해 지배되는 '융화집단'으로의 변모, 그리고 이 융화집단이 다시 '서약집단', '조직화된 집단', '제도화된 집단'(이 집단은 집렬체의 양태를 갖는다)으로 변모되는 과정을 기술하고 있다. 여기에서 융화집단이 제도화의 길로 접어들면서 퇴화된다는 것은 이 과정을 염두에 두고 있는 것이다. ― 옮긴이

39 이 현상은 사르트르가 『변증법적 이성비판』에서 들고 있는, 프랑스대혁명 당시 바스티유 감옥을 공격하는 파리 시민들의 모습을 보면 쉽게 이해할 수 있다. 사르트르에 의하면, 감옥을 공격할 당시에 파리 시민들은 '융화집단'을 이루고 있으며, 이들은 오직 그 감옥을 공격한다

의 집단은 사라지지 않는다. 그러나 은밀한 '타성태'(惰性態)가 점차 이 집단을 침해한다. 각자는 각자에 대해 점차 타자가 되어 간다. 모든 곳에서 중심을 벗어나는 움직임들이 발생한다. 결국에 가서는 집단이 스스로 완전히 와해되는 것을 막는 방식은, 집단 그 자체를 한 명의 전제자에게 일임하는 것이다. 공동의 통일을 자기 안에 상징하고 구현하고 있는 전제자에게 말이다.

이 과정의 첫번째 '계기'는 서약[40]이다. 그렇다면 이 '서약'이란 무엇인가? 대체로 서약은 **연합의 계약**과 같은 것이다. 서약과 함께 융화집단은 그 내부에서 스스로 반성하고, 구성원 각자와 각자의 정태적이고 고정된 관계로서의 서약집단으로 변모해 간다. 융화집단은 순수한 행동이다. 하지만 서약집단은 구조화된 항구성, 즉 **조직**이다. 여기에서 행동은 '맹세된 타성태' 위에 근거한다. 이것은 구성원 각자의 권리와 의무를 결정하는 타성태이다. 발생 가능한 와해의 위험성을 모면하려는 염려 속에서 집단의 구성원들은 상호 간에 **충성**을 맹세한다. 그들은 서로에 대해 미래에 **단결하는** 방향으로 자기를 구속할 것을 다짐한다.

사르트르는 이렇게 말하고 있다. "서약은 매개된 상호성이다."[41] 이것은 각자가 한 서약이 집단의 구성원들인 다른 자들의 서약에 의해 **구속된**

는 단 하나의 실천, 곧 '공동 실천'을 수행하고 있는 것이다. 하지만 감옥 탈취에 성공한 후에는 이들 시민들 사이의 융화의 정도, 곧 단결력이 느슨해지며, 그 결과 이들의 '공동 실천' 역시 '약해지게' 된다. ― 옮긴이

40 사르트르에 의하면 '융화집단'의 구성원들은 그들 사이의 상호성을 유지하기 위해 각자가 집단과 다른 구성원들 앞에서 '서약'(serment)을 하게 된다. 서약의 내용은 이 집단을 배반하지 않겠다는 것이고, 이 서약을 위반할 경우 자기를 집단과 다른 구성원들의 이름으로 처벌해도 좋다는 것이다. 그런데 이 서약은 '상호적'이다. 그도 그럴 것이 이 집단의 다른 구성원들 각자도 집단과 다른 구성원들 앞에서 같은 내용의 서약을 해야 하기 때문이다. 이처럼 서약에는 '처벌'이라고 하는 힘의 사용, 곧 폭력이 항상 내재되어 있다. ― 옮긴이

41 Jean-Paul Sartre, *Critique de la raison dialectique*, p.439.

다는 것을 의미한다. 나의 동료들이 나에게 충성을 맹세하는 한에서만 나도 그들에게 나의 충성을 맹세한다. 그리고 다른 자들이 나를 위해 그들 자신의 구속을 지킬 때에만, 나도 내 자신에게 가하는 구속을 지킬 뿐이라는 사실은 자명하다. 서약은 실제로 모호한 행동이다. 왜냐하면, 한편으로 서약은 나를 '준(準)객체'로 구성하기 때문이고, 다른 한편으로 나를 '준주권자'[42]로 구성하기 때문이다. 우선 서약에 의해 나는 준객체가 된다. 왜냐하면 나는 다른 사람들에게 미래에도 **동등자**로 남아 있을 것이라는 점을 맹세하기 때문이다(따라서 나는 나의 자유를 **한계** 안에서만 이용할 뿐이다). 또한 서약에 의해 나는 준주권자가 된다. 왜냐하면 다른 사람들이 나에 대해 갖는 권리는, 내가 그들에 대해 갖는 권리의 이면이기 때문이다. 더 멀리 나아가 보자. 미래에 **동등자**로 남아 있겠다고 하는 나의 구속은 바로 나 **자신**에 의해 이루어진다. 서약은 복종과 동시에 자유의 행동이다(자유의 행동이기 **때문에** 복종의 행위이고, 복종의 행위이기 **때문에** 자유의 행동이다). 집단과 내가 맺는 관계는 단지 **내재성**의 관계만은 아니다. 그것은 '내재성―초월성'의 관계이다. 나는 집단 안에 있음과 동시에 **밖**에 있다. 집단은 나에게 나의 고유한 가능성들의 제한의 자격으로 다가오지만, 다른 관점에서 보면 내가 이 제한에 자유롭게 동의하기 때문에, 집단은 어느 정도는 나의 창조물이고, 또한 나는 그것을 **초월**하기도 한다.

　그렇다면 이러한 관점에서 포착된 서약집단의 존재론적 지위는 어떤 것인가? 먼저 어떤 경우에도 이 집단은 단어의 절대적이고 유기체적 의미에서 '전체성'과 합치할 수 없다는 점을 지적하자. 이러한 시각에서 보면, 이 집단은 조직이 아니다. 이 집단 안에서 내재적 통일이 가능하다면, 이 집

---

42 Jean-Paul Sartre, *Critique de la raison dialectique*, p.564.

단은 조직이 될 수 있다. 스피노자에게서 양상이 실체 속으로 녹아드는 것처럼, 개인들이 집단 내로 '녹아든다면' 말이다.[43] 조금 전에 맹세한 개인들은 집단 안에 있음과 동시에 밖에 있다는 사실을 지적했다. 그런데 서약집단에서는 그 이상이다. 이제 집단 밖에 있는 한에서만 개인들은 집단 안에 있을 뿐이다. 스스로를 '동등자'로 만들기 위해서는 '타자'이어야 하고, 또한 각자가 '동등자'가 되는 것은 '타자'로서일 뿐이다. 어떤 면을 들추어 보더라도 개인은 항상 '제외된 제3자'임과 동시에 자신의 **분신**이기도 하다.[44] 이렇게 해서 서약집단에서는 **존재론적 합일**, 내재성의 통일은 결코 실현되지 못한다. 이 집단에 대해 전체성을 말할 수 있다. 하지만 이 경우 문제가 되는 것은 **탈전체화된** 전체성일 뿐이다. 그러니까 항상 해체되는 중에 있는 전체성일 뿐이다.

　이와 같은 사실을 토대로 보면, 하나의 융화집단이 점차 와해되는 이유는 분명해진다. 이 집단은 심한 모순으로 찢기어져 있다. 한편으로 이 집단은 유기적 통일체가 되려는 성향이 있다. 왜냐하면 유기적 통일체는 이 집단의 실천에 의해 요청되기 때문이다(모든 사람이 '유일한 한 사람처럼' 행동해야 하며, 개인들은 '동등자들'이 되어야 한다 등). 다른 한편으로 이 집단은 유기적 지위에 도달할 수 없다. "다양성의 내재화는 영원히 행해져야 하지만, 또한 그것은 실패일 수밖에 없다."[45] 바로 거기로부터 개인과 단체 사이의 악화될 수밖에 없는 모순이 기인한다.[46] 각자인 '제외된 제3자'와 그의 **분신들**에 다름 아닌 대중 사이의 갈등이 그것이다. 하나의 집단에 대해 개

43 이 표현은 사르트르 자신의 것이다.
44 Ibid., p.565.
45 Ibid., p.534.
46 Ibid., p.567.

인을 **비본질적인** 것으로 만들려는 노력을 경주하면 할수록, 개인의 매개는 그 노력 자체의 가능성의 조건으로서 더욱더 **본질적인** 것으로 나타나게 된다. 이처럼 "집단은 행동하기 위해 스스로를 만들어 가며, 스스로를 만들어 가면서 스스로 와해되어 간다".[47] "의식(儀式)적인 인정과 통합의 영원한 실천을 통해 집단은 집렬체로의 해체 위험과 끊임없이 투쟁한다. 그런데 각자에게서 그 자신의 집단-내-존재를 계속적이고 잠재적인 분리로서, 다른 제3자들을 분리의 영원한 위험으로 체험하고 유발시키는 것은 바로 이와 같은 계속되는 투쟁이다."[48]

통합과 분리의 이와 같은 변증법을 통해 우선 **공포**가 나타나게 된다. 각자는 집단의 통일을 지키기 위해 스스로 숙청자가 될 것이다. 그러나 준주권적 이타성으로서의 숙청자는 자기 자신을 미래의 피숙청자로 지목하게 된다.[49] 이렇게 해서 구성원들 모두가 의심의 대상이 되며, 초기의 형제애는 이 집단 전체의 불신으로 변하게 될 것이다. 그러고 나서 이 집단의 존재론적 통일의 불가능성을 상징하는 **제도화** 단계로 접어들게 된다. 지금까지 헛되게 추구되었던 통일을 실현하기 위해 개인들은, 이제 단독으로 '본질적인' 초월적 하부-집단을 위해 그 자신들의 준주권을 포기하게 된다. 그러나 이 하부-집단은 그것대로 통합과 분리의 변증법에 사로잡히게 된다. 따라서 이 하부-집단 역시 제3의 주권자에게 스스로를 내맡기게 되는 결과가 발생하게 된다. 이 제3자가 바로 **지도자**가 된다. '모든 매개의 매개'로서의 지도자는 "초월 불가능한 조정자"[50]가 된다. "제도화된 집단, 즉

---

47 Jean-Paul Sartre, *Critique de la raison dialectique*, p.573.
48 *Ibid.*, p.569.
49 *Ibid.*, p.578.
50 *Ibid.*, p.591.

이 집단의 구성된 이성, 그리고 이 집단의 모방되고 이미 집렬체에 의해 침윤된 변증법은, 주권자의 실천적 통일에서 스스로를 구성하는 이성으로 포착하게 된다."[51]

이렇게 해서 초기의 **연합의 계약**은 더 이상 지속되지 못하게 된다. 내적 모순으로 인해 그 의미가 쇠퇴한 이 계약은 빠르게 **복종의 계약**으로 전환된다. 모든 이들의 공동-주권은 한 사람의 주권자에게 자리를 내어 주게 된다. 왜냐하면 타자들은 객체의 항으로 떨어져 버리기 때문이다. 분명 이 '객체들'은 서로 '연결되어' 있을 것이며, 또한 이것들은 계속 '집단화'될 것이다. 다만 이 '집단화'는 이 집단의 내부에서 행해지는 것이 아니라 외부에서 행해진다. 이 집단의 개인들 서로를 '매개하며', 또한 그들을 자기에게 '복종시키면서' 그들을 '지휘하는' 자는 바로 특수기관(예컨대 국가, 국가의 주권자)이다. 거기에서 통일은 단지 권위의 상관자일 뿐이다.[52]

서약집단은 스스로 초조직이 되고자 한다. 그리고 이를 위해 이 집단은 그 내부에서 다수의 개별적 유기체들을 해체하려 한다. 그러나 개별적 유기체들은 **초월 불가능**하다. 사회적 '전체성'으로의 개인들의 용해는 '이성의 이상'일 수밖에 없으며, 또 실제로도 그렇다. 다시 말해 그것은 실현 불가능한 이상일 뿐이다. 이처럼 집단도 복종을 위해 연합을 포기하게 된다. 사실 복종을 통해 전체화의 문제는 간접적으로나마 해결된다. "공포의 책임자"[53]인 전제 군주 안에서, 그리고 그에 의해, 집단은 그 자체를 개인과 같은 자로 포착하며, 또한 스스로를 유기적 기관으로 포착하기도 한다. 물론 여기에서 통일은 **투사적**일 뿐이다. 다시 말해 이 통일을 집단에게 보여

---

51 *Ibid.*, p.596.
52 *Ibid.*, p.599.
53 *Ibid.*, p.600.

주는 자는 바로 **타자**이다. 이렇게 해서 군주적 제도는 집단 내에서와 마찬가지로 집단화의 **실패**를 상징한다.[54] 그러나 이 실패는 부득이한 수단, 곧 임시변통이다. 전제 군주가 없다면 집단은 곧장 분자적 분산 속으로 사라져 가거나 혹은 **집렬체성**으로 녹아들 것이다. 전제 군주는 그 내부에서, 그리고 존재론적으로 "공동 존재"[55]의 불가능성을 나타내는 한편, 집단의 와해 과정을 '막는' 자이기도 하다. 요컨대 집단은 전제 군주의 매개 덕으로 살아남게 되는 것이다.

요약하자면 이 모든 과정이 사르트르에 의해 전개되고 있는 융화집단의 해체 과정이다. 이제 이 과정에 대해 몇 가지 설명을 덧붙이도록 하자.

먼저 사르트르가 제도화와 '대중화'(또는 '집렬체화') 사이를 연결시키는 관계에 주목해 보자. 사르트르가 보기에 제도는, 개인들이 그들 사이에서 더 이상 **소통하지** 못할 때, 따라서 그들을 통일시키기 위해 **매개**가 요구될 때 나타난다. 융화집단에서 각자는 각자에게 있어서 **동등자**이다. 그 어떤 '의심'도 개인들의 관계에 영향을 주지 못한다. 융화집단은 '공동 자유'에 의해 지배되며, 구속 없는 순수한 역동성에 의해 지배된다. 하지만 앞에서 지적한 대로 이 융화집단은 **예외적** 특징을 가지고 있다. 이 집단은 빠른 속도로 퇴조하게 된다. 다시 말해 이 집단의 **내부**에서 공동 자유 획득의 바탕이 되었던 소외와 '의심'이 다시 나타나게 된다. 이 집단에 속하는 개인들은 서서히 집렬체적 무기력으로 빨려 들어가게 되며, **그 순간부터** 제도가 나타나게 된다. 제도의 기능은 이 집단의 완전한 와해를 막는 것이다. 따라서 이 집단의 주권성은 그 구성원들의 집단적 **무기력** 위에 정립되는 것이

---

54 Jean-Paul Sartre, *Critique de la raison dialectique*, p.630.
55 *Ibid.*, p.600.

다. 집단의 자유가 표현되기 위해 제도는 필요 없다. 역으로 제도가 있다면, 그것은 이미 자유가 사라졌기 때문이다.

이제 사르트르가 민주국가 개념을 '신비화된' 것으로 규정하면서 내동댕이친다고 해도 그리 놀라운 일이 아니다. 실제로 사르트르의 관점에서 보면 민주국가에 대해 말한다는 것은 아무런 의미를 갖지 않을 수도 있다. "국가라고 불리는 것은 어떤 경우에도 사회적 개인들의 전체성의 산물이나 표현으로, 심지어는 그들 다수의 산물이나 표현으로 여겨질 수 없다. 왜냐하면 이 다수는 어쨌든 집렬체 상태에 있고, 또한 이 다수는 보다 규모가 큰 집단을 위해 집렬체로서의 자신들의 상태를 청산해 나가면서만 그들의 필요와 요구 사항을 표현하기 때문이다. …… 보다 더 규모가 큰 집단의 수준에서 이타성이 스스로를 해체하면서 공동의 현실처럼 구체적 목표나 필요를 구성하게 된다. 그리고 주권자에게서 구현되게 될 국민주권의 개념의 신비화가 나타난다. …… 주권은 집단의 구성원들에게서 주권자에게로 올라가는 것이 아니다. 그러기는커녕 (명령, 통일에 대한 망령, 자유의 합법성으로서의) 이 주권은 구성원들이 갖는 수동성의 구조를 변화시키지 않은 채 집단을 변형시키기 위해 주권자로부터 내려오는 것이다."[56] "국가와 구체적 사회관계는 아무리 좋은 경우라고 해도 이질적 조절(hétéroconditionnement)을 벗어나지 못한다."[57]

사르트르는 선거제도를 비판한다. "그 어떤 선거제도든 유권자 전체는 이 선거제도를 통해 외적 조절(extéroconditionnement)[58]의 대상이 되

---

56 *Ibid.*, p.609.
57 *Ibid.*, p.624.
58 사르트르는 이 개념을 미국의 사회학자들로부터 받아들이고 있다. 이 개념을 이해하기 위해 '내'가 베스트셀러가 된 책을 구입한다고 가정해 보자. 이 경우 다음과 같은 두 가지 가능성을 고려할 수 있을 것이다. 우선, '내'가 그 책을 '나'의 자유로운 판단과 결정에 의해 구입하

는 수동적 물질로 구성된다. 그리고 당선자들의 명단도 국가의 의사를 대변하지 못한다. 마치 가장 잘 팔리는 음반이 고객들의 취향을 대변하지 못하는 것처럼 말이다."[59] 이처럼 선거를 통해 당선되었든 그렇지 않든 간에 모든 정부는 "공동체의 구성원들을 집렬체화하는 신비화의 주체이다. 권력은 집렬체적 수동성에 의해 전달된다. 다시 말해 저기 국무회의에서 이루어지고 있는 유권자로서의 우리의 통일은 우리에게 어쨌든 무한한 이타성을 가리키고 있는 것이다".[60]

『변증법적 이성비판』에서 사르트르는 혁명적 의식을 갖기를 호소한다. 사르트르는 이미 정립된 제도를 일소하는, 그리고 모든 사람에 의한 모든 사람의 통치를 가능케 해주는 융화집단을 찬양한다. 하지만 사르트르는 지속이라는 면에서 이와 같은 융화집단의 통치에 대해 아무런 환상도 가지고 있지 않다. 사르트르에게 있어서 연합은 불안정한 구조이다. 단지 복종만이 살아남을 수 있다. 이처럼 전격적인 전복에 의해, 그러나 궁극적으로는 이해 가능한 전복에 의해 사르트르는 독재를 정당화하기에 이른다. 모든 국가는 독재적이다. 그런데 어떤 집단도 국가화의 필요성에서 벗어나지 못한다. 따라서 독재는 불가피하다. 이러한 상황에서 사르트르가 집단의 "수난"(passion)[61] 과정에 할애한 『변증법적 이성비판』의 250여 쪽

는 가능성이다. 이 경우에 '나'는 '나' 자신에 대해, '내' 행동에 대해 주권적인 상태에 있다. 그다음으로 '내'가 '내' 주위에 있는 '타자들'의 행동으로부터 영향을 받아 그 책을 구입하는 가능성이다. 이 경우에 '나'는 '나' 자신과 '내' 행동에 주권적 상태에 있지 못하고, '외부'로부터 '조절'되는 상태에 있다. 사르트르는 이처럼 '내'가 '나' 자신의 행동에서 '나'와 같으면서도 '나'와 다른 위상을 가지고 있는 타자들, 즉 이타성의 지배하에 있으면서 '집렬체'의 구성원들이 되어 있는 타자들의 영향을 받는 상태를 '외적 조절'로 규정하고 있다. — 옮긴이
59 Jean-Paul Sartre, *Critique de la raison dialectique*.
60 *Ibid.*, p.387.
61 *Ibid.*, p.383.

이 스탈린주의[62]에 대한 회고적 정당화로 끝나고 있다는 사실은 그다지 놀 랄 만한 것이 못 된다.

하지만 더 멀리 가 보아야 한다. 사르트르가 **연합의 계약**에 대해 가지 고 있는 이와 같은 비관주의는 대체 어디에서 기인하는가? 왜 사르트르는 **복종의 계약**이 불가피하다고 판단하는가? 물론 이것은 앞에서 살펴본 것 처럼 연합의 수준에서는 개인-사회의 갈등이 '극복 불가능'하기 때문이다. 하지만 왜 이와 같은 갈등은 극복 불가능한가? 여기에서 우리는 문제의 핵 심에 가닿게 된다.

조금 전에 처음으로 암시를 한 것처럼, 사르트르의 비관주의는 결정적 으로 그 스스로가 만들어 가고 있는 통일 개념에서 연유한다. 사르트르에 게는 단 하나의 형태의 통일만이 가능하다. 그것이 바로 개별적 유기체에 서 그 좋은 예를 볼 수 있는 통일, 즉 전체성이다. 사르트르에게 있어서 통 일된다는 것은 스스로 전체화되는 것, 자기 안에 모든 이타성, 모든 다양성 이 녹아 와해되는 것을 의미한다. 스피노자가 말하는 양태들이 실체에 녹 아드는 것처럼, 부분들이 전체에 녹아들어야 하는 것이다.

이러한 관점에서 보면 사르트르에게서 집단의 문제는 아주 단순하게 제기된다. 모든 것이 다음과 같은 문제로 환원된다. 즉 집단은 어느 정도까 지 개인들을 그 안에 **용해**할 수 있을까? 집단은 어느 정도까지 **그 스스로** 개 인이 될 수 있을까? "집단은······ 자기 존재 안에서 활동하는 통합적이고 명 증적인 통일을 추구한다. 다시 말해 그 유기체가 그 유일한 예가 되는 그런 통일을 말이다."[63] 하지만 앞에서 보았듯이 집단은 스스로 통일을 추구하

---

62 "역사적 경험에 의해 의심할 여지없이 형성 중인 사회주의 사회의 첫번째 계기는, 권력의 추 상적인 차원에서만 고려한다면, 관료주의, 공포, 개인숭배의 용해 불가능한 덩어리일 수밖 에 없다는 사실이 드러난다"(*Ibid.*, p.630).

기 때문에, 이 통일을 부인한다. 결국 집단은 '실패'이다.[64] 그리고 이 집단이 기댈 곳은 주권자이다. 실제로 주권자는 존재론적으로 불가능한 집단의 통일을 "모든 사람들의 개별적이고 유기체적 통일의 단 한 사람에게서의 통일"로서 구현한다.[65]

사르트르는 개인(그 자체로 하나의 유기체)[66]과 대비해서 집단의 특수한 성격으로서의 **조직**을 여러 차례에 걸쳐 환기하고 있다. 하지만 사르트르의 의도는, 오히려 조직이 그것 **자체로는** 아무것도 아니라는 사실, 이 조직 안에서는 모든 것이 개인을, 현실적으로 유일하게 **구성하는** 이성인 개인을 가리킨다는 것을 보여 주는 데 있다. 이와 같은 조직 개념은 『판단력비판』의 2부에서 칸트가 말하고 있는 개념과는 아무런 공통점도 없다. 칸트는 조직(예컨대 국가 조직)에서 개인들은 수단이며 동시에 목적이고, 또한 상대적이며 동시에 절대적이라는 것을 보여 주고 있다. 하지만 사르트르에게는 다음과 같은 두 가지 가능성만이 있을 뿐이다. 개인들은 수단이거나(여기서 목적은 집단이며, 보다 정확하게는 이 집단이 구현된 유기체적 전체성으로서의 집단이다), 아니면 목적이다(그러나 이 경우에는 집단은 존재하지 않는다). 사르트르에 의하면 조직은 그 자체의 고유한 목적을 가지고 있는, 그 자체만의 특수한 변증법을 정초해 내는 하나의 실체가 아니다. 그것은 개인들에 의해서, 그리고 그들 안에서만 살아갈 뿐인 "타성태적 뼈다귀"[67]에 불과하다.

우리가 방금 자세하게 분석한 부분에서 사르트르가 전개하고 있는 추

---

63 Jean-Paul Sartre, *Critique de la raison dialectique*, p.552.
64 *Ibid.*, p.533.
65 *Ibid.*, p.599.
66 *Ibid.*, p.433.
67 *Ibid.*, p.486.

론을 재론할 필요는 없다. 사르트르는 한 집단이 초집단이 되고자 할 때 발생하는 현상들이 어떤 것인지를 잘 보여 주고 있다. 그 즉각적인 결과는 정확히 타자로서의 타자가 선험적으로 의심의 대상이 된다는 것이다. 물론 모든 사람이 동등자가 되는 것이 이상적이다. 하지만 그렇게 되면 배반이 전체에 퍼질 수밖에 없을 것이다. 왜냐하면 실제로는 그 누구도 누구를 닮지 않았기 때문이다. 비록 내가 공간적으로 타자와 분리되어 있고, 그와 내가 둘을 이루기 때문이라고 해도 그렇다. 이처럼 동지애[68]는 아주 빠르게, 그리고 어쩔 수 없이 공포의 얼굴을 갖게 된다. 집단의 구성원들은 그들의 완전한 조화를 원했다. 하지만 이들의 바람은 만인에 대한 만인의 전쟁을 낳는 경향으로 흐르게 된다. 앞에서 살펴본 대로 카뮈는 『반항하는 인간』에서 이와 같은 '찬성에서 반대'를 현대 혁명의 전형으로 기술하고 있다.

하지만 카뮈는 그것을 기술하기만 했다. 카뮈는 전체성이라고 하는 이 상향을 목표로 삼지 않았다. 카뮈와 달리 사르트르는 그렇게 했다. 사르트르는 개별성의 융화를 꿈꾸었고, 차이들의 제거를 원했던 것이다. 사르트르의 모델은 (그의 자유가 타인의 자유와 일치하는 한에서) 각자의 자유가 존중되는 칸트적 공화국이 아니었다. 사르트르의 모델은 오히려 바스티유 감옥을 탈취하는(혹은 겨울궁전을 탈취하는) 군중이었다. 하지만 군중은 순수한 실천이며, 이 실천이 지속되려면 조직되어야 한다. 하지만 어떻게 조직되는가? 사르트르가 제시하는 방식은 융화집단의 여러 특징이 구조화되는 방식이다. 즉 만장일치, 단일성, 투명함 등이 그것이다. 하지만 바로

---

68 원어는 'fraternité'이다. 이 책에서 이 단어는 카뮈의 경우에 주로 '형제애'로, 사르트르의 경우에 주로 '동지애'로 옮겼다. 물론 이렇게 한 것은 그들 각자가 이 단어에 부여한 의미상의 차이가 있어서가 아니다. 다만 사르트르의 『변증법적 이성비판』을 우리말로 옮기면서 이 단어를 '동지애'로 옮겨 그 일관성을 유지하기 위해 그렇게 한 것이다. — 옮긴이

거기에 용어상의 모순들이 자리한다. 물론 사르트르는 이 사실을 잘 알고 있다. 차이들만을 조직할 뿐이고, 또 이 차이들만이 조직되어야 하는 것이다. 초조직, 전체성이어야 할 조직은 기껏해야 이성의 이상일 뿐이다. 이타성을 거절한다면, '융화집단'에 대해 계속해서 꿈을 꾼다면, 그때는 하나의 해결책만이 있을 뿐이다. 독재자에게 호소하는 것이 그것이다. 사실 독재자는 불가능한 전체성으로서의 집단의 **구현**이며 상징이다. 이 독재자에게서, 그리고 그에 의해서 차이들이 극복될 것이고, 또 이타성은 동등해지게 될 것이다.[69]

---

69 **복종의 계약**은 때로는 찬양할 만한 것이고(스탈린), 또 때로는 개탄스러운 것이다. 개탄스러운 복종의 계약의 예를 보자. 1958년 9월, 그 당시 각의(閣議) 의장이었던 드골 장군은 프랑스에 새로운 헌법을 제안했다. 이를 위해 그는 국민투표를 실시했다. 우선 사르트르가 정부의 대표를 어떻게 묘사하고 있는지를 보자. "칸이 나뉘어지고, 철책, 격벽, 장애물이 드리워진 이 나라에서 국민 각자는 이웃들과 뼈다귀를 다투고 있다. 갑작스럽게 만장일치-인간이 나타난 것이다"(Jean-Paul Sartre, *Situations V*, p.113). 그리고 나서 사르트르는 앞으로 있을 선거의 결과를 분석하고 있다. "만약 우리가 드골에게 투표를 한다면, 좌파와 우파는 그의 왼쪽, 오른쪽 귀와 마찬가지로 단합을 하게 될 것이다. 대자본가와 시골 사람들이 그의 이마와 발바닥처럼 단합을 할 것이다. 많은 프랑스인들은 이웃을 미워한다. 하지만 그들은 드골 안에서는 이웃을 좋아한다. 모든 사람들이 이 거대한 실체 안에서 하나가 될 것이다. 이 실체의 유기적 비용해성은 가장 높은 정도의 사회 통합을 상징하는 것이다." 그리고 사르트르는 이렇게 덧붙이고 있다. "그처럼 많은 독재자를 겪은 후에 이와 같은 신비스러운 융합에 의해 우리들의 불일치를 진정시키지 못한 채 덮어 버리는 것을 사람들이 어떻게 알지 못하겠는가? 현재의 진정한 대립들이 단합을 불가능하게 만들고 있는 이 시기에, 한 나라가 한 사람에게 단합의 고통스러운 욕망을 투사하고 있다는 사실을 사람들이 어떻게 알지 못할 수 있는가?"(*Ibid*., pp.113~114). 드골이 주도한 국민투표에 대한 위의 분석을 읽으면서, 우리는 「스탈린의 망령」에서 사르트르가 개인숭배에 대해 하고 있는 기술(記述)을 생각하지 않을 수가 없다. 그러나 다음 구절은 사르트르의 생각을 더 잘 보여 주고 있다고 할 수 있다. "많은 사람들은 벌써 3세기 전에 했던 홉스의 다음과 같은 말을 반복할 수 있을 것이다. '내 삶의 유일한 열정은 공포였다.' 공포와 무기력, 무기력에 의한 공포, 공포에 의한 무기력, 이 모든 것이 우리를 이번 국민투표에서 무기력과 공포를 선택하게끔 하고 있다. …… 일요일에 찬성표를 던질 자들은 부끄러움 없이 자신들의 공포를 드러내게 될 것이다. 착한 주님의 도움과 보호의 대가로 그에게 그들의 사랑과 신앙을 제공하면서 말이다. 그들은 그들의 무기력함을 인정함과 동시에 그의 힘을 절대화하게 될 것이다. 바로 이것이 거대한 효과이다"(*Ibid*., p.136). 이처럼 사르트르의 정치사상의 한복판에 **복종의 계약** 문제가 있는 것이다.

* * *

결국 사르트르에게 있어서 모든 혁명의 운명은 공포이다.

이처럼 **복종의 계약**이라는 주제와 유사한 주제, 그리고 이 주제와 긴밀한 관계를 맺고 있는 또 하나의 중요한 홉스적 주제가 『변증법적 이성비판』에서 나타나는데, 그것이 바로 만인에 대한 만인의 전쟁이라는 주제이다. 사르트르에게 있어서 실천으로서의 혁명적 이상은 필연적으로 홉스적 의미에서의 자연상태의 부활, 다시 말해 일반화된 죽음의 투쟁에 이르게 된다.

하지만 만인에 대한 만인의 전쟁이라는 주제에 대한 사르트르의 연구는 거기에서 멈추지 않는다. 실제로 『변증법적 이성비판』 전체가 이 주제에 의해 지배되고 있다. 주지의 사실이지만, 사르트르는 이 저서에서 마르크스적 '앎', 특히 이 '앎'의 주된 요소인 계급투쟁에 대한 '추론'을 하고 있다.[70] 그런데 이를 위해 사르트르는 마르크스처럼 잉여가치를 참조하는 것이 아니라 **희소성**의 법칙을 참조하고 있다. 사르트르에게 있어서 희소성은 인간들의 욕구와 비교해서 이용할 수 있는 자원들이 부족하다는 지구상에서의 근본적 사실, 모든 것이 그것으로 수렴되고 또 그것으로부터 모든 것이 파생되는 근본적 사실이다.

이처럼 사르트르는 홉스와 아주 유사한 개념을 정립하기에 이른다.[71] 실제로 희소성이 근본적 사실이라면, 인간은 **본성상** 인간에 대해 늑대라는 결론이 도출되기 때문이다. 분명 희소성은 **그 자체로** 우연성을 지닌 그 무엇이다. 그러나 이 우연성은 희소성이, 더 정확하게 말해 희소성에 대한 투

---

70 이 책의 2부 결론의 보론 2(233쪽)를 참조하라.
71 레이몽 아롱이 시도한 접근이다. Raymond Aron, *Marxismes imaginaires*, p.177을 참조하라.

쟁이라고 하는 것이, **우리** 인류의 역사를 지배하고 있다는 사실로부터 아무것도 앗아가지 못한다. 이렇게 해서 타자는 나에게 필연적으로 **적**이 된다. 타자의 욕구는 나의 욕구에 **대립된다.** 그 결과 갈등의 상황이 존재하게 되며, 이것이 인류의 행동의 기본 여건이다.

사르트르는 『변증법적 이성비판』의 1권 전체를 이와 같은 원초적 갈등에 할애하고 있다. 사르트르는 정확히 이러한 상황에서 그 유명한 '실천적 타성태' 개념을 분석하고 있다. 그렇다면 이 '실천적 타성태'는 어떤 개념인가? 그 명칭이 이 물음에 대한 해답을 주고 있다. 타성태로 고정되어 버린 실천, 필연성으로 전환된 자유가 그것이다. 희소성이 지배하는 상황에서 각자는 그 자신의 행동이 그를 겨냥해 되돌아오는 것을 목격하게 된다. 모든 것은 마치 악마적인 힘이 그 자신의 자유를 그 한복판에서 이탈시키고 변질시키며 소외시키기 위해 은근히 개입하는 것처럼 진행된다. 그리고 실제로 이와 같은 현상이 현실에서 발생한다. 또한 이 악마적인 힘은 개인들의 실천 전체로부터 유래한다. 실제로 이 실천들은 그 자체로 하나의 법칙을 만들어 간다. 그런데 이 법칙의 엄격함은 자연의 법칙에 그 어떤 것도 양보하지 않으며, 이 법칙을 있게끔 한 개인들을 겨냥해 **되돌아온다.** 이처럼 개인들은 행동한다는 사실 그 자체로 인해 그들 서로가 서로에게서 소외되는 경향이 있다고 할 수 있다. 결국 각자는 타인의 노예인 것이다. 이것은 정확히 각자 자신의 행동이 **타인처럼** 자기에게 돌아오는 것을 목격하는 한도에서 그러하다.

물론 구체적 현실에서 실천적 타성태는 **순수한** 상태로는 존재하지 않는다. 이 점에 대해 사르트르의 입장은 분명하다. 분산된 질서 내에서 서로가 서로와 그 어떤 종류의 관계도 맺지 않고 행동하는 개인들에 대해 사르트르가 그리고 있는 도식은 **본질적으로 추상적** 성격을 가지고 있기는 하다.

사실 개인들은 당, 압력단체, 특히 **국가** 등과 같은 조직의 범위 내에서 행동할 뿐이다. 이처럼 실천적 타성태에 불과한 각 개인의 실천에 대한 부정은 항상 스스로 한정된 것으로 나타난다. 그런데 이와 같은 한정은 그 효과라는 면에서 **집단**에 의한 실천, **집단적** 실천에 불과한 반(反)**반실천**에 의해 이루어진다. 그러나 정확히 이러한 관점에서 집단의 **존재이유**가 어떤 것인지를 알 수 있다. 집단의 존재이유는 바로 **실천적 타성태에 대한 저항**에 있다. 이와 **같은 것**으로서의 실천적 타성태는 '삶의 불가능성'이다.[72] 집단은 반대급부적으로 이 '삶의 불가능성에 대한 과격한 부정'으로 스스로를 구성한다.[73] 집단은 자유를 부정하는 필연성에 대한 자유의 응답이다. 이 필연성의 한복판에서, 그리고 이 필연성에 대항해서 자유는 스스로를 **사회적** 실천으로 창조한다. 이것이 바로 희소성이 지배하는 세계에서 자유를 위해 **실존**할 수 있는 유일한 방법이다.

모든 개연성을 따져 보아도 사르트르가 『변증법적 이성비판』을 집필할 때 홉스를 염두에 두고 있었다고는 할 수 없다. 그러나 '삶의 불가능성'으로서 사회적 실천을 가리키는(또한 그렇게 함으로써 그 원초적 기능을 알아볼 수 있게 하는) 이 실천적 타성태의 변증법이, 정확하게 홉스의 자연상태의 변증법과 같은 것이라는 점은 조금만 생각해도 알 수 있다. 결국 『변증법적 이성비판』 1권은 홉스가 다룬 중요한 주제를 다시 거론한 것에 다름

---

72 사르트르에 의하면, '실천적 타성태'에 의해 지배되는 것이 '집렬체'이며, 이 집렬체의 구성원들 사이의 관계는 갈등으로 귀착될 수밖에 없고, 따라서 그들이 이 집렬체에서 누리는 삶은 지옥과도 같은 것으로 여겨진다. 이와 같은 삶이 극단화될 경우 이 집렬체의 한 부류의 사람들(사르트르는 이들을 피지배 계급, 피억압 계급으로 규정하게 된다)은 더 이상 삶을 영위할 수 없는 상태에 직면하게 되고, 이와 같은 상태에서 그들이 주축이 되어 그러한 상태를 부정하는 과정이 곧 '혁명'으로 이어지고, 또한 이 혁명의 초기 상태에서 '융화집단'이 형성되는 것으로 이해된다. — 옮긴이

73 Jean-Paul Sartre, *Critique de la raison dialectique*, p.377.

아니다. 주지하다시피 홉스가 다룬 주제란 바로 자연상태에서 문명상태로의 이행이다. 물론 사용하는 용어나 관점은 다르다. 하지만 본질적인 면에서 생각해 보면 사유는 동일하다. 홉스와 마찬가지로 사르트르도 자연상태(前前사회상태)를 만인에 대한 만인의 투쟁으로 정의한다. 그런데 이렇게 정의된 자연상태는 그 **자체로** 살 수 없음을 나타낸다. 자연상태는 **추상**일 수밖에 없다. 다만 이와 같은 추상화 작업은 다음과 같은 하나의 의미를 가지고 있다. 이 추상화 작업을 통해 거꾸로 문명상태의 존재이유가 마련된다는 것이 그것이다. 문명상태의 존재이유는 개인에게 **안전**을 제공하는 데 있다. 요컨대 부정의 부정을 통해 인간의 삶의 불가능성이 부정되는 것이다.

그러나 여기에서 **복종의 계약**이 다시 발견된다. 사르트르는 왜 전체성을 사회적 통일이 가능한 유일한 도식으로 삼았는가(앞에서 살펴본 것처럼 이를 통해 전제주의에 찬사를 보내면서 말이다)? 이제 그 답이 분명해졌다. 그것은 사르트르가 자연상태를 만인에 대한 만인의 투쟁으로 정의했기 때문이다. 사실 이와 같은 가정하에서 보면, 사르트르에게서 사회적인 것은 **전체주의적** 방식으로밖에 생각될 수 없다. 만약 **타인**이 현실적으로나 잠재적으로 **적**이라면, 그리고 자연상태를 극복하기 위해 노력한다면, 이 타인은 반드시 나와 **동등자**가 되어야만 한다. 물론 타인은 절대로 나와 **동등자**가 아니다. 따라서 전체성은 하나의 신화일 뿐이다. 그렇다면 방책을 찾아야 하는데, 이 방책이 바로 전제 군주의 인격 안에서, 그리고 그것에 의해서 이루어지는 통일-전체성의 **투사적** 실현으로서의 복종의 계약인 것이다.

『변증법적 이성비판』에서 전개되고 있는 사르트르의 정치철학의 전체적 의미는 이제 분명하게 드러난다. 희소성은 본질상 인간을 인간에 대해 늑대로 만든다. 하지만 본질상 인간이 인간에 대해 늑대라고 말하는 것은 당장에 자연상태의 **필연성**을 '삶의 불가능성에 대한 부정'으로 상정하는 것이다(이것이 『변증법적 이성비판』 1권의 주제이다). 그러나 자연상태를 필연적인 것으로 만드는 이유는 또한 인간의 삶의 가능성을 복종의 계약이라는 결론으로 유도하기도 한다. 왜냐하면 인간이 인간에 대해 늑대라면, 모든 이타성은 **사실 그대로** 적대성이며, 이 적대성을 없애기 위해서는 상호적으로 그 이타성을 제거하는 것이 중요하기 때문이다. 그런데 이와 같은 제거는 **투사적으로**(projectivement)밖에는 이루어지지 않는다. 따라서 전제자에게 복종해야만 하는 것이다(이것이 『변증법적 이성비판』 2권의 주제이다).

사르트르의 생각은 극단적으로 축약되어 있으며, 여기에서 제시되고 있는 해석은 하나의 도식에 불과하다. 그러나 이 도식은 사르트르의 정치 사유의 핵심을 잘 보여 주는 것으로 여겨진다. 앞에서 카뮈의 정치 사유는 직접적으로 '공화적'(이 단어의 칸트적 의미에서) 전통 위에 세워졌다는 점을 보았다. 즉 카뮈는 차이의 **제거**를 가정하지 않으며, 그것들의 **합일**을 가정하고 있다. 그 까닭은 카뮈에게 있어서 인간은 인간에 대해 **늑대**가 아니라 신이기 때문이다. 따라서 개인이 다른 사람과 다를 수 있다는 사실은 결코 위험한 것이 못 된다. 하지만 사르트르에게 있어서는 이 모든 것이 반대다. 자연상태에 대해 사르트르가 제시하고 있는 개념은 홉스의 비관주의와 연결되어 있다. 그로부터 사르트르의 반공화주의, **전체성**으로서의 사회적인 것에 대한 그의 비전, 전제주의에 대한 그의 찬사가 유래한다. 이 두 사람 모두 각자 그 나름대로 근거를 가지고 있는 것이다.

3장
"지옥, 그것은 타자이다"

1947년에 메를로퐁티가 창안한 '진보적 폭력' 이론은 다음과 같은 두 가지 기본적 주장에 의거한다. 하나는 비관적 주장이다. 현재의 상황에서 정치는 **테러적** 성격을 띨 수밖에 없다는 주장이다. 다른 하나는 낙관적 주장인데, 다소간 장기간에 걸쳐서 보면 테러리즘은 **휴머니즘**으로 변화될 것이라는 주장이다. 비관적 주장과 낙관적 주장을 이어 주는 것이 바로 진보적 폭력이라는 개념이다. 파시즘, 자유주의 등과 같은 테러의 또 다른 형태들과는 달리 공산주의의 테러는 그 자체를 뛰어넘을 수 있다는 것이다. 다시 말해 공산주의의 테러는 휴머니즘을 운반하며, 따라서 사람들은 거기에 편승해야 한다는 것이다.

사르트르에 대해 보자면, 지금까지 우리는 그가 가진 두 개의 날개 중에서 **첫번째** 날개만 강조를 한 셈이다. 사르트르는 **인간은 인간에 대해 늑대**라고 하는 홉스의 주장을 그대로 자기의 주장에 편입시켰으며, 이를 통해 그는 폭력의 제도화로서의 전제주의에서 국가의 정상적 형태를 보여 주고 있다. 홉스에게서와 마찬가지로 사르트르에게서도 선택은 무정부주의거나 아니면 전제주의거나이다. 다시 말해 만인에 대한 만인의 복종이거나 아니면 한 사람에 대한 만인의 복종이거나이다. 거기에 중간항은 없다.

그러면 사르트르의 또 다른 하나의 날개는 무엇인가? 『변증법적 이성비판』에서 사르트르는 진보에 대한 신념을 정당화하기 위해 무엇을 하고 있는가? 과연 사르트르는 이것을 정당화하는 데까지 나아가고 있는가?

이 문제를 살펴보기 위해 이번에는 간접적 방법에 의존하려 한다. 앞 장에서처럼 『변증법적 이성비판』을 정면으로 다루기보다는 사르트르의 전기 철학서, 특히 『존재와 무』를 참고하면서 시작하고자 한다. 이 저서에서 역사의 문제가 어떻게 제기되고 있는가, 그리고 먼저 이 문제가 제기될 수 있는 것인가를 살펴볼 것이다. 그러고 나서 그 결과들을 참고하면서 사르트르가 진보 개념과 다시 만난다고 할 때 제기되는 문제의 성격, 또는 이 개념을 정립했는지의 여부를 해결했다고 할 때 제기되는 문제의 성격을 규명하게 될 것이다. 이렇게 해서 『변증법적 이성비판』으로 다시 돌아오게 될 것이다.

이 장에서는 『존재와 무』에서 사르트르가 다루고 있는 타자와의 관계에 대한 그의 이론을 주로 살펴보게 될 것이다. 곧 보게 되겠지만, 이 이론은 『변증법적 이성비판』에서 사르트르가 같은 주제에 할애하고 있는 전제들과 유사한 점을 제공해 주고 있다.

다음 장은 특히 사르트르의 휴머니즘 문제에 할애될 것이다. 사르트르는 언젠가 『존재와 무』를 염두에 두고 "실존주의는 휴머니즘이다"라고 말한 바 있다. 이 표현은 애매하다. 이 표현의 의미를 정확하게 파악하기 위해서도 노력하게 될 것이다. 사르트르의 실존주의는 휴머니즘일 수 있다. 그러나 혁명적 휴머니즘과 같은 자격으로서 실천적 휴머니즘이 문제되는가? 이 문제는 당연히 제기될 만하고, 또 이 문제와 더불어 우리는 사르트르에 대한 논의의 한복판으로 들어서게 된다.

* * *

『닫힌 방』에서 "지옥, 그것은 타자[1]이다"라는 그 유명한 대사를 읽을 수 있다. 이 대사보다 덜 유명하기는 하지만 그래도 그에 상응하는 구절들이『존재와 무』에도 많이 나타난다. "나의 원초적 추락은 타자의 존재이다"[2], "타자는 나의 가능성들의 감추어진 죽음이다"[3], "우리는 스스로 타자에게 나타나는 한에서 그의 '노예'라고 할 수 있다"[4], "의식들 사이의 관계의 본질은 '함께 있는 존재'(Mitsein)가 아니라 갈등이다"[5] 등.

그럼에도 이 구절들의 정확한 의미를 포착하기 위해서는 조금 더 심층으로 내려가 보아야 한다.

타자와의 관계가 다루어지고 있는 곳이 바로『존재와 무』의 3부이다. 3부에 앞선 두 부에서의 논의에서 사르트르는 그의 인간학의 근간이 되는 여러 주제를 다루고 있다. 사르트르는 인간이 '즉자'가 아니고 '대자', 다시 말해 존재의 영원한 '무화작용', 계속되는 '초월'이라는 점을 보여 주고 있다. 사르트르에 있어서 인간은, 현재 있지 않은 것으로 있는 존재이며, 또 현재 있는 것으로 있지 않은 존재이다. 또한 인간에게 있어서 실존은 본질에 선행한다. 이와 같은 주장을 바탕으로 사르트르는 '대타' 문제를 다루고 있다. 대타 문제는 다음과 같은 두 문제를 포함하고 있다. 타자는 나에게 어떻게 나타나는가? 나는 타자와 어떤 종류의 관계를 맺을 수 있는가?

먼저 타자는 나에게 어떻게 나타나는가? 주지의 사실이지만, 이 문제

---

1 이 책에서는 사르트르의『존재와 무』에서 대타존재에 대한 논의에서는 주로 '타자'라는 역어를, 다른 경우에는 '타인'이라는 역어를 주로 사용했다. ── 옮긴이
2 Jean-Paul Sartre, *L'Être et le néant*, p.321.
3 *Ibid.*, p.323.
4 *Ibid.*, p.326.
5 *Ibid.*, p.502.

에 답을 하기 위해 사르트르는 **시선의 현상학**을 전개한다. 이를 위해 사르트르가 선택하고 있는 예는 '열쇠 구멍을 통해 방을 들여다보는 나'이다. 타자가 나를 기습한다. 사르트르의 주장에 의하면 이 기습은 나를 '심장부'에서 강타한다.[6] 지금까지 나는 '~로 향하는 도피'로서 내 스스로를 시간화하는, 즉자에 대한 순수한 무화작용이었다. 지금 하나의 시선이 나에게 주어졌다는 사실로 인해 이 계속되는 도피는 갑자기 즉자로 응고된다.[7] 여기에서 나는 객체로 존재한다. 그런데 나는 하나의 객체에 대해 객체가 될 수 없다. 나는 하나의 주체에 대해서만 객체일 수 있다.[8] 따라서 나로 하여금 타자의 시선을 감지케 하는 것은 바로 타자의 **주체성**이다. 타자가 그의 눈을 나에게로 향하고, 나에게 시선을 고정한다면, 그때 "나는 갑자기 나에게서 벗어나는 것으로서의 나에 대한 의식을 갖는다. 내가 나의 고유한 무를 정초하는 근거로서가 아니라 나의 존재 근거로서의 나의 외부를 갖게 되는 것이다. 나에게 있어서 나는 타자에게로의 순수한 이양일 뿐이다".[9]

이처럼 타자는 나에게 그의 시선을 고정시키면서 나에게 현전한다. 나를 객체로 발견하는 것과 타자-주체를 감지하는 것은 밀접한 관련이 있는 일이다.

그러나 타자에 의해 관찰된다고 느끼면서 이번에 내가 타자에게 시선을 되돌려 주면 무슨 일이 일어나는가? 당연히 상황이 뒤바뀌게 된다. 나는 타자-주체 앞에서 하나의 객체였다. 그러나 이제 나는 타자-객체 앞에서 주체로 있게 된다. 나는 '초월된-초월'에서 다시 '초월하는-초월'로 되

---

6 *Ibid.*, p.429.
7 *Ibid.*
8 *Ibid.*, p.314.
9 *Ibid.*, p.318.

돌아온다. 그러면 그 사이에 타자의 시선은 어떻게 되는가? 그의 시선은 간단히 사라져 버린다. 사실 "하나의 시선은 바라보여질 수 없다. 내가 시선에 대해 나의 시선을 돌릴 때, 그 시선은 사라지며, 나는 그의 두 눈만을 보게 된다".[10] 이처럼 내가 타자-주체를 만날 수 있는 것은 **객체**의 자격으로일 뿐이다. **주체**로서 나는 타자-객체에만 관련이 있다. 요컨대 내가 타자를 **바라보거나** 아니면 타자가 나를 **바라보거나** 둘 중의 하나이다.

앞에서 제기된 두번째 문제인 타자와의 원초적 관계의 문제는 곧 해결된다. 타자가 나에게 나타나는 방식이 두 가지 — 나를 즉자로 응고시키면서 주체로 나타나거나 아니면 타자의 '초월된-초월'로서 나타나거나 — 뿐이라면, 의식들 사이의 관계의 본질은 **갈등**일 수밖에 없다. 나에게 있어서 타자는 반드시 나를 소외시키는 자이거나 아니면 내가 소외시키는 자이거나 둘 중의 하나이다. 나와 타자 사이에는 주인과 노예의 관계가 아니라면 그 어떤 공존도 이루어질 수 없다. 나는 무한정 타자-객체에서 타자-주체로 보내지며, 그것도 상호적으로 그렇다. "경주는 결코 끝나지 않는다."[11]

서로 유한성으로 인해 '불안에 떨게끔' 운명 지워진 의식들 사이의 대립에 대해 사르트르의 논의는 고갈되지 않고 계속된다. 사르트르는 의식들 사이에 맺어지는 관계 하나하나의 출구를 막기 위해서 철저하게 노력한다. 사랑? 허망한 말이다. 주지의 사실이지만, 사랑한다는 것은 사랑받고자 함이다. 민주주의? 루소는 다음과 같이 말하고 있다. 타자를 해방시키는 것은, 그가 자유롭게 되도록 강제하는 것이라고 말이다.[12] "칸트의 도덕이

---

10 Jean-Paul Sartre, *L'Être et le néant*, p.448.
11 *Ibid.*, p.479.
12 *Ibid.*

주는 교훈에 따라 타자의 자유를 무조건적 목적으로 여기면서 내가 행동하기를 원한다면, 이 자유는 초월된-초월이 될 것이다. 내가 이 초월된-초월을 나의 목적으로 삼는다는 그 이유만으로도 그렇다. 다른 한편 타자-객체를 이 자유를 실현하기 위한 도구로 이용하는 한에서만 나는 그를 위해 행동할 수 있을 뿐이다."[13] 이처럼 내가 무엇을 하건, 나는 다음과 같은 모순, 즉 타자를 초월하든가 혹은 그에 의해 초월당하든가에서 벗어나지 못한다.[14]

그렇다면 사르트르는 헤겔의 '인정 욕망'을 모르고 있었을까? 결코 그렇지 않다. 다만 사르트르에게 있어서 이와 유사한 욕망은 원칙적으로 영원히 만족될 수 없는 것일 뿐이다. 그리고 이 욕망을 만족시키려는 모든 기도들은 실패할 수밖에 없다.

하나의 의식에 있어서 '인정된다는 것'은 타자에게 의식으로 나타나는 것을 의미한다. 그런데 사르트르가 지적하고 있는 바에 따르면, 하나의 의식이 어떤 방식으로든 타자에게 의식으로 나타나는 것은 부조리하다. 바로 거기에 개념상의 모순이 있다. 실제로 하나의 의식인 것에 대해 생각해 보자. "자기의식의 존재는 자기의 존재 속에 자기의 존재가 문제되는 방식으로 있다. 이것은 의식이 순수한 내면성이라는 것을 의미한다. 의식은 자기가 있어야 할 하나의 자기에로의 끊임없는 지향이다. 의식의 존재는 그 존재 방식에서, 그것이 있는 것으로 아니 있고, 아니 있는 것으로 있다는 사실에 의해 정의된다. 그러므로 의식의 존재는 모든 객체성의 근본적 배제이다."[15] 하지만 '바라보는 존재'로서 우리는 객체와만 연관이 있다는 것은

---

13 *Ibid.*
14 *Ibid.*, p.502.
15 *Ibid.*, pp.297~298.

분명하다. 따라서 결론은 이렇다. "대자는 타자에 의해 대자로 인지될 수가 없다. …… 타자는 나에게 나타나는 것처럼 그 자신에게 존재하지 않는다. 나는 내가 **타자**에게 나타나는 것으로 존재하지 않는다. 나는 내가 타자에게 존재하는 것처럼 나를 포착하는 것이 불가능하다. 이와 마찬가지로 내가 나에게 나타나는 타자-객체에서 출발해 타자가 자기에게 존재하는 것을 포착하는 것도 또한 불가능하다."[16]

사르트르에게 있어서 인정에 대한 문제를 제기하는 헤겔의 방식은 전혀 만족스럽지 못한 것이다. 헤겔은 의식의 진리가 나타나는 것, 다시 말해 인정되는 것을 방해하는 것은, 단순히 이 의식이 생에서 솟아나는 것이기 때문이라고 — 타자가 이 의식을 원초적으로 이런저런 '신체-대상'에 연결된 것으로 포착한다는 사실 때문이라고 — 생각한다. 그러나 사르트르는 헤겔이 전혀 다른 두 가지를 혼동하고 있다고 말한다. 하나는 생이고, 다른 하나는 객체성이다. 헤겔은 타자에게 타자로서 본질적인 것은 생이 아니라 객체성이라고, 다시 말해서 "타자는 나에게 있어서 객체이다. 그것은 그가 신체-대상으로 나타나는 것이 아니라 타자는 그냥 타자이기 때문"[17]이라고는 보지 않는다. 그런데 만약 "내가 타자에게서 그의 생과 자기의식의 순순한 **진리**를 언제든지 분리할 수 있다면"[18](타자가 죽음의 위험을 수락함으로써 이것이 자기에게는 불가능한 것임을 증명하는 것으로 충분하다), 나 또한 그의 객체성으로부터 그 진리를 쉽게 분리시킬 수 있는가? 분명 이 문제에 대한 답은 부정적이다. 실제로 하나의 의식이 인식되기 전에 존재하는 한에서, 그 의식에게 있어서 인식된다는 사실은 그 의식을 완전히 바

---

16 Jean-Paul Sartre, *L'Être et le néant*, p.298.
17 *Ibid.*, p.297.
18 *Ibid.*

꾸어 놓을 수 있기 때문이다.[19] 하나의 의식에게 객체로서 나타난다는 것은, 이미 그것이 의식이 아니라는 것을 말한다.

이처럼 헤겔과는 달리 사르트르는 인정 욕망을 **부조리**한 것으로 생각한다. 사르트르에 의하면 "나의 객체성으로부터는 타자에게 나의 초월을 보여 주는 길은 존재하지 않는다".[20] 죽음의 위험을 받아들이는 것과 타자의 생을 위험에 빠뜨리는 것은 어떤 문제도 해결해 주지 못한다.

헤겔에 반대하는 이와 같은 논의가 갖는 중요성은 아주 크다. 거기에서 실제로 제기된 문제가 바로 **역사의 문제**이다. 인정의 변증법으로서의 역사 — 혹은 이렇게 말한다면, 죽음의 투쟁의 자동제거 — 는 생각될 수 있는가? 결국 이것이 문제이다. 사르트르는 헤겔을 쫓아 원초적으로 타인과의 관계가 **갈등**이라는 사실을 주장하고 있다. 그럼에도 이 '갈등'에 대해 사르트르는 헤겔보다 훨씬 **과격한** 설명을 하고 있다. 사르트르에 의하면, 이 갈등을 설명해 주는 것은 사실 대자의 이중성 — 대타(인간 실재의 구성적 이원성) — 이외의 그 무엇이 아니다. 내가 타자의 시선 속에서 위험에 빠지는 것은, 내가 **나를 위해** 존재하는 것을 **타자를 위해서는** 존재할 수 없기 때문이다. 객체성과 소외 사이에 동등함이 존재한다. 그때부터는 인정의 자연 **변증법**이 아닌, 인정을 위한 **투쟁**이 있다는 것을 생각해 볼 수 있다. 죽음의 투쟁이 띠는 성격은 **순환성**이고 또 순환성일 수밖에 없다.[21] 미래는 막혀 있다.

물론 여기에서 사르트르는 왜 소외와 객체성을 동일시하는가를 물을 수도 있다. 사르트르에게 있어서 이 사실은 **증명**되었다기보다는 오히려 단

---

19 *Ibid.*
20 *Ibid.*, p.442.
21 *Ibid.*, pp.430, 478.

언되지 않았는가? 분명 나는 내가 나를 위해 있는 그대로 타자를 위해 존재하지는 않는다. 그러나 어떤 면에서 이 차이가 소외와 동일한가? 타자에 의해 보여졌다는 사실이 어떤 점에서 나를 필연적으로 모욕하는가? 여기에서 보다 깊이 다루어야 할 문제가 바로 수치의 문제이다.

그러나 이 문제를 살펴보는 길로 들어서기보다는(게다가 이 길은 여러 차례에 걸쳐 탐색된 길이다. 예컨대 사르트르와 사랑의 문제에 대한 쉬잔 릴라르의 훌륭한 저서를 생각하자[22]) 차라리 사르트르 자신의 텍스트에 대한 우리의 분석을 다시 취하고, 또 타자와의 관계의 순환성이라고 하는 것이 어떤 것인지를 상세히 살펴보도록 하자.

그 누구도 다른 사람에 의해 결코 인정을 받을 수 없다. 하지만 그 누구도 인정받기를 결코 포기하지 않는다. 이것이 근본적인 상황이다. 그렇다면 무슨 일이 일어나는가? 사르트르는 인정을 위한 투쟁의 여러 형태[23]를 탐구한다. 우선 사랑이 있다. 사랑을 하면서 사람들은 타자를 유혹하려 한다. 다시 말해 타자를 유혹해 서로 사랑하는 관계로 유도하려 한다. 이것이 인정을 위한 투쟁의 소위 가장 '순박한' 형태이다. 우리는 아직 문제가 어떤 것인지를 모르고 있다. 사람들은 소유된 자유는 더 이상 자유가 아니라는 사실을 알지 못한 채, 타자의 자유를 소유하려 한다. 환상은 한순간 지속될

---

22 Suzanne Lilar, À propos de Sartre et de l'amour, Paris, 1967. 특히 pp.103~169를 볼 것. 릴라르는 사르트르 사유에서 발생론적이고 청교도적인 주제의 중요성을 강조하고 있다. 가령 신체에 대한 거부, 섹슈얼리티에 대한 비난, '순수성'에 대한 절대적 의지 등이 그것이다. 소외와 객체성에 대한 동일화에 대해서는 이 책 2부 결론의 보론 1(231쪽)을 참조하라.

23 사르트르는 '나'와 '타자' 사이에 맺어지는 구체적 관계들로 '사랑-마조히즘-언어', 그리고 '성적 욕망-사디즘-무관심-증오'를 들고 있다. 사랑-마조히즘-언어는 타자의 주체성을 인정하면서 '내'가 '타자'와 맺는 관계이고, '성적 욕망-사디즘-무관심-증오'는 '내'가 주체성으로 있으면서 '타자'의 주체성을 빼앗으려는 관계이다. 사르트르에 의하면 이 모든 관계들이 예외 없이 실패로 끝난다. ── 옮긴이

수 있다. 그러나 이 환상이 사라지기 위해서는 사랑받는 자의 시선으로 족하다. 우리는 출발점으로 다시 돌아간다. 이제 사람들은 **마조히즘**에서 문제를 해결하려고 한다. "타자는 나의 대타존재의 근거이기 때문에, 만약 내가 타자에게 나를 존재케 하는 수고를 해주기를 일임한다면, 나는 자유에 의해 그의 존재 안에서 근거 지워진 즉자-존재 이외의 무엇이 아니다."[24] 하지만 대자는 즉자로 환원될 수 있는가? 분명 그렇지 않다. 그러면 사람들은 이제 다른 시도를 하게 된다. 이번에는 "내가 타자를 그의 객체적 사실성 속에서만 포착하기 때문에, 그의 자유를 이 사실성 속에 옭아매는 것"[25]이 문제가 된다. 이것이 **성적 욕망의 모험**이다. 하지만 이것 역시 실패로 끝난다. 왜냐하면 어떤 방식으로 이 욕망을 만족시키든, 문제가 되는 옭아매기는 원칙상 실현될 수 없기 때문이다. "모든 것은 마치 내가 자신의 코트를 내 손 안에 남겨 두고 떠나가는 사람을 붙잡으려는 것처럼 진행된다. 내가 소유하는 것은 그의 코트, 그의 허울이다."[26] 이제 폭력이 남아 있다. 성적 욕망에 **사디즘**이 대치된다. 타자의 자유를 '옭아맬' 수 없기 때문에, 사람들은 이제 이 목표를 강제로 이루고자 한다. 물론 이것 역시 실패로 돌아간다. 타자의 자유는 접근 불가능하다. 고문당하는 자, 두들겨 맞는 노예의 단 한 번의 시선 폭발만으로도 상황이 전복된다. 주인은 노예가 되며, 노예는 주인이 된다.

이처럼 우리는 일종의 '극단으로의 치달음'에 참여한다. 지배와 예속은 더 이상 단순한 비유가 아니다. 폭력을 가하고 고문을 한다. 그리고 모순은 이와 같은 원초적 갈등의 '과격화 현상'이 인정 욕망 그 자체의 산물

---

24 Jean-Paul Sartre, *L'Être et le néant*, p.446.
25 *Ibid.*, p.463.
26 *Ibid.*

이라는 점이다. 누군가가 고문하면, 그것은 타자의 자유를, 본질적으로 잡을 수 없는 자유를 손아귀에 넣고자 함이다. 이렇게 해서 타자와의 관계가 갖는 '순환적' 성격이 나타나게 된다. 의식들은 바라보는-시선과 바라보이는-시선 사이를 왕복한다. 우리는 이 왕복이 멈추기를 바란다. 하지만 어떤 태도를 취하더라도 우리는 영원히 타자와의 관계에서는 **불안정한** 상태에 있는 것이다.

* * *

이제 인정을 위한 투쟁에 대한 이 분석을 사르트르가 『변증법적 이성비판』에서 동지애-공포라는 주제에 할애하고 있는 논지에 접근시켜 보자. 그러면 의미심장한 비교가 나타나게 될 것이다.

　『변증법적 이성비판』에서 사르트르는 이렇게 말하고 있다. 인간은 근본적으로 인간에 대해 늑대라고 말이다. 또한 사회성은 **융합**의 방식으로만 생각될 수 있을 뿐이다. 그러니까 인간들 사이의 본래적 적대감을 극복하기 위해서는 그들 사이의 **차이**를 제거해야 한다. 하지만 이 차이를 제거하려고 하면 할수록 그것을 더욱더 강조할 뿐이다. 이처럼 앞으로 한 발을 내딛기는커녕 죽음의 투쟁은 더욱더 가속화될 뿐이다.

　『존재와 무』에서도 이와 유사한 추론을 보았다. 서로 교차하는 두 시선, 서로 소외시키는 두 시선이 그것이다. 사르트르에 의하면 인간관계는 원초적으로 이 두 시선의 마주침으로 환원된다. 그것은 재차 **인간은 인간에 대해 늑대**라는 주제로의 복귀이다. 하지만 이렇게 서로를 종속화시키는 의식들은 서로 조우하려는 노력 또한 하게 된다. 그렇다고 해도 이를 위해 이 의식들은 그것들을 분리하고 있는 모든 것 혹은 차이를 제거해야 할 필요가 있다. 그런데 이 의식들을 분리시키거나 혹은 차이 나게 하는 것은 바로 그것들의 객체성이다. 그런데 시선들의 충돌이라는 관점에서 보면 이 객체성은 소외와 동일시된다. 내가 타자에게 객체로 있다는 사실은 나를 그에게 종속시키는 결과를 낳는다. 역으로 타자를 종속시키는 것은 원초적으로 그를 바라보는 일로 환원된다. 이처럼 의식들 사이의 화해는 스스로를 의식으로 인정하는 가능성에 종속된다. 시선들은 서로가 서로 안에서 **존재를 근거 지우면서만** 상호적으로 규정될 수 있을 뿐이다. 하지만 항상 목적하는 바와는 다른 결과가 이루어진다. 사랑에서와 마찬가지로 정치에서도 융합은 도달할 수 있는 이상이 아니다. 반면, 이와 유사한 신비는 이 두 경우에 있어서 예전보다도 더 격렬한 '죽음의 투쟁'을 '재작동'시킬 뿐이다. 앞에서 보았듯이 혁명의 신비는 공포 속으로 사라진다. 이와 같은 방식으로 사랑의 신비는 사도-마조히즘의 막다른 골목에서 방황하게 된다. 사랑하는 자는 고문하는 자가 된다. 그는 타자에 의해 흡수되길 시도하거나, 아니면 그의 주체성을 벗어던지기 위해 그의 주체성 안에서 그 자신의 주체성을 포기하거나이다.[27] 물론 매번 실패이다. 사디즘은 마조히즘으로 이어지고, 또 마조히즘은 사디즘으로 이어지게 된다. 이렇게 해서 이 왕복은 무한정 계속되게 된다. 이것이 바로 사랑의 진리이다.[28]

사르트르는 물론 『존재와 무』와 『변증법적 이성비판』에서 죽음의 투쟁에 대해 동일한 기원을 부과하지는 않는다. 앞에서 살펴본 대로 『변증

---

27 Jean-Paul Sartre, *L'Être et le néant*, p.446.

28 앞에서 살펴본 대로, 카뮈는 『반항하는 인간』에서 다음과 같은 사실을 보여 주고자 애쓰고 있다. 즉 지배-예속 관계의 진리는 형제애라는 사실이 그것이다(반항이 그런 것처럼, 죽음의 투쟁은 외관적이기 때문이다). 사르트르에게서는 정반대이다. 『존재와 무』에서 사르트르는 실제로 이른바 '사랑'이라는 것은 단지 죽음의 투쟁의 여러 양상 중 하나일 뿐이라는 것을 보여 주기 위해 노력하고 있다. 사르트르에게 있어서 사랑은 지배-예속 관계의 진리이기는커녕, 이와는 반대로 지배-예속의 관계가 사랑의 진리이다. 사르트르는 이렇게 말하고 있다. "사랑은 갈등이다"(*Ibid.*, p.446). 사랑하는 것은 타자의 자유를 사유화하고자 하는 것이다.

법적 이성비판』에서 이 기원은 희소성이다. 이에 반해『존재와 무』에서
그 기원은 단순히 시선이다. 하지만 만인에 대한 만인의 투쟁의 깊은 원인
에 대한 이와 같은 이해에서의 차이로 인해 사르트르가 위의 두 경우에서
동일한 개념으로 인간관계의 문제를 제기하지 못하는 것은 아니다. 실제
로 이 두 경우에서 사르트르는 다음과 같은 사실을 보여 주고 있다. 인간
은 모든 힘을 다해 원초적으로 그렇게 될 수밖에 없도록 선고된 갈등의 상
황 — 사랑과 동지애에 대한 억누를 수 없는 향수라는 특징을 가지고 있는
상황 — 을 뛰어넘으려고 애쓴다는 점이 그것이다. 물론 이러한 시도가 항
상 실패하기는 한다. 그렇다고 해서 인간이 그것을 포기하는 것은 아니다.
이와는 반대로 통일, 화해라고 하는 신비한 기도가 더욱더 그 인간을 사로
잡는다. 그는 다시 시작한다. 그는 지옥이라고 할 수 있는 순환에 다시 참
여하는 것이다.『변증법적 이성비판』에서 지옥은 **역사**이다. 혁명들 —지
구상에 조화가 지배하게끔 하려 했던 헛된 기도들 — 은 죽음의 투쟁을 조
정하는 독재의 시기와 번갈아 가면서 발생했다.『존재와 무』에서 **지옥은 사
도-마조히즘**이다. 하지만 근본적으로는 지옥에 이르는 과정은『존재와 무』
와『변증법적 이성비판』에서 동일하다.

　　이와 같은 유사성은 우연한 것이 아니다. 이와는 반대로 그것은 엄격
한 논리에 상응한다. 사실 신비로운 것은 오히려 인간이 인간에 대해 늑대
라는 단언의 반대항이다. 만약 타자가 원초적으로 나에게 적이 아니라 동
지라는 의견에 동의한다면, 우리를 연결시키기 위해 우리가 융합을 성공
적으로 이룬다는 것은 말할 필요가 없다. 이타성은 하나의 장애물이기는
커녕 접착제인 것이다. 하지만 그 반대의 경우에 사정은 전혀 다르다. 그때
문제가 되는 것은 결국 모 아니면 도의 게임이다. 우리가 초개인적 전체성
안에 — 무차별한 한 쌍이나 혹은 초조직에 — 녹아들든지 아니면 죽음

의 투쟁을 끝까지 하든지 둘 중의 하나이다. 실제로 문제가 되는 것은 이타성 그 자체이다. 이것을 제거해야 한다. 물론 이것은 불가능하다. 그로부터 사르트르가 그의 두 권의 저서에서 기술한 '지옥 같은' 연쇄가 기인하는 것이다.

4장
'존재'와 '행동'

사르트르가 독일 관념론에 진 빚에 대해 지나치게 강조할 필요는 없을 것이다. 그것은 너무 자명하다. 예컨대 사르트르가 인간을 **대자** 혹은 **무**로 보는 생각은 직접적으로 후기 칸트적 전통을 따르는 것이다. 인간이 본래 **무**라는 것, 따라서 그의 존재를 스스로 결정하고 **선택해야** 한다는 생각은 사르트르에게 전혀 특별한 것이 아니다. 이러한 생각은 칸트에게서 유래한 오랜 휴머니즘적 사유의 공동 자산이다.[1] 『존재와 무』에서 아주 중요한 인간 자신의 본질을 찾는 실존에 대한 문제, 영원한 자기 창조로서의 자유에 대한 문제는 이미 피히테(Johann Gottlieb Fichte)에게서 나타나고 있다.[2] 물론 이것을 헤겔에게서 볼 수 있는 것도 역시 사실이다.[3]

---

1 Alexis Philonenko, *Introduction aux* Réflexions sur l'éducation *de Kant*, Paris, 1966, p.24 이하를 참조하라.
2 필로넨코는 피히테의 『자연권의 토대』(*Fondement du Droit naturel*)에서 기이한 한 부분을 인용하고 있다. 그런데 이 부분에서 피히테는, 후일 사르트르가 그런 것처럼, 인간의 자유의 표시인 눈의 주제를 다루고 있다. 필로넨코는 이렇게 설명하고 있다. "인간의 눈은 거울이 아니다. 그것은 하나의 정신적 행위이다"(*Ibid.*, p.31).
3 Alexandre Kojève, *Introduction à la lecture de Hegel*, p.473 이하.

그럼에도 우리는 곧장 다음과 같은 결정적인 점에서 사르트르와 휴머니즘적 사유 사이에 약간의 뉘앙스 차이를 부여하게 된다.

후기 칸트적 휴머니즘에서 즉자가 아닌 대자로서의 인간이라는 주제는 **실천**에 대한 성찰과 밀접한 관련이 있다. 칸트와 그의 후계자들은 다음과 같은 원대한 사상을 옹호했다. 인간은 **투쟁**과 특히 **노동**에서만, 다시 말해 세계를 변혁시키려고 노력하면서만, 그리고 '거친' 천성을 **이성**의 표현이거나 구체화인 '제2의 천성'으로 대치하려고 하면서만 진정으로 스스로를 완수할 수 있다는 사상이 그것이다. 이들 사상가들에 의하면, 인간의 자유가 갖는 특징은 실현되어야 할 하나의 기획, 구현되어야 할 하나의 이상에 비추어 보아 주어진 여건을 부정하는 데 있다. 바로 거기에서 그들 사상가들이 '역사'에 부여한 중요성이 유래한다. 왜냐하면 '역사'란 정확히 인간의 자유의 생성 이외에 다른 것이 아니기 때문이다. 마치 노동에서 자유가 그런 것처럼 말이다.[4] 역사는 세계의 인간화 과정과 일치한다. 또한 이 인간화 과정을 통해 세계는 이제 인간에게 **주어진 여건**으로서가 아니라 점차 하나의 **작품**으로 나타나게 된다.

그런데 사르트르의 사유 방향은 전혀 다르다. 사실 실천에 가치를 부여하기는커녕, 사르트르는 『존재와 무』에서 오히려 이 실천을 허망함, 무의미 등과 같은 것으로 여긴다.

사르트르의 추론은 단순하다. 사르트르는 이렇게 주장하고 있다. **행동**(Faire)이란 **존재**(Être) 욕망에서 그 근거를 발견하는 것이다.[5] 달리 말해 인

---

4 *Ibid*., p.503.
5 사르트르는 『존재와 무』에서 인간의 실존의 세 범주(trois catégories existentielles)로 '행동'(Faire)', '소유'(Avoir), '존재'(Être)를 들고 있다(혹자는 이를 '함', '가짐', '있음'의 범주로 번역하는 경우도 있으나, 여기에서는 '행동', '소유', '존재' 범주로 옮기기로 한다). 다시 말해 인간의 자기 창조를 위한 모든 기투는 이 세 범주에 의해 포착된다. 그런데 사르트르는 이 세 범주 사이에 '이

간의 모든 기도의 뿌리에 실존적 혹은 형이상학적 향수가 있다는 것이다. 그 향수란 바로 대자-즉자의 결합에 대한 향수이다. 대자로서의 인간은 근본적으로 존재의 결여이다. 그리고 그의 행동은 그 심오한 목적에서 이 결여분을 채우고자 한다. 그도 그럴 것이 그가 하나의 대의명분에 스스로를 바치는 것, 하나의 이상을 위해 싸우는 것, 이것은 결국 그가 자신의 고유한 존재 불안정성이라는 현기증에서 벗어나기 위함이기 때문이다. 이로 인해 인간은 자신이 있는 것으로 존재한다는 환상을 스스로에게 부여한다. 하지만 인간은 결코 그가 있는 것으로 **존재하지** 않는다. 자기로 있는 것은 기껏해야 자기에게로 **가는** 것이다. 그리고 인간이 스스로 목적에 도달했다고 생각할 때마다 모든 것을 다시 시작해야 한다. "이처럼 우리의 삶은 긴 기다림에 불과하다. 우리의 목적을 실현하는 것에 대한 기다림, …… 특히 우리 스스로에 대한 기다림이 그것이다. 그것은 인간 '본성'의 우연적인 결여에서 기인하는 것도 아니고, 연습에 의해 **정정될** 수 있는, 그리고 우리를 현재에 한정시키는 것을 방해하는 신경증에서 기인하는 것도 아니다. 역으로 그 기다림은 자신을 시간화하는 한에서 '존재하는' '대자' 스스로의 본성에서 기인한다. 우리의 삶이 기다림으로 되어 있다는 것뿐만 아니라 또한 기다림 자체를 기다리는 기다림에 대한 기다림으로서 고려해야 한다."[6]

중의 환원'(double réduction)이 있다고 보고 있다. 우선 '행동'의 범주는 '소유'의 범주로 환원된다. 그러니까 인간이 무엇인가를 하는 것은 그 결과물을 소유하기 위함이다. 그다음으로 '소유'의 범주는 '존재'의 범주로 환원된다. 다시 말해 인간이 자신의 행동의 결과물을 소유하는 것은 그 자신이 존재하고자 함이다. 이러한 시각에서 인간의 모든 '행동'은 '존재' 욕망에서 그 근거를 발견한다는 문장의 의미를 이해할 수 있다. 그리고 사르트르에게서 인간의 '존재' 욕망은 최종적으로 '대자-즉자'의 결합 상태인 '신'이 되고자 하는 욕망으로 이해된다. 하지만 이 욕망은 끝내 실현되지 못하며, 따라서 인간은 '무용한 수난'에 불과하다는 것이 사르트르의 계속되는 주장이다. — 옮긴이
6 Jean-Paul Sartre, *L'Être et le néant*, p.622.

여기에서 우리는 파스칼의 기다림을 다시 발견하게 된다. 사실 이와 같은 헛된 '존재' 욕망으로서의 실천에 대한 정의는 『팡세』에서 볼 수 있는 '기분전환'에 대한 설명과도 맥을 같이하는 것이다. 인간은 행동하고, 정열적으로 움직인다. 하지만 무엇 때문에 이 모든 것을 하는가? 휴식을 취하기 위함이다. 왜냐하면 "우리 인간의 첫번째 위대한 본능인 비밀스러운 천성은, 우리로 하여금 행복이라고 하는 것이 휴식 속에서만…… 존재한다는 것을 가르쳐 주기"[7] 때문이다. 하지만 인간은 이러한 행복을 맛볼 수 없다. "인간은 장애물과 싸우면서 휴식을 구하고자 한다. 그러나 이 장애물을 극복하고 나면 휴식은 견딜 수 없는 것이 되어 버린다. 왜냐하면 인간은 언제나 미래를 위협하는 비참함을 생각하기 때문이다. 그리고 모든 면에서 안전하다고 생각되더라도 권태가 본래 뿌리박고 있던 마음 밑바닥에서 일어나 그 독(毒)으로 정신을 채우지 않고는 못 견딜 것이다."[8] "그러므로 우리는 살고 있는 것이 아니고 살기를 원하고 있는 것이다. 또 행복해지려고 노력하고 있으므로, 현재에 행복하지 못한 것은 분명하다."[9]

우리는 곧 사르트르가 주조하고 있는 '행동'과 '존재' 욕망과의 종합으로 다시 돌아올 것이다. 지금 당장으로서는 『존재와 무』에서 사르트르가 윤리 문제를 제기하는 방식으로부터 무엇이 도출되는가를 살펴보는 것으로 만족하자.

사실 거기에서도 사르트르는 파스칼을 따른다. 주지하다시피 파스칼에게는 스토아주의자들의 계명처럼 '자신의 방에서 휴식을 취하는' 것을 바라는 것은 헛된 일이다. "우리의 본성은 운동에 있고, 완전한 휴식은 죽

---

7 Blaise Pascal, *Pensées*, éd. Léon Brunschvicg, Paris, 1930, fr.139.
8 *Ibid.*
9 *Ibid.*, fr.172.

음이다."[10] 행동하는 것은 분명 '기분전환'이다. 정치는 쓸데없는 소용돌이이다. 하지만 행동하는 것을 어떻게 참을 수 있는가? "피로스에게 준 그 충고, 그가 숱한 곤란에 의해 구하려던 그 휴식을 먼저 획득하라던 그 충고는 커다란 난관에 봉착했다."[11] 따라서 파스칼은 '기분전환'에 만족한다. 놀자. 다만 노는 것에만 몰두하지 않도록 경계하자고 파스칼은 말한다. 모든 사람처럼 행동하자. 움직이자(그러나 항상 '머릿속에는 어떤 생각을' 갖자).

사르트르는 거의 아무런 차이 없이 파스칼과 같은 결론에 도달한다. '존재' 욕망으로서의 '행동'은 무의미이다.[12] 따라서 그것을 포기하자. 하지만 주의하자. 인간이 스스로를 존재론적으로 존재의 결여, 무로서 기술하는 한에서, 그에게 행동하는 것을 그만두라고 요구할 수는 없는 노릇이다. 따라서 인간은 무엇인가를 하지 않을 수 없다.[13] 그렇다면 무엇을? 하지만 무엇을 하는가는 별로 중요하지 않다. "가치의 지배에 종지부를 찍어야만 한다."[14] 혹은 이렇게 표현한다면, 우리가 이루어야 할 '사명'이나 실현

---

10 Blaise Pascal, *Pensées*, fr.129.
11 *Ibid.*, fr.139. 주지하다시피, 보부아르는 『피로스와 키네아스』(*Pyrrhus et Cinéas*)라는 에세이를 쓴 바 있다. 그녀는 이 책에서 파스칼과 정확히 같은 주제를 다루고 있다. 가령, 우리의 본성은 움직임에 있다는 것 등이 그것이다.
12 방금 위에서 지적한 것처럼, 인간의 '행동'의 최종 목표지는 '대자-즉자'의 결합의 실현인데, 이것의 실현은 사르트르의 철학 체계 내에서는 근본적으로 불가능하다. 따라서 인간의 '행동'은 무의미이다. — 옮긴이
13 사르트르의 '스토아적' 적은 누가 될 수 있을 것인가? 카뮈의 이름이 우연히 떠오른다. 실제로 카뮈는, 사르트르와는 반대로, '자기 방에서 휴식을 취한다'는 사실, 순간의 충만성을 맛본다는 사실이 인간의 힘을 넘어선다는 것을 믿지 않는다. 카뮈에게 있어서 인간은 **본성상** 기분전환에만 처단당하지 않았다. 인간은 계속해서 앞으로 '기투'해야만 하는 비극적인 운동에 종지부를 찍을 수 있다. 파스칼은 이렇게 말하고 있다. 기분전환은 죽음을 정면으로 바라보지 않으려는 거부에 의해 설명된다고 말이다. 하지만 카뮈는 죽음을 정면으로 바라본다. 카뮈는 모든 '도피'를 비난한다. 이렇게 해서 '피론적'인 사르트르와 '스토아적'인 카뮈가 대립된다. 한편으로는 몽테뉴의 유산 — 즉, 인간은 무한한 '추구', 치료될 수 없는 나약함이다 — 이 있고, 다른 한편에는 에픽테토스의 유산 — 차분함, 균형, 지혜 — 이 있다.
14 Jean-Paul Sartre, *L'Être et le néant*, p.722.

해야 할 '작품'이 있다고 믿는 것을 그만두어야 한다.[15] '행동'은 그 자체 이외의 다른 목적을 가지고 있지 않다. 이처럼 사르트르는 그 자신이 '근엄한 정신'이라고 명명한 것, 즉 윤리적 혹은 실천적 관심에 대해 강력한 어조로 반대한다. 사르트르에게 자유란 "스스로를 그 자체의 고유한 가능성으로 원해야"[16] 한다. 이 자유는 그 어떤 것에 의해서도 제한될 수도 한정될 수도 ── 이해관계에서 벗어난 순수한 운동으로서의 자유 **그 자체**가 아니라면 그 어떤 것도 ── 없는 것이다. 사르트르는 진정성과 근엄함을 철저하게 대조시킨다. 사르트르에 따르면 근엄한 행동, 근엄한 정신은 '자기기만'으로 이어진다. 역으로 진정한 삶은 유희하기 위해 근엄하게 되기를 그치는 순간부터 시작된다. 그리고 유희한다는 것, 그것은 분명 행동하고 움직이는 것을 의미하기는 한다. 하지만 이 경우 행동하고 움직이는 것은 그것을 통해 실제로 무엇을 **한다**는 것을 주장하지 않은 채로이다. 행동하고 움직인다는 **기쁨**만을 위해 움직이고 행동하는 것뿐이다.[17]

사르트르는 이렇게 말하고 있다. "키르케고르의 아이러니처럼 유희는 주체성을 해방시킨다. …… 한 인간이 스스로를 자유로운 존재로 포착하고 그의 자유를 이용하려고 할 때, …… 그의 행동은 유희에 속하게 된다. 사실 그는 그의 유희의 제일 원칙이며, 그는 자연화된 본성에서 벗어나며, 스스로를 가치로 자신의 행동 규칙을 세우며, 그가 스스로에게 세우고 정의한 규칙들에 따라서 지불할 것만을 동의할 뿐이다."[18]

유희로서의 자유를 생각하는 이와 같은 발상은 실제로 우리가 앞에서

---

15 이와 반대로 인간의 행동이 어떤 특권적인 가치나 절대적인 목표 등에 의해 지배된다고 한다면, 그는 '근엄한 정신'에 사로잡히게 된다는 것이 사르트르의 주장이다. ── 옮긴이
16 *Ibid.*
17 *Ibid.*, p.699.
18 *Ibid.*

살펴보았던 사르트르의 인간 개념과는 대립되는 것이다. 실제로 사르트르는 스스로를 칸트-헤겔-마르크스에 비해 어떤 식으로 자리매김하는가? 그들과 마찬가지로 사르트르도 초월, 부정성에 가치를 부여한다고 할 수 있다. 하지만 사르트르에게 있어서 초월은 대상이 없다고, 부정은 '공허'하게 헛돈다고 말해야 한다. 이것을 부정성이라고까지 말할 수 있을까? 부정성이라는 개념은 정상적으로 보면 실천적 '기도'에 연결되어 있다. 그런데 여기에서는 정확히 기도가 존재하지 **않는다**. 아니 보다 정확하게 말하자면 여기에서 기도는 **별다른 중요성**을 가지고 있지 않다. 기도는 목적이 아니라 **수단**이다. 따라서 사르트르처럼 오히려 **무**에 대해 말해 보자. '대자'는 사물들의 표면에서 반사한다. **실존하는** 우려 이외의 다른 것을 갖지 않고서 말이다. 순수한 무인 대자는 무로서 그 자신을 향유한다.

게다가 사르트르는 그의 사유가 지니는 반휴머니즘적인 함의를 아주 분명하게 의식하고 있다. 사르트르는 이렇게 해서 특히 마르크스에 대해 반대한다. 사르트르에 의하면 마르크스의 잘못은 '주체에 대한 객체의 우월'을 단언하고, 이 단언에 의해 "근엄함의 첫번째 독단"[19]을 제시한 점에 있다. 모든 근엄한 정신처럼 혁명적 사상도 '옭아맨다'. '혁명적 사상은 세계에 유리하게끔 하는 인간 실재를 포기한다'. 이 점에서 사르트르는 혁명론자들이 "그들의 오랜 적인 소유자들, 즉 세계로부터 출발해서 그들 스스로를 알고 또한 판단하는 자들과 의견을 같이한다"[20]고 결론을 맺는다.

혁명론자들과 후기 칸트주의적 휴머니즘의 대표자들이 일반적으로 사르트르에게 할 수 있는 답이 어떤 것인지를 알 수 있다. 세계를 변화시키

---

19 Jean-Paul Sartre, *L'Être et le néant*.
20 *Ibid*.

기 위해서는 우선 그것을 알아야 한다는 답이 그것이다. "노동은 우선 복종이다. 노동한다는 것은 세계의 무게를, 그 허실을 아는 것이다. 그리고 거기에 종속하는 것이다. 이것은 어떤 관점에서 보아도 사실이다. 노동이 물질의 변형이건 하나의 기능의 완수이건 간에, 그것은 '다른' 법칙에 대한 복종을 내포하고 있다."[21] 하지만 사르트르는 정확하게도 세계를 **변화시키는** 것에는 아무런 관심도 갖고 있지 않다. 인간을 상황에 복종시키는 것을 용납하지 않는 것과 마찬가지로, 사르트르는 인간을 하나의 '가치'나 하나의 '기도'에 종속시키는 것도 받아들이지 않는다. 사르트르에 의하면, 자유가 스스로를 하나의 **과업**으로 고정시키는 때부터, 자유가 **행동**의 요구에 복종하는 때부터, 자유는 **더 이상** 자유가 아니다. 자유는 '이해관계에서 벗어나야' 한다.

『존재와 무』의 간행 이후 몇 년 동안 사르트르는 여러 차례에 걸쳐 다음과 같이 단언했다. 혁명적 기도는 실존주의보다 더 나은 철학적 보증을 발견할 수 없을 것이라고 말이다. 다른 한편 사르트르는 "실존주의는 휴머니즘이다"라고 선언하고 있다. 그런데 이와 같은 단언들에 확실한 근거가 없다는 사실을 인정해야 한다. 실존주의는 휴머니즘이라는 사실을 받아들일 수도 있다. 하지만 이 경우 칸트, 헤겔, 마르크스가 보는 **실천적** 휴머니즘이 문제시되지 않을 수도 있다는 사실을 받아들여야 한다. 분명 사르트르는 그의 저서에서 실천을 높이 평가한다. 그러나 사르트르에게 있어서 실천은 이 실천의 고유한 의미, 다시 말해 실천의 목적 없는 목적성 ── 칸트에 의하면 미학적 기쁨 ── 을 가지고 있지 않다. 인간은 행동한다. 하지만 그는 어떤 목표를 달성하기 위해서가 아니라 단지 행동하기 위해서만

---

21 Alexis Philonenko, *Introduction aux* Réflexions sur l'éducation *de Kant*, p.38.

행동할 수도 있다. 이처럼 행동은 제스처일 뿐이며, 인생은 예술 작품으로 변한다. 우리는『구토』의 로캉탱의 꿈을 기억한다. "흑인 여가수가 노래할 때 나는 큰 행복을 느낀다. 만약 내 고유한 삶이 이 곡조의 재료가 되었다면, 내가 어떠한 절정엔들 도달하지 못하겠는가!"[22] 정확히 이 꿈이『존재와 무』의 저자에게도 역시 살아 있는 것 같다.

물론 이것이『존재와 무』로부터 정치철학이나 혁명의 철학을 끌어낼 수 없다는 것을 의미하지는 않는다. 이와는 반대로 그것은 완전히 가능하다. 분명히 우리는 이 철학의 내용이 구체적으로 어떤 것인가를 예견할 수 있다. 그것은 아마도 무책임한 딜레탕티즘의 찬양이나 모험적인 가벼움의 철학일 것이다.『존재와 무』의 원칙에 맞는 정치는 ─ 달리 말해 사르트르에 의해 정립된 자유와 엄격함 사이의 대조라고 하는 존경할 만한 원칙은 ─ 미학자의 정치일 것이다. 하지만 이 미학자의 계속되는 노력은 무너질 것이고, 그의 환상을 따라 충성의 대상이 되는 것을 바꿔야 할 것이며, 아무것이나 할 수 있을 것이다. 혁명에 대해서 보자면, 그것은 축제나 사육제가 될 것이다. 1789년의 것이 아니라 1968년의 것 말이다. 바스티유 감옥 대신 사람들은 "말[言]을 공격할 것이다".

하지만 이와 같은 혁명을 말하면서 조건법을 사용해야 하는가? 축제가 '진정한' 정치의 모델로서 세워질 수 있다면, 그것은 사르트르의『존재와 무』에 대한 해석의 일종으로 보부아르가 쓴『애매함의 도덕을 위하여』덕분일 것이다. 보부아르는 도덕의 개념을 다음과 같이 정의하면서 논의를 시작한다. "도덕적이고자 하는 것과 자유롭고자 하는 것은 동일하다."[23]

---

22 Jean-Paul Sartre, *La Nausée*, Paris, 1938, p.58.
23 Simone de Beauvoir, *Pour une morale de l'ambiguïté*, Paris, 1962, p.34.

그러고 나서 보부아르는 다음과 같이 자신의 생각을 보완하고 있다. "자유롭고자 하는 것은, 우리들 실존의 원초적인 솟구침 위에 진정한 자유를 근거 지으면서 자연상태에서 도덕상태로 이행하는 것이다."[24] 달리 말해, 한편으로 도덕은 자유로 환원되고, 다른 한편으로 자유는 실존의 '원초적 솟구침'으로 환원된다는 것이다. 거기에는 『존재와 무』에서 볼 수 있는 익숙한 주제들이 다시 나타나고 있다. 보부아르는 여전히 이렇게 말하고 있다. "나의 자유를 통해 겨냥된 목표는 항상 존재에 결여되어 있는 부분을 통해 실존을 정복하는 것이다."[25]

그런데 의미심장하게도 보부아르는 자신의 의도를 예술과 축제라는 이중의 예를 참고하면서 보여 주고 있다. 사실 "축제와 예술에서 인간들은 자신들의 존재를 절대적으로 느끼려고 하는 욕망을 표현한다".[26] "실존은 거기에서 실존 그 자체를 긍정적으로 확립시키려고 노력한다."[27] 그리고 보부아르는 향수를 가지고서 "대규모의 집단 축제"였던 "파리의 해방에 뒤이은 시간들"[28]을 상기시키고 있다.

이 지점에서 파스칼에게로 다시 돌아가 보자. 파스칼이 기분전환을 감수할 때, 그것은 참다운 기분전환으로서의 기분전환을 감수하는 것이다. 달리 말해 파스칼은 그 자신이 유희하는 유희가 아무런 의미도 지니지 않고 있다는 것을 잘 알고 있다. 파스칼은 모든 사람과 마찬가지로 행동한다. 하지만 파스칼은 그의 행동으로부터 완전히 **떨어져** 있으며, 행동하는 것을 스스로 **바라보고** 있다. 그러니까 그는 행동하는 자가 아니라 배우라고 할

---

24 *Ibid.*, p.35.
25 *Ibid.*, pp.42~43.
26 *Ibid.*, p.183.
27 *Ibid.*, p.181.
28 *Ibid.*

수 있다. 그런데 여기에 더해 파스칼은 다음과 같이 주장하고 있다. 기분전환이 정말로 기분전환이 **되기** 위해서는, 거기에 최소한의 **엄격함**이 포함되어야 한다는 주장이 그것이다. 기분전환을 추구하는 사람은, 그가 만약 정말로 기분전환을 원한다면, "그 자신을 속여야 한다".[29] 스스로 유희에 사로잡히도록 해야 한다. 왜냐하면 "지루하고 정열이 없는 즐김이란 그를 지루하게 하고 말 것"이기 때문이다. 유희에서 사람이 스스로 유희하는 것만을 **바라보고** 있는 것이 제일 재미없는 것이다. 유희에는 유희하는 자의 어느 정도의 '구속', 어느 정도의 참여가 포함되어 있다. 결국 파스칼은 그 어떤 방법으로도 즐기지 못한 것이다. 파스칼이 스스로 감동한 요소는 표면적으로 유희하는 요소일 뿐이다. **사실** 그것은 비극적 요소이다. 파스칼적 의식은 유희하는 척한다. 하지만 모든 것을 상대화시키는 것은 그 유명한 '머릿속에 있는 생각'이다. 파스칼은 그의 시대를 경멸했다. 그에게 있어서 행동은 시간 보내기에 불과했다. 사실 그는 **지루해했던 것이다.**

그렇다면 사르트르는 어떤가? 사르트르는 지루해했는가? 사르트르에게 있어서 기분전환은 **그저** 단순한 기분전환에 불과했을 뿐인가?

문제를 다시 들여다 보자. 사르트르에게서 '행동'은 '존재' 욕망으로 이어진다. 그런데 '존재'에는 근본적으로 도달할 수 없다. 그것은 신기루이다. 따라서 '행동'은 무의미이다. 그럼에도 사람들은 이 무의미에 대해서 드물게 의식할 뿐이다. 사람들은 '행동'을 진지한 것으로 여긴다. 그들에게 있어서 '행동'은 '존재' 욕망의 짝이 아니라, 이런저런 목표를 달성하려는 의지, 이런저런 가치를 실현하려는 의지이다. 어떤 면에서는 이와 같은 의식하지 못한 상태는 행복한 것이다. 왜냐하면 곧 절망 속으로 떨어지고 말

---

29 Blaise Pascal, *Pensées*, fr.139.

그들은 자신들이 추구하는 현실적인 목표를 알지 못하고 있기 때문이다.[30] 진지한 자는 소위 **생기 있는** 기능을 지니고 있다. 그는 정면으로 바라보지 못할 수도 있을 그 무엇을 가지고 사람을 '즐겁게 한다'. 보통 말하듯, 그는 자신의 생을 **쉬운 것**으로 만든다.

그러나 이제 기분전환은 기분전환**으로** 제시되었다. 사르트르는 유희가 유희일 **뿐**이라는 것을 알면서 유희에 몸을 맡긴다. 여기에서 파스칼적 조소(嘲笑)를 다시 보는가? 절대 그렇지는 않다. 정확히 사르트르는 유희에 **스스로를 내맡긴다**. 사르트르가 그렇게 하는 것은 아무런 뒷생각이 없기 때문이다. 그렇다면 '있음'이라는 욕망은 어떻게 되는가? 분명 이 욕망은 늘 존재한다. 다만 무슨 일이 일어나는지를 주의 깊게 보아야 한다. 사르트르는 '존재' 욕망을 참조해서 '행동'을 비판한다. 그러나 다른 한편으로 사르트르는 이 '존재' 욕망을 **재변형**시키고자 한다. 그리고 **유희**에서 그가 발견하는 이 재변형은 정확하게도 그 자신의 만족이다. '존재' 욕망은 초시간적 혹은 초인간적인 '대자-즉자'의 추구이기를 그쳐야 한다. 이 욕망이 살**고자** 하는 의지가 되기 위해, 그리고 생생한 것이 되기 **위해서** 말이다. 사르트르는 이렇게 말하고 있다. "있는 것으로 있지 않고, 있지 않는 것으로 있는 대자는, 존재의 이상향으로서 현재-있지-않는-것으로-있는-존재와 현재-있는-것으로-있지-않는-존재를 선택해야 한다."[31] 여기에서 우리는 동일한 유희의 정의를 본다. 대체 유희란 스스로를 목적으로 여기는 운동의 무상성이 아니라면 무엇이겠는가? 이처럼 사르트르에게서 기분전환은 결코 자기 스스로를 **주지** 않은 채 그 어떤 것을 **준비**해야 하는 무엇과 같

---

30 Jean-Paul Sartre, *L'Être et le néant*, p.721.
31 *Ibid.*, p.722.

은 임시변통이 아니다. 그것은 가장 고귀한 행위이며, 이렇게까지 말할 수 있다면, 그것은 가장 도덕적인 행위이다.[32] 인간이 인간으로서 스스로를 실현하고, 또 그 스스로의 소명을 완수하는 것도 바로 이 유희에서이다. 왜냐하면 실존은 스스로를 본질로 자처하기 때문이고, 자유는 스스로 자유가 되기를 원하기 때문이다. 사르트르에 의하면, 이것이 정확히 '존재' 욕망을 대신할 수 있는 이상향이다. 아니, 더군다나 우리는 잘못 표현했다. 그것은 '존재' 욕망을 대신하는 것이 아니라, 그 욕망의 진정한 드러남이다. 왜냐하면 사르트르는 그것을 긍정적으로 보고 있기 때문이다. 유희의 이상은 **존재**의 이상이다. 단지 여기에서는 이 존재의 방식이 대자-즉자가 아니라, 대자 그 자체이다. 사르트르는 필연성을 덕으로 만든다. 인간은 '무용한 수난'일 뿐인가? 이제 이와 같은 무용성이 인간의 위대함을 보여 주게 된다. 인간이 원하는 것은 그 자신의 구원이 될 것이다.

이처럼 『존재와 무』에서 드러나고 있는 것은 실존의 **비극적**이라기보다는 오히려 **미학적**인 비전이다. 비극적인 것이 드러나 있기는 하다. 하지만 이것은 사르트르의 고유한 사유방식의 표현으로서보다는 오히려 수사학적 무기로서 드러나 있다. 사르트르는 '행동'을 탈신비화시키려 하고, 또 이 목적을 위해 만족되지 않는 '존재' 욕망이라는 파스칼적인 주제를 다시 취하고 있는 것이다. 하지만 사르트르에게서 '존재' 욕망은 완전히 '채워질 수 있는 것'이다.[33] 그것을 인간의 조건에 맞추는 것으로 충분하다. 바로 거

---

32 사르트르 자신이 '도덕적 전망'에 대해 말을 하고 있다(Jean-Paul Sartre, *L'Être et le néant*, p.720).
33 사르트르는 『구토』에서 예술, 보다 구체적으로는 글쓰기 예술, 곧 문학을 통한 구원의 가능성을 암시하고 있으며, 『문학이란 무엇인가』에서는 이 가능성을 보다 구체화시키고 있다. 하지만 『말』의 출간을 계기로 이 가능성을 '신경증'으로 규정하면서 그것을 포기하게 된다. ── 옮긴이

기에 유희와의 조우가 있다. 그리고 이 유희는 결국 예술의 삶으로의 전이 이외에 다른 것이 아니며, 예술과 삶의 **융합** 이외의 다른 것이 아니다. 사르트르는 『존재와 무』 이전의 두 저작을 상상력 문제에 할애했다. 결국 이것은 『존재와 무』에서 추구된 것과 같은 것이다.[34] 니체의 차라투스트라처럼 사르트르도 중력의 법칙과 유희하는 곡예사를 찬양한다. 사르트르에게서 윤리적 모델은 근엄한 발걸음이 아니라 춤으로 된 시(詩)이다.

물론 제기된 문제는 삶이 춤과 동일시되는가를 알아보는 것이다. 도대체 매일매일의 실존 문제에서 산문을 축출할 수 있는가? 노력에서 근엄함을 축출할 수 있는가? 사르트르에게서 삶은 오랫동안 지속되는 축제에 불과할 것이다. 하지만 삶에 목적을 부여하는 축제의 목적은, 참으로는 이 축제가 **특수한 순간**, 즉 '평범한' 것이 에워싸고, 또 반드시 에워싸야만 하는 **예외적인** 그 무엇이 아닌가? 이러한 점에서 낭만주의의 계승자인 사르트르는 평범한 것을 배척한다. 그렇다면 평범한 것은 이처럼 스스로 배척되는 것을 **방임할** 것인가?

---

34 『상상계』에서 사르트르는 이렇게 말하고 있다. "상상력은 의식에 더해진 경험적 힘이 아니라, 그 자체의 자유를 실현하는 완전한 의식이다"(Jean-Paul Sartre, *L'Imaginaire*, Paris, 1940, p.236). 『존재와 무』 전체가 여기에서 싹의 형태로 자리 잡고 있다.

5장
사르트르와 역사

1964년, 그러니까 『말』이 간행되고 난 뒤 얼마 안 되었을 때 가진 한 인터뷰에서 사르트르는, 『구토』와 『존재와 무』 이후에 그에게 일어난 세계관 변화의 의미를 다음과 같이 지적하고 있다. "여러 정치적 사건이 일어난 후로 저는 공산당과의 관계라는 문제에 완전히 사로잡혀 있었습니다. 행동하는 분위기 속에 내던져진 저는 갑자기 저의 모든 이전 작품들을 지배하고 있던 일종의 신경증을 분명히 보았습니다. 전에는 그것을 알아볼 수가 없었습니다. 저는 그 안에 있었던 것입니다. …… 모든 신경증의 특징은 스스로를 아주 자연스러운 것으로 여긴다는 점입니다. 저는 조용히 글을 쓰기 위해 태어났다고 생각하고 있었던 것입니다. 제 존재를 정당화시킬 필요성도 없이 저는 문학을 절대시한 것입니다. 이와 같은 정신 상태에서 벗어나기 위해 30년이 필요했습니다. 공산당과의 관계로 인해 제가 필요한 거리를 가지게 되었을 때, 저는 자서전을 쓰기로 마음먹었습니다. 저는 한 사람이 어떻게 성스러운 것으로 여겨지던 문학으로부터 지성인의 행동으로 이행할 수 있는가를 보여 주려고 했습니다. 『말』에서 저는 저의 광기와 신경증의 기원을 설명했습니다. 이러한 분석은 글을 쓰는 것을 꿈꾸는 젊은이들에게 도움이 될 수도 있을 것입니다. 하지만 이와 같은 바람은 아주 기이하며, 또 파열 없이는 진행될 수 없는 것입니다. 권투의 챔피언이나 장군 혹은 우주비행사가 되려고 하는 어린아이들은 현실을 택합니다. 작가가 상상적인 것을 선택하는 것은, 그가 두 영역을 혼동하기 때문입니다." 조금 뒤에서 사르트르는 다음과 같이 선언하고 있다. "구원은 어디에도 없습니다. 구원이라는 생각에는 절대라는 생각이 내포되어 있습니다. 40년 동안 저는 절대에 의해, 신경증에 의해 이끌렸습니다. 절대는 떠나갔습니다. 그 후에 수많은 과제가 남아 있습니다. 그것들 가운데 하나인 문학은 결코 특별한 위치에 있지 않습니다."[1]

이와 같은 선언은 하나의 제목 이상의 가치가 있다. 우선 이 선언은 사르트르의 초기 작품들에 대한 독서를 통해 우리가 이미 확인한 바를 다시 한번 확인시켜 주기 때문이다. 그러니까 젊은 사르트르에게서 가장 중요한 것은 **예술**이었다는 사실이 그것이다. 한편으로는 특권적인 표현(혹은 실존)의 양태로 구상된 예술이고, 다른 한편으로는 실존의 모든 다른 기획들에 대응할 목적으로 구상된 도식으로서의 예술이 그것이다. 우리는 로캉탱을 "보랏빛 멜빵과 패인 의자를 바라보는 시간"으로부터 구출한 『구토』의 그 유명한 "래그타임"[2]을 기억하고 있다.[3] 거기에서 드러나고 있는 생각

---

1 1964년 4월 18일 『르몽드』지와의 인터뷰.
2 래그타임(rag-time) : 단순히 래그라고도 한다. 1870년대부터 미국의 술집이나 무도장 등에서 행해지던 흑인 피아니스트의 연주 스타일이다. 왼손의 반주부는 보통 2박자의 화음을 연주하고 오른손은 날카로운 싱커페이션(syncopation, 당김음)을 가진 오프 비트의 멜로디를 연주한다. 여기서 저자가 이 용어를 사용한 것은 『구토』의 내용과 연관이 있다. 사르트르의 『구토』에서 주인공 로캉탱은 일상생활에서 간헐적으로 구토를 느끼지만, 기이하게도 카페에서 재즈곡을 들을 때마다 이 구토가 진정되는 것을 느낀다. 로캉탱이 들었던 재즈곡이 바로 이 래그타임 스타일의 작품인 것으로 보인다. ── 옮긴이
3 Jean-Paul Sartre, *La Nausée*, p.38.

은 분명 '예술'을 통한 구원이다. 음악 덕택으로(혹은 문학 덕택으로) 우리는 흘러가는 실존의 허망함으로부터 벗어난다. 우리는 '절대'의 차원으로 고양된다. 앞에서 살펴보았듯이, 『존재와 무』에서도 실존의 주된 동기는 이와 같은 것이었다. 사르트르에게서 인간은 목적 없는 목적성의 구조를 자신의 삶에 부과하는 데 성공하는 한에서, 달리 말해 그것을 성공적으로 예술 작품화하는 한에서, 자신의 존재의 충만성을 발견하게 된다. 그러니까 인간은 자신의 '존재 욕망'이 충족되는 것을 목격하게 된다.

하지만 사르트르는 변했다. 사르트르는 자신의 정치적 변화로 인해 그가 삶의 근원을 보는 방식이 문제가 되었다고 선언하고 있다. 이제 사르트르에게 있어서 '예술'이 '절대'이기를 그친 것이다. 더군다나 '절대' 그 자체가 그의 관심사가 아니다. "절대는 떠나갔습니다. 그 후에 수많은 과제가 남아 있습니다."

우리는 별다른 어려움 없이 사르트르의 정신 속에서 일어난 변화를 예상할 수 있다. 『존재와 무』에서 사르트르는 '행동'을 배척했다. 왜냐하면 사르트르의 주장에 의하면, '행동'은 인간 안에 있는 '존재'에 대한 향수를 만족시켜 주지 못하기 때문이다. '존재' 욕망이라는 관점에서 보면 '행동'은 계속되는 욕구불만의 원천이다. 실제로 그로 인해 실존은 일련의 기다림, 즉 '기다림 자체를 기다리는 기다림들'로 환원되었다. 그럼에도 사르트르의 추론은 아주 분명한 반론을 불러일으킨다. '행동'은 어느 정도까지 '존재' 욕망에서 그 의미를 충족시킬 수 있을까? '행동'이 인간을 구원으로 몰고 가는 것에 무력하다는 사실을 우리는 별다른 어려움 없이 받아들인다. 하지만 정말로 행동하는 인간, 하나의 기도에 참여하고 있는 인간은 '자신을 구원하는 일'에 대해 가장 적게 신경을 쓰는가? 그 인간이 자신의 실천과 연결하는 '절대'는 '존재 욕망'과 보조를 함께하는 가장 의미 있는 그 무엇이 아닌가? 그것은 오히려 **부정**이 아닌가? '행동'을 '존재'로 유도하면서 사르트르는 결국 '행동'의 '행동'**으로서**의 특수성을 잘못 평가한 것이다. 도대체 사람은 왜 행동하는가? 스스로를 '절대'의 차원으로 끌어올리기 위해서인가? 시간으로부터 벗어나기 위해서인가? 만약 그렇다면, 행동하는 인간은 실제로 실망에서 실망으로 달음박질칠 것이다. 하지만 실제로 문제는 전혀 다른 방식으로 제기된다. '행동'이 인간에게서 '존재' 욕망을 채워 주지 못한다면, 그것은 이 '행동'이 이 욕망을 만족시킨다는 사실을 절대로 내세우지 않기 때문이다. 그리고 이것뿐만이 아니라 '행동'은 '존재'와 **대립**되기도 한다. '행동'에 의해 정립되는 윤리는 '존재' 위에 정립되는 윤리와 대척적이다. 분명 행동하는 인간은 모든 사람과 마찬가지로 자기 삶에 의미를 부여하려고 한다. 하지만 그 인간은 그 의미에 대해서는 자신을 **망각**하면서만 달성할 수 있을 뿐이라고 생각한다. 그가 목표로 하는 것은 그의 고유한 구원이 아니라, 인간이라는 종의 구원이다. 더 정확하게 말하자면, 인간이라는 종의 구원을 위해 일하면서 그 자신의 구원을 생각할 수 있는 것이다. 그의 관점은 역사의 관점이고, 이때 역사는 세계를 문명화시키면서 **스스로** 문명화되는 인간의 전성과 동일하다. 물론 이것은 '행동'을 평가(혹은 격하)하기 위해 '존재'에 의존할 **수 있다**는 것을 의미하지는 않는다. 하지만 이때의 관점은 **외재적** 관점이라는 사실을 염두에 두어야 할 것이다. 행동하는 인간의 고유한 지평선은 '존재'가 아니라 역사이기 때문이다. 기분전환으로서의 '행동'에 대한 파스칼적 비판은 그 모든 가치를 간직한다. 하지만 '존재'를 (예를 들어) '구멍이 난 꿈'이나 '비인간적인 기도'로 보는 대칭적인 비판 역시 생각해 볼 수 있는 것이다. '존재'가 '행동'으로 환원되는 것보다는 원칙상 '행동'이 '존재'로 더 '환원된다'고 할 수 있다.

『존재와 무』의 출간 이후 여러 해 동안 사르트르가 점차 의식해 가던 문제의 '이면'이 바로 그것이다. 그때까지 사르트르는 모든 것을 '존재'에 환원시켰다. 하지만 다른 지평선이 점점 사르트르 앞에 펼쳐진 것이다. 그 것이 바로 역사의 지평이다. 무엇을 선택할 것인가? 사르트르는 한동안 주 저했다. 그러나 사르트르는 그 자신의 일련의 정치적-일상적 위치를 지배 하는 개인적 논리에 결국 굴복하지 않을 수가 없었다. 그 자신이 찬양했던 것을 태워 버리고, 또 그 자신이 몸소 태워 버린 것을 찬양하면서 사르트르 는 역사에 합류하게 된 것이다.

위에서 인용한 1964년 인터뷰에서 사르트르는 회상적으로 '존재'를 위한 그 자신의 첫번째 선택을 '신경증'으로 규정하고 있다. 이 '신경증'이 라는 단어는 근엄함이라는 면에서 아주 시사적이다. 이 단어는 사르트르 가 오랫동안 근엄한 정신을 대표하는 자들(앞에서 보았지만, 특히 마르크스 주의자들)을 지칭하기 위해 사용한 '더러운 자들'(살로salauds)[4]이라는 단어 와 평행을 이루는 단어이다. 실제로 이 두 개념은 정확하게 상응한다. '존 재'에 특권을 부여하는 자에게 근엄한 인간은 필연적으로 살로이며, 자기 기만에 빠진 자이다.[5] 역으로 '행동'에 특권을 부여하는 자에게 '존재'를 추 구하는 인간은 신경증에 걸린 자일 수밖에 없다. 결국 1964년의 사르트르 는 회고적으로 1943년의 자신을 '신경증' 환자로 취급한 것이다. 만약 사 르트르가 1943년에 후일 그 자신이 가게 될 길을 예측할 수 있었다면, 그가 그 자신을 미리 살로로 취급했을 것이라는 점은 의심의 여지가 없다.

---

4 프랑스어로 'salaud'는 '더러운 자', '비열한 자' 등의 의미를 가진 단어이다. ── 옮긴이
5 예컨대 사르트르가 『구토』에서 묘사하고 있는 부빌 시의 부르주아들이 그 좋은 예이다. 이들 은 자신들의 존재이유는 과거로부터 현재에 이르기까지 이미 확고하게 주어졌고, 따라서 그 들의 현재 삶은 그 존재이유를 비판 없이 받아들이면서 그것을 강화시키는 것이라고 믿고 있 다. 그들은 이와 같은 자신들의 삶을 '진정한'(authentique) 삶으로 여기고 있으나, 사르트르 는 이것이 그들의 '자기기만'에 해당한다고 보고 있다. ── 옮긴이

신경증 환자이건 살로이건 간에, 사르트르는 어쨌든 그의 삶의 전지(電池)를 바꿔 끼웠다.『존재와 무』에서 자유는 '스스로를 자신의 고유한 가능성으로 원해야' 했다. 거기에서 자유는 모종의 '과제'를 수행하기 위해 놓여 있었다. 유희에 대한 숭배(혹은 예술에 대한 숭배)가 실천적 결단에 자리를 내주었다. 특히 사르트르는 '존재'를 포기했다. 1964년의 인터뷰에서 사르트르는 보부아르의 그 유명한 "나는 흐리멍텅해졌다"라는 말을 다음과 같이 설명하고 있다. "그녀가 이 단어를 사용했을 때, 그녀는 자신의 삶에서 찾을 수가 없었던 절대를 요구했다는 것을 의미하기 위함이었습니다. 우리는 동일한 관점을 가졌던 것입니다."[6] '문학'에 자기 자신을 바치면서 사르트르는 ──『말』에서 그렇게 고백하는데 ── 거의 "질서의 세계로 들어갔다".[7] 실제로 그는 '문학'에 대해 "그의 생을 우연으로부터 끌어내주기"[8]를, 자기에게 '불멸성'을 보장해 주기를 요청한 것이다. 그러나 지금 사르트르는 더 이상 불멸성을 생각하지 않는다. "순교, 구원, 불멸, 이 모든 것은 낡았다. 모든 건축물이 무너졌다. 나는 지하에서 '성령'을 집어서 밖으로 던져 버렸다."[9] 비생산적인 신비의 항으로 떨어져 버린 '존재'에 대해 이별을 고한 것이다. 이와 동시에 사르트르는 그때까지 '존재'와 조우할 수 있는 수단이라고 생각했던 '존재'의 영역인 상상적인 것에 이별을 고한 것이다. "수많은 과제가 남아 있습니다."

　　파스칼은 물었다. 행동하는 것이 무엇에 소용되느냐고 말이다. 행동은 과연 우리를 행복하게 하는가? 행동은 과연 우리를 유한성에서 해방시켜

---

6 1964년 4월 18일 『르몽드』지와의 인터뷰.
7 Jean-Paul Sartre, *Les Mots*, p.208.
8 *Ibid.*, p.209.
9 *Ibid.*, p.210.

주는가? 사르트르는 논의를 피한다. "우주는 어둡습니다. 우리는 조난당한 동물들입니다. 그러나 저는 갑자기 인간의 인간에 대한 소외, 착취, 영양실조가 사치스러운 형이상학적 악을 제2선으로 밀어낸 것을 발견했습니다. 기아, 그것은 간단히 악입니다. 소련의 공식 작가 중 한 사람이 저에게 이러한 말을 한 적이 있습니다. '공산주의가 지배하게 되는 때(다시 말해 모든 이를 위한 복지가 이루어지는 때), 인간의 비극, 곧 그의 유한성이 시작될 것이다.' 하지만 아직은 이 유한성을 발견할 때가 아닙니다."[10]

그러면 대체 그때가 언제란 말인가? 벌써 하나의 문제가 제기된 것이다. 어쨌든 한 가지 사실은 분명하다. 그때가 되면 (케인즈의 말을 그대로 인용한다면) "우리 모두는 죽을 것이다"라는 것이 그것이다. 그렇다면 일하고 싸우는 것이 무엇에 소용될 것인가? 파스칼적 논의가 온전히 그대로 남는다. 하지만 사르트르가 이 논의를 피하는 방식은 유의미하다. 사르트르가 파스칼에 대해 답을 하지 않았다면, 혹은 했다고 해도 건성으로 했다면, 그것은 그가 문제를 제대로 이해하지 못했기 때문이다. 파스칼은 개인과 이 개인의 불멸성에 대한 목마름을 참조한다. 사르트르는 인간이라는 종을 참조한다. 그런데 이 종의 관점에서 보면 죽음의 문제는 분명히 제기되지 않는다. 왜냐하면 종은 불멸이기 때문이다.[11] 여기에서 우리는 위에서 제시된 것을 다시 발견하게 된다. '존재'와 '행동'의 대화는 귀머거리들의 대화일 수밖에 없을 뿐이라는 사실이 그것이다. 한편으로는 역사에 무관심한

---

10 1964년 4월 18일 『르몽드』지와의 인터뷰.
11 최소한 지구상에서(혹은 우주에서) 인간이라는 종이 사라지지 않는다는 가정을 염두에 두고 이 문장을 이해해야 할 것이다. 물론 그 반대의 경우에는 사르트르의 논의는 무의미할 것이다. 실제로 사르트르는 『말』에서 문학을 통한 구원에 대해 말하면서 하나의 조건을 제시하고 있다. 이 지구상에 작가가 쓴 작품을 읽어 줄 독자, 곧 인간이라는 종이 존재해야 한다는 조건이 그것이다. —— 옮긴이

자들과 다른 한편으로는 죽음에 무관심한 자들의 대화가 그것이다. 원칙적으로 이 두 세계는 서로 낯선 것으로 남아 있게끔 되어 있다.

*   *   *

좋은 불멸이다. 또한 좋은 **발전해야** 한다. '행동'에 대한 가치부여는 역사의 의미라고 하는 믿음과 불가분의 관계에 있다. '이상'이라고 하는 것이 꿈에 불과하고, '미래'에 대한 신념이 해결될 수 없는 모순에 부딪치는 것이 자명하다면, 파스칼적 문제 — 행동하는 것은 무슨 소용이 있는가? — 는 다시 제기될 것이다. 그리고 이번에는 '**행동**'의 **차원에서조차도** 제기될 것이다. 우리는 셰익스피어의 다음과 같은 말을 알고 있다. 인간의 성장 과정은 "하룻밤 사이에 바보가 얘기하는 광인의 이야기"라는 말을 말이다. 이와 같은 회의주의가 엄격한 실천과 짝을 이룰 수가 있을까? 아마 기도(企圖)를 하기 위해 희망하는 것도, 보존하기 위해 성공하는 것도 필요 없을 것이다. 하지만 이것은 모험가의 말이지, 행동하는 인간의 말이 아니다. 행동하는 인간은 그 자신의 목표가 '해볼 만하다'라는 것을 생각해야 한다. 그의 과제가 **선험적으로** 쓸데없는 것이어서는 안 된다.[12]

---

12 칸트는 『이론과 실천』에 대한 1793년의 소논문에서 이렇게 쓰고 있다. "역사는 나의 희망에 대해 많은 의심을 낳게 할 수 있다. 그런데 이 의심들이 분명한 것으로 확인된다면, 그것들은 나로 하여금 분명 쓸데없는 임무를 포기하도록 종용할 수 있을 것이다. 하지만 그것들이 완벽하게 분명한 것으로 드러나지 않는 한, 내가 나의 의무(분명함liquidum이다)와 신중함의 규칙(분명하지 않음illiquidum이다. 왜냐하면 그것은 단순한 가정이기 때문이다) ── 나로 하여금 행할 수 없는 무언가를 위해 노력을 경주하지 못하도록 강제하는 ── 을 맞바꿀 수 없다는 것 역시 사실이다"(Immanuel Kant, *Théorie et pratique*, trad. Louis Guillermit, Paris, 1967, p.54). 따라서 그 반대로 만약 겨냥된 목적을 달성하는 것의 불가능성이 논증적으로 정립되었다면, 이 경우 그 목적을 달성하려는 행위는 아무런 의미를 갖지 못하게 된다. 이와 같은 생각이 『실용적 관점에서 본 인간학』에서도 나타나고 있다. 칸트는 이렇게 말하고 있다. "확실한 근거를 가지고 있는" 역사의 행복한 종말에 대한 기대는 "인간이라는 종이 최상의 상태를 향해 나아가는 진보를 낙담시키지 않기 위해 필요하다. 또한 인간 각자가 자신의 내부에서 가능

우리는 여기에서 아주 미묘한 문제에 가닿게 된다. 대체 사르트르는 어느 정도까지 역사의 의미에 대한 신념을 받아들이는가 하는 문제가 그것이다.

앞에서 살펴본 것처럼, 『존재와 무』에서 사르트르는 칸트, 헤겔, 마르크스에 반대했다. 우선 칸트에게 반대했다. 칸트가 타자를 수단으로뿐만 아니라 목적으로 취급할 수 있는 가능성을 믿었기 때문이다. 그다음으로 헤겔에게 반대했다. 헤겔이 개인 상호 간의 원초적 갈등이 만인에 의한 만인의 인정을 그 마지막 계기로 하는 변증법 내로 편입될 수 있다고 생각했기 때문이다. 마지막으로 마르크스에게 반대했다. 마르크스가 근엄한 정신을 구현하고 있기 때문이다. 일단 마르크스는 한쪽으로 제쳐 놓자. 우리는 앞에서 사르트르가 마르크스의 근엄한 정신과 조우했다는 사실을 지적한 바 있다. 어쨌든 마르크스를 제쳐 놓고 나면, 칸트와 헤겔이 남는다. 사르트르는 이들에 대한 그 자신의 비판 역시 번복하는가? 문제의 중요성을 강조해 보자. 『존재와 무』에서 죽음의 투쟁은 극복될 수 없는 지평선으로 나타났다. 하지만 1950년대에 집필된 앙가주망에 관련된 글들에서 사르트르는 **진보적** 폭력 개념 위에 정립된 공산주의를 정당화하는 이론을 전개하게 된다. 우리는 이러한 상황을 고려해서 사르트르가 **발전했다**는 생각을 갖게 된다. 하지만 실제로 그랬는가? 사르트르가 정말로 환원될 수 없는 투쟁으로 나타나는 타자와의 관계에 대한 그의 원초적 비전을 재고했을까?

카뮈가 『현대』지 편집장에게 보낸 편지를 분석을 위한 출발점으로 삼을 수 있다. 사실 이 편지에서 '실존주의'와 '진보주의' 사이의 관계 문제는

한 한 자신의 모든 지혜와 모범적인 도덕심을 가지고 이와 같은 목표를 향한 접근을 더욱더 조장할 수 있기 위해서도 위와 같은 기대는 반드시 필요하다"(Immanuel Kant, *Anthropologie du point de vue pragmatique*, p.166).

아주 적합한 개념들로 제시된다.

　원칙상 카뮈의 편지는 프랑시스 장송이 『현대』지에 실었던 『반항하는 인간』에 대한 비판적 서평에 대한 답변이다. 하지만 카뮈는 장송을 무시했고, 사르트르에게 직접 말을 건넸다. 카뮈는 사르트르에게 다음과 같은 근본적인 질문을 던진 것이다. 역사의 의미도, 더군다나 마르크스주의의 '예지자들'도 믿지 않는 당신이, 어떻게 내 책[13]을 비난하기 위해 그들에게 직접 호소하고 있는 장송의 글을 '변호'할 수 있는가라고 말이다. "이용되고 있는 논지에 국한시켜서 보자면, 당신의 비판은 우선 당신의 협력자들 대부분의 책들에 대한 비난으로 이어져야 하고, 또한 당신의 잡지에 실린 몇 편의 논문에 대한 비난으로 이어져야 할 것입니다. 장송이 내 책 앞에서 취한 입장을 정당화하기 위해 다음과 같은 사실을 증명할 필요가 있을 것입니다. 『현대』지에 반대해서 역사는 필연적으로 하나의 의미와 하나의 목적을 갖는다는 사실, 역사가 우리에게 내보이는 불쌍하고 찌그러진 얼굴이 꿈에 불과하다는 사실, 이와는 반대로 고저가 있기는 하지만 역사는 필연적으로 제한된 자유 내에서 극복될 수 있는 화해의 순간을 향해 나아간다는 사실이 그것입니다. 장송이 마르크스주의의 어떤 면은 배척하고 또 어떤 면은 받아들인다고 하더라도, 그가 당신의 가정과 충돌 없이 선택할 수 있는 유일한 것은, 비판적 마르크스주의이지 예언자적 마르크스주의가 아닙니다. 그러나 그 경우 장송은 내 주장의 정당함을 인정하게 될 것이고, 또 그의 논문을 부정하게 될 것입니다. 예언자적 마르크스주의의 몇몇 원칙들만이 (영원의 철학의 그것들과 더불어) 내 논지에 대한 무조건적인 거절을 용인할 수 있을 것입니다. 하지만 당신의 잡지에서 그것을 모순 없이 단

---

13 『반항하는 인간』을 가리킨다. ─ 옮긴이

언할 수 있을까요? 결국 인간이 가치의 규칙 안에서만 목적으로 삼을 만한 것을 선택할 수 있을 뿐이라면, 대체 역사가 어떻게 지금부터 지각 가능한 의미를 지닐 수가 있을까요? 역사가 의미를 지닌다면, 왜 인간은 그 의미를 목적으로 만들지 못하는 걸까요? 그리고 만약 그가 그렇게 한다면, 당신이 말하는 끊임없는 자유와 끔찍한 공포 속에서 그는 어떻게 될까요? 내 생각에 더 전개될 수 있을 이와 같은 반박은 아주 중요한 것입니다. 당신의 비판자의 눈에도 그 중요성이 더 작아 보이지는 않을 것입니다. 만약 그렇지 않다면, 『현대』지에서 유일하게 관심을 가질 문제를 완전히 제거할 것이기 때문입니다. 역사의 종말에 대한 문제가 그것입니다."[14]

카뮈가 이 편지를 쓰고 있을 때, 사르트르는 공산주의의 정치에 대해 명백한 입장을 취하지도 않았고, '진보적 폭력' 이론을 아직 완전히 자기 것으로 삼지도 않았다. 그럼에도 카뮈는 사르트르가 어떤 방향으로 나아갈 것인가를 모르고 있지 않았다. 카뮈는 사적인 토론의 기회를 통해 그들 사이에 패이고 있는 골의 깊이가 어느 정도인지 측정해 볼 수 있었다.[15] 게다가 카뮈의 편지가 『현대』지에 실리기 한 달 전에 사르트르는 그의 「공산주의자들과 평화」의 1부를 실었다. 그러니까 카뮈가 제기한 문제들은 제대로 맞아'떨어진' 것이다.

게다가 사르트르는 그 문제에 답할 마음이 있었다. "역사는 의미를 갖는가? 역사는 끝이 있는가? 당신은 이렇게 물었습니다. 나에게 이 문제는 아무런 의미가 없는 문제입니다. 왜냐하면 역사는 그것을 만드는 인간들 밖에서는 추상적이고 부동적인 개념에 불과하고, 그것에 대해 그 끝이 있

---

14 Albert Camus, "Lettre au directeur des *Temps modernes*", *O.C.*, t.II, p.769.
15 Simone de Beauvoir, *La Force des choses*, pp.279~280.

느냐 없느냐를 말할 수 없기 때문입니다. 그리고 문제는 역사의 끝을 아는 것이 아니라, 그 역사에 끝을 **주는** 것입니다."[16]

그렇다면 사르트르는 카뮈에게 실제로 답을 했는가? 사실을 말하자면, 그렇다고 생각할 수 있다. 분명 사르트르는 도움이 되는 몇 가지 점을 분명히 밝히긴 했다. 카뮈는 '예언'에 대해 말했었다. 사르트르는 역사의 문제가 **이론적** 차원이 아니라 **실천적** 차원에서 제기된다는 사실을 상기하고 있다. 그러니까 역사는 인식해야 할 여건이 아니고 완수해야 할 과제라는 것이다. 달리 말하자면, 역사가 의미를 갖느냐 아니냐 하는 것은 자유로서의 인간 —— **실천**으로서의 인간 —— 에게 달려 있다는 것이다. 그런데 카뮈가 다음과 같이 말하면서 문제를 제기할 때, 즉 "만약 인간이 가치의 규칙으로 선택할 수 있는 목적을 가지지 않는다면, 역사는 어떻게 지금부터 의미를 가질 수 있을까요?"라고 할 때, 그는 아주 다른 영역으로 옮겨 간 것은 아니었다. 카뮈 역시 역사의 문제를 자유의 문제에 연결시키고 있다. 하지만 사르트르는 정확히 카뮈가 제기한 문제에 대해 침묵을 지키고 있다. 즉 사르트르가 자유에 대해 부여한 개념(실천적이거나 혹은 공리적인 엄격함에 대한 거절, 자유 **그 자체를** 위한 자유 예찬)을 통해 그가 역사와 조우하는 것이 가능한지를 아는 문제가 그것이다. 사르트르는 역사는 인식되는 것이 아니고, 형성되어야 할 것이라고 말하고 있다. 좋다. 하지만 『존재와 무』에서 사르트르는 '행동'을 단죄한 바 있다. 그런데 지금에 와서 사르트르가 어떻게 '행동'에 편승할 수 있는가? 이것이 바로 카뮈가 제기한 문제였다. 우리는 방금 카뮈의 주장이 가진 의미에 주목해 보았다.

게다가 카뮈는 거기에서 멈추지 않는다. 카뮈의 편지는 **화해**라는 주제

---

16 Jean-Paul Sartre, "Réponse à Albert Camus", *Situations IV*, p.124.

와도 상관있는 또 하나의 문제를 제기한다. 사르트르는 과연 철학적으로 '우리가 결정적 자유 안으로 뛰어들 수 있을 화해의 순간'을 생각하기 위한 준비가 되어 있었던가? 역사의 얼굴이 언젠가 '끔찍하고' '일그러진' 것과는 다른 얼굴이 될 수 있다는 점을 상상해 보았는가? 암시는 분명했다. 거기에서 카뮈가 노렸던 것은 극복될 수 없는 죽음의 투쟁으로서의 타자와의 관계에 대한 사르트르의 이론이었다. 『존재와 무』의 관점에서 보면, 나와 타자 사이의 화해는 생각될 수 없다. 역사는 진보가 아니라 순환이며, 그것도 **지옥과 같은** 순환이다. 이러한 상황에서 사르트르는 어떻게 **진보적 폭력** 개념을 받아들일 수 있는가? 이 점에 대해 사르트르는 「알베르 카뮈에 대한 대답」에서도 역시 침묵을 지키고 있다.

앞에서 살펴본 것과 같이, 그 이후 사르트르는 그의 원초적 '허무주의'를 부정하게 된다. 그렇다면 그는 자신의 **비관주의**도 결국 부정하고 말 것인가? 이 문제의 답을 찾기 위해서 다시 『변증법적 이성비판』으로 돌아가 보자.

『변증법적 이성비판』에서 사르트르가 독재의 문제를 다룬 방식을 분석하면서 우리는 조금 전에 죽음의 투쟁이라는 주제로 되돌아왔다. 사르트르의 추론이 홉스적 변증법에 접근할 수 있다는 점을 지적한 바 있다. 인간은 인간에 대해 늑대이며, 따라서 '자연상태'는 살 수 없는 것이고, '문명상태'로의 이전이 부과되는 것이다. 하지만 문명상태는 어떤 형태로 실현될 수 있는가? 필연적으로 **권위적인** 방식으로이다. 인간들이 본성상 서로의 **적**이라면, 그들을 통일시키기 위해 생각 가능한 유일한 방식은 융합이다. 즉 '제3자', 그러니까 독재자의 매개를 통해서만 가능할 뿐인 융합이 그것이다.

이제 사르트르에게서 죽음의 투쟁이라는 주제를 살펴보자. 우리는 다음과 같은 문제를 제기한다. 『변증법적 이성비판』에서 사르트르는 과연 인간들 사이의 화해를 위한 자리를 남겨 두고 있는가?

이제 문제의 '핵심'이 어디에 있는지 짐작할 수 있다. 『존재와 무』에서와 마찬가지로 『변증법적 이성비판』에서도 사르트르는 "지옥, 그것은 타자이다"라는 사실을 보여 준다. 그런데 이 두 경우에 그 과정이 완전히 같지는 않다. 사르트르는 『존재와 무』에서 이 주장을 하기 위해 대자-대타의 이원성 ── 따라서 인간 실재의 구조 자체 ── 을 참조한다. "지옥, 그것은 타자이다", 이 주장은 단순히 타자가 시선(혹은 자유, 초월, 의식)이라는 사실로부터 유래하고, 또 나는 타자에게 **객체**라는 사실에서 기인한다. 소외의 원천은 객체화이다. 『변증법적 이성비판』에서 사르트르는 무엇보다도 우연한 현상인 희소성을 참조한다. 타자와의 관계가 지옥과 같은 성격을 띠는 것은 바로 (토머스 맬서스의 표현을 빌리자면) '자연의 향연'에 모여드는 회식자들의 숫자가 너무 많기 때문이다. 이처럼 관점이 아주 다르다. 그리고 어쨌든 얼핏 보기에는 이 후기 관점이 덜 '어둡다'. 왜냐하면 존재론적 결정으로서의 대자-대타의 이원성은 필연적으로 **환원 불가능**하기 때문이다. 그렇다면 희소성의 경우에도 마찬가지일까? 언젠가 모든 사람이 자연의 향연에서 자기 자리를 발견할 수 있으리라 가정할 수는 없을까? 최소한 그렇게 가정하는 것을 '생각해 볼 수는' 있다.[17] 이처럼 우리는 죽음의 투쟁을 극복할 수 있는 가능성을 엿보게 된다. 희소성에 대한 승리, '풍요의 시대'의 도래라는 것이 만인에 대한 만인의 투쟁에 종막을 고할 수도 있을 것이다. 이어서 민주적 '대안'이 '문명상태'의 독재적 방식에 대립될 수도 있을 것이다.

---

17 무한복제가 가능하다고 여겨지는 '이미지'의 경우가 그 좋은 예이다. ── 옮긴이

그렇다면 이것이 어느 정도 가능할까? 우선 사르트르가 이 풍요의 문제에 대해 아주 신중하다는 사실을 지적하자. 사르트르는 분석의 첫머리에서 희소성이 우연한 사실이라는 점(따라서 적어도 원칙적으로는 극복할 수 있다는 점)을 말하고 있다. 하지만 사르트르는 이와 같은 우연성에 대한 자세한 연구와 극복의 가능성 문제를 『변증법적 이성비판』 2권으로 넘기고 있다. 왜냐하면 사르트르의 지적에 의하면 이 문제나 다른 문제도 모두 '미래'에 관련되기 때문이다.[18] 그런데 사르트르는 그 이전에 지나간 역사와 현재의 역사의 필연성을 밝히고자 한다. 정확히 그 자체로 우연한 현상 위에 기초하는 필연성, 하지만 지금까지 극복되지 않고 있는 희소성이라는 필연성이 그것이다.

물론 지금까지 간행되지 않은 『변증법적 이성비판』 2권에 대해 섣부른 판단을 하는 것은 소용없는 일이다. 하지만 당장에 우리는 몇 가지 난점을 볼 수 있다. 희소성은 일의적 개념이 아니다. 거칠게 보자면 그것은 **결여**로 정의된다. 가용할 수 있는 자연 자원은 **제한**되어 있다는 특징을 지니고 있다. 이 자원들은 인간의 욕구를 충족시켜 주는 데 충분하지 않다. 그러면 이 욕구는 **무엇으로** 구성되어 있는가? 여기에서 문제가 복잡해진다. **일차적** 욕구와 **이차적** 욕구를 구별할 것인가? 이와 같은 구분의 의의는 미약하다. 어떤 욕구는 일차적 욕구들이 충족되지 못한 채 남아 있는 것과 같은 시간 동안 '이차적'인 것으로 나타날 수밖에 없다. 일차적 욕구들이 일단 충족되면, 이전의 이차적 욕구가 일차적 욕구가 된다는 사실은 잘 알려져 있다. 필요한 것과 잉여적인 것 사이의 경계는 이렇게 해서 상대적이고 주관적인 성격만을 띨 뿐이다. 그런데 이 '잉여적인 것' 자체가 정의 불가능

---

18 Jean-Paul Sartre, *Critique de la raison dialectique*, p.201.

하다. 대체 인간의 욕구는 어디에서 멈추는가? 실제로는 그 어디에서도 멈추지 않는다. 우리가 욕구들을 충족시키는 수단을 발견하는 것에 비례해, 그것들은 — 어떤 때는 그 수단보다 더 빠르게 — 계속 확장되어 간다. 각자는 항상 자신의 욕구를 그가 도달하는 점 너머에 위치시킨다. 경주가 멈출 하등의 이유가 없는 것이다.

이렇게 해서 우리는 '경제적' 사실로부터 '도덕적'인 면으로 돌아온다. 희소성의 문제를 해결하기 위해서는 물론 각자가 자연의 향연에 참여할 수 있도록 해야 한다. 하지만 모든 문제가 그렇게 해서 해결될 수는 없을 것이다. 게다가 각자가 자신의 욕구를 **조절**할 줄 알아야 할 것이며, 또한 그 욕구에 대해 일정한 **한계**를 지워야 할 것이다. 거기에서 우리는 고전 철학의 친숙한 주제를 다시 보게 된다. 그러나 그때부터 새로운 문제가 다시 제기된다. 사르트르 자신이 가지고 있는 인간 개념이 과연 이와 같은 욕구의 충족을 **가능**하게 해주는가? 『존재와 무』의 다음과 같은 문장들을 상기해 보자. 사르트르는 이렇게 말하고 있다. 인간 실재는 **결여**이고 비어 있다. 인간 실재는 계속 즉자를 향해 기투한다. 하지만 즉자는 그 인간 실재를 계속 피한다. 따라서 의식은 불행에 처해 있다. "대자는 그 존재 내에서조차 실패이다."[19] 물론 거기에서 문제가 되는 것은 '존재 욕망'이다. 그런데 앞에서 살펴본 대로 사르트르는 그 이후에 '행동'을 위해 '존재'를 포기해야 했다. 그렇다면 같은 문제가 '행동'에서는 제기되지 않는가? 의식이 결여나 혹은 무로 정의되는 순간부터, 인간의 욕망들의 충족은 **생각될** 수 있는가? 우리는 이 문제를 제기함으로써 사르트르가 어려움의 끝에 도달할 수 없었다는 것을 지적하려는 것이 아니다. 우리가 지적하고 싶은 것은 단지 사

---

19 Jean-Paul Sartre, *L'Être et le néant*, p.132.

르트르 철학의 **실존**의 범위 내에서는 이와 같은 난점이 해결될 수 없다는 사실이다.

앞에서 우리는 보부아르와 사르트르가 젊었던 때에 '기술자들'(그들에 의하면 기술자들은 '근엄한 정신'을 구현한다)에 대해 가졌던 경멸을 보여 주는 보부아르의 문장을 인용한 바 있었다. 그런데 어떤 면에서 보면 『변증법적 이성비판』이 사르트르와 기술자들 사이의 화해를 보여 준다고도 할 수 있을 듯하다. 왜냐하면 죽음의 투쟁의 원인이 희소성이라면, 의식들 사이의 인정이 풍요의 도래에 종속된다면, 기술자는 분명 투명성을 탐구하는 도덕주의자들에게 필요불가결한 도움을 주는 자이기 때문이다. 그럼에도 우리는 이러한 '화해'가 갖는 한계를 본다. 만약 사르트르가 현실에서 죽음의 투쟁 문제를 대자의 존재론적 구조로부터 분리시켰다면, 그 화해는 실제적인 것이 될 수 있을 것이다. 하지만 과연 사르트르가 그런 분리를 행했는가? 사태를 보면 최소한 그렇지는 않은 것 같다. 희소성은 인간의 욕구의 이면이다. 그런데 사르트르 자신에 의하면 욕구는 대자와의 공동 실재이다. 대자는 욕구(또는 욕망)로 **존재한다**.[20] 『변증법적 이성비판』 2권에서 사르트르는 아마 의식에 대한 그의 형이상학을 재고할지도 모를 일이다. 그러나 이 2권을 기다리는 동안 기술자가 사르트르에게 어떤 유용성을 줄지는 알 수가 없다.

이처럼 1952년 『현대』지 편집장에게 보낸 편지에서 카뮈에 의해 제기된 어려움은 해결되지 않은 채 그대로 남아 있다. 사르트르의 철학에는 여

---

20 『존재와 무』에서 인간은 '신이 되고자 하는 욕망'(désir)으로 정의되는 데 비해, 『변증법적 이성비판』에서 인간은 생물학적 '욕구'(besoin)의 주체로 정의된다. 이처럼 사르트르에게서 '욕망'과 '욕구'는 구별해서 사용해야 하는 개념들이다. 하지만 이 두 개념 모두 인간의 '결여', '부족', '비어 있음' 등을 보여 주는 개념이기 때문에 혼용해서 사용되는 경우도 없지 않다. ─ 옮긴이

전히 진보 개념이 들어설 자리가 없는 것이다. 이러한 생각 자체가 **생각될** 수 없다. 사르트르가 희소성의 '우연한' 성격 —— 게다가 죽음의 투쟁의 극복 가능성 —— 을 입에 올린다고 해도 소용없는 일이다. 욕망의 법칙에 복종하지 않는 인간의 모습이 어떤 것이라는 점에 대해 사르트르가 설명을 하지 않고 있기 때문에, 우리는 '우연한'이라는 형용사가 가진 실제적 의의에 대해 회의적 태도를 보일 수밖에 없다. 『존재와 무』와 비교해 볼 때, 사르트르가 앞으로 내디딘 걸음은 실질적이라기보다는 외관적으로 보인다.

그렇다고 해서 사르트르의 체계가 실패로 막을 내린다고 말할 것인가? 사태를 잘 이해하도록 하자. 1952년에 카뮈는 인간과 역사에 대한 사르트르의 비관적 비전을 비난한 것이 아니었다. 카뮈가 사르트르를 비난한 것은, 두 편의 그림 위에서 논다는 점이었다. 사르트르는 한편으로 상호 인정이 신화에 불과하다고 주장했다. 다른 한편으로 그는 '역사의 정언명령'을 상기시켰다. 카뮈에 의하면 사르트르는 선택을 했어야 했다. 사르트르가 그의 애초의 비관주의에 충실히 남아 있든가 —— 그렇게 되면 그는 '진보적 폭력'에 대해 말할 수도, 소련의 노예상태를 정당화할 수도 없었을 것이다 —— 아니면 '진보적 폭력'에 가세하든가이다. 하지만 후자의 경우라면 그의 철학을 수정해야만 할 것이다. 따라서 우리는 다음과 같은 문제를 제기할 수 있다. 과연 사르트르는 그의 철학을 수정하였는가? 이 문제에 대한 우리의 답은 그렇지 않다이다. 이것이 물론 사르트르의 철학이 일관되지 않다는 것을 의미하는 것은 아니다. 다만 그것은 사르트르의 철학과 사르트르라는 사람 자신이 취한 정치적-일상적 입장 사이에 여전히 간극이 있다는 것을 의미한다.

진보적 폭력 개념은 단순한 가정을 전제한다. 인간들의 화해 **가능성**에 대한 믿음이 그것이다. 이처럼 홉스를 대신해서 우리는 현재에 개인들을 조직할 수 있는 유일한 방식은 전제(專制)라는 사실을 인정한다. 하지만 다음 두 종류의 전제를 구별해야 할 것이다. 자신들의 체제를 영구히 하려고만 하는 전제와 그 자체를 스스로 극복하려는 전제가 그것이다. 우리는 두 번째 전제에 특권을 부여할 수 있을 것이다. 그러나 만약 화해가 꿈에 불과하다면? 대답은 간단하다. 우리는 다시 홉스에게로 돌아가게 될 것이다. 어쩌면 이것이 『변증법적 이성비판』의 마지막 말일 수도 있을 것이다.

*   *   *

보론

『변증법적 이성비판』에서 **지배를 위한**(pro domo) 변명만을 보는 것은 분명 지나치다. 그럼에도 이 저서에서 시도된 '변증법적 경험'이 종막을 고하는 방식 ── "건설 중인 사회주의 사회의 첫번째 계기는…… 고전주의, '공포', 개인숭배의 해체 불가능한 결합일 수밖에 없다"[21]는 주장 ── 은 생각해 볼 필요가 있다. 실천적 타성태의 '진리'가 반(反)반실천이고, 더군다나 이 반반실천의 '진리'가 전제(專制)라면, 이 경우 우리가 얻을 수 있는 교훈은 **전제주의로의 귀착**이 아닌가? 또한 『변증법적 이성비판』의 심오한 의미가 필요불가결한 전체주의적 정치로서의 공산주의 정치의 정당화라고 생각하게 하는 것은 아닌가? 하지만 역으로 우리는 이러한 시각에서 규범적 진보주의자들의 변론에 대해 사르트르가 추구한 전복이 갖는 중요성을 가늠해 볼 수 있다. 사실 공산주의적 전체주의가 정당화된다면, 그것은 근본적으로 **희망의 구현**으로서이다. 하지만 이와는 달리 『변증법적 이성비판』

---

21 Jean-Paul Sartre, *Critique de la raison dialectique*, p.630.

에서는 단지 안전의 보증으로서일 뿐이다. 그런데 공산주의적 전제주의에 대한 이와 같은 정당화 방식은 (파시즘을 포함해) **그 어떤 다른 형태의 전제주의**에도 역시 해당된다. 실제로 질서의 지배를 확립하는 것이 중요하다면, 분명 전제자라는 꼬리표는 별로 문제될 것이 없다.

2부 결론

우리는 방금 전제주의로의 귀착이 객관적으로 『변증법적 이성비판』의 논리적 결론이라는 사실을 지적했다. 하지만 이 결론이 유일하게 가능한 결론일까? 융화집단 문제에 할애된 사르트르의 논지로 되돌아가 보자. 분명 그 논지는 도달점 ── 복종의 계약의 숙명성에 대한 단언 ── 과 분리되지 않는다. 사르트르에게 있어서 모든 혁명은 실패로 끝나게 되어 있으며, 문명상태의 유일한 존재방식은 전제주의이다. 사르트르의 눈에 혁명이 **긍정적**인 의미를 갖는다는 것은 자명하다. 혁명은 열광의 순간이며, 내일이 없다 할지라도 한 번쯤은 경험해 볼 만한 가치가 있는 사건이다. 바스티유 감옥의 탈취는 역사의 도도한 흐름에 대한 영웅적인 '괄호'[1]였다. 열리자마자 곧 닫히고 말았지만 말이다. 하지만 이 사실은 그다지 중요하지 않다. 왜냐하면 한순간이지만 보통 제도들이 가지고 있는 전지전능한 타성태적 특징을 무너뜨렸고, 또 많은 사람들이 '공동 자유'를 맛보았기 때문이다.

하지만 다음과 같은 사실을 잊어서는 안 될 것이다. 바스티유 감옥을 탈취하기 위해 달려가는 군중은 실제로 **하나**라는 사실을 말이다. 집단이

---

1 '일시적 중단'이라는 의미이다. ── 옮긴이

그 자체의 고유한 실천과 동일시될 때, 이 집단을 형성하는 개인들은 실제로 융합되어 있고, 또 그들은 이제 더 이상 **흩어진 상태로** 존재하지 않는다. 이렇게 해서 승리를 구가하는 내일은 신화의 차원으로 떨어진다. 하지만 혁명은 신화의 요소를 하나도 갖고 있지 않다. 혹은 이렇게 말할 수 있다면, 혁명의 순간에는 (순간적이지만 실제적인) 현실과 부합하는 신화가 있다. 헤겔처럼 말하자면, "'우리'인 '나'와 '나'인 '우리'"가 거기에서 진리를 발견하게 된다.

따라서 『변증법적 이성비판』에 대한 이중의 읽기가 가능하다. '홉스적'(혹은 마키아벨리적)인 읽기와 '혁명적' 읽기가 그것이다. 게다가 이 두 가지 읽기는 서로 모순되지 않는다. 앞에서 살펴보았듯이, 뭔가를 기도(企圖)하기 위해 그것을 반드시 희망해야 할 필요는 없는 것이다. 논리적으로 보아 혁명적 의지는 역사의 의미에 대한 믿음에 결코 의존하지 않는다. 바스티유 감옥을 탈취하는 것은 그것 자체로 하나의 목적일 수 있다.

그러나 여기에서 하나의 난점이 제기되는 것 같다. 혁명이 그 자체 내에서 목적을 발견한다고 하면, '행동'은 결국 유희가 되어 버리지 않겠는가? 또한 조금 전에 지적한 것처럼, 사르트르가 『존재와 무』의 미학주의를 극복했다고 주장할 수 있는가?

다음과 같은 사실을 인정하자. 거기에서 드러나는 시각은 『존재와 무』와 놀라울 정도의 유사성을 제공해 준다는 사실을 말이다. 하지만 또다시 사르트르의 **철학**과 그의 신문기사적 선언들(매스컴의 인터뷰들)을 구분해야 한다. 『말』의 출간 이후로 사르트르는, 그를 이해하려는 자들에게 그 자신이 직접 '행동'을 위해 '존재'를 부정했다는 사실, 그리고 그 이후로는 자기에게 중요한 것은 투쟁가적 삶이었다는 사실을 단언한 바 있다. 하지만 '행동'은 사람이 행하는 것의 가치에 대한 믿음과 분리되지 않는다는 사실을 우리는 지적한 바 있다. 달리 말해 '행동'이 의미를 가지기 위해서는 역사도 **역시** 의미를 가져야 하며, 더 정확하게는 역사가 하나의 의미를 **가질 수 있어야** 한다. 분명 역사는 항상 **만들어져야** 할 것이다. 그러나 이 역사는 **만들 수 있는** 것이어야 한다. 그런데 사르트르는 ── 『변증법적 이성비판』 은 이 사실을 잘 보여 주고 있는데 ── 역사는 만들 수 **없는** 것이라고 판단하고 있다. 그렇다면 사르트르가 어떻게 다시 미학주의로 돌아가지 않겠는가? 사르트르가 어떻게 다시 '행동'을 **위한** '행동'에 특권을 부여하지 않을 수 있겠는가?

결국 『존재와 무』의 미학주의와 『변증법적 이성비판』의 미학주의가 있는 것이다. 그리고 만약 우리가 '행동'을 위한 '행동'이라는 이 주제를, 혁명을 위한 혁명이라는 이 주제를 심화시켰다면(혹은 체계화시켰다면), 우리는 결국 처음에 생각했던 것보다 더 중요한 그 무엇인가를 얻게 될 것이다. 헤르만 라우슈닝[2]은 그의 고전적 저서 『허무주의 혁명』에서 나치 지도자의 다음과 같은 말을 인용하고 있다. "독일 국민은 마침내 …… 자신들의 삶의 스타일을 발견하고 있는 중인데, 그 스타일은 영국식 자유주의라고 부르는 것과 근본적으로 다른 것이다. 그것은 진행 중인 일럴 종대의 행진 스타일이다. 그 스타일이 어디로 향해 가는가, 그리고 그 침략이 어떤 목적을 위해 진행되고 있는가는 별로 중요하지 않다."[3] 사르트르는 결코 이와 같은 사나운 어투로 자신의 생각을 표현하지는 않았다는 사실을 지적해야 할 것이다. 하지만 순수한 **실천** 혹은 순수한 **운동**으로서의 융화집단에 대한 신비화는 파시스트들의 행동 이데올로기나 스타일의

---

2 나치 독일의 행정가 ── 옮긴이
3 Hermann Rauschning, *La Révolution du nihilisme*, Paris, 1939, p.67.

몇몇 특징적인 양상들과 크게 다르지 않다. 사르트르 역시 '함께 가는 것' (Zusammenmarschieren) 그 자체를 하나의 가치로 삼는 쪽으로 경도되었을 수도 있다.

또한 이와 같은 사유의 범위에서 보면, 사르트르적 '혁명주의'와 1968년 5월의 이데올로기가 완전히 일치한다는 점을 지적해야 할 것이다. 게다가 실패로 끝난 5월 '혁명'에 대한 연대기를 썼던 자들 가운데 한 명인 에피스테몽은 그의 저서『프랑스를 흔들었던 생각들』에서 다음과 같은 사실을 지적하고 있다. 낭테르대학에 왔던 젊은이들 중 상당수가『변증법적 이성비판』의 열렬한 독자들이었고, 그들이 세미나에서 이 책을 연구했다는 사실이 그것이다.[4] 어떤 면에서 보면 "변증법에 집착했던 자들"(에피스테몽의 표현이다)은 5월 혁명의 상황을 미리 예측했다고도 할 수 있다.

주지의 사실이지만, 여기에서 문제가 되는 이 변증법은 두 가지 측면을 가지고 있다. 하나는 부정적 측면이고, 다른 하나는 긍정적 측면이다. 그리고 그 변증법 안에서 부정은 긍정에 의해 마무리된다. 파괴는 건설할 미래와 함수 관계에 있다. 그러나 만약 미래가 봉쇄되어 있다면? 그때는 필연적으로 변증법이 그것의 파괴적 계기로 환원된다. 우리는 이미 이 주제가『존재와 무』에서 잉태되고 있음을 보았다. 이 책에서 부정성은 '쓸데없이' 작용한다고 말한 바 있다. 부정성은 수단이 아니고 목적이다. 하지만『존재와 무』는 비정치적 저서이다. 사르트르는 이 책에서 스포츠, 게임 등의 예를 들고 있다. 게다가 '불가능한 삶을 사는 것의 불가능성'으로서의 '공동자유' 문제는 다루어지지 않았다.[5] 이와는 반대로『변증법적 이성비판』에

---

4 Épistémon, *Ces idées qui ont ébranlé la France*, Paris, 1968, p.85.
5 사르트르의『존재와 무』에서 다루어지지 않았던 이 문제는『변증법적 이성비판』에서 아주 중요한 의미를 갖게 된다. 이타성의 지배하에서 지옥과 같은 삶을 영위하는 '집렬체'의 구성원

서는 정치가 우선적으로 부각된다. 곧바로 의미가 굳어진다. 사르트르가
『존재와 무』에서 "자유는 스스로를 자신의 고유한 가능성으로 원한다"고
선언했을 때, 곧장 마음에 와 닿는 것은 바로 칸트, 그리고 그의 목적 없는
목적성이었다. 하지만 여기서는 오히려 라우슈닝이 떠오르며, 또한 일렬
종대의 행진이 떠오른다. 사르트르에게서 우리는 미학주의의 운명을 따라
왔는데, 이 미학주의는 ─ 그것이 마지막까지 나아간다면 ─ 허무주의로
귀착될 수밖에 없는 것이다.

혁명을 위한 혁명이라고 하는 것이 사르트르의 현재 '좌파주의'의 실
제 내용일까? 이러한 생각은 우선은 매력적이다. 사르트르의 철학과 정치
적-신문기자적 선택과의 관계라는 시각에서 보면, 우리가 받아들이는 조
건하에서 이 생각은 다음과 같은 것을 의미한다. 즉 사르트르가 1950년대
에 진보적 폭력 개념으로의 합류를 통해 자신의 근본적 사유와 '참여한' 인
간의 정열 사이에 패인 간격을 늦게나마 **극복하게** 되었을 것이라는 점이
그것이다. 진보라는 생각을 철학적으로 정립할 수 없었기 때문에, 사르트
르는 정치적으로 그것을 포기할 수밖에 없었던 것이다. 그리고 사르트르
의 정치는 그때에 '폭력에 대한 사유'(더군다나 이것이 바로 『변증법적 이성
비판』이라는 책이다)로 자연스럽게 환원되었을 것이다.

그러나 이와 같은 가정은 우연으로 보인다. 사실 좌파주의에 대한 사
르트르의 호감은 간단하게 설명된다. 18년 동안 '역사의 주체' 자격으로서
의 정통 공산주의에 부여했던 신념을 사르트르는 그 자신의 좌파주의의

들이 더 이상 비인간적인 삶을 감당하는 것이 불가능할 때, 즉 '불가능한 삶을 사는 것의 불가
능성'이 나타날 때, 그들은 한데 힘을 모아 '융화집단'을 형성하게 되고, 이 집단에서 그들은
'우리'를 이루면서 '공동 자유'를 구가하게 된다. 물론 이 자유를 지속적으로 누리기 위해 서
약 등의 조치를 취하게 된다는 것은 앞에서 살펴본 바 있다. ─ 옮긴이

근거로 삼고 있다. 1968년에 사르트르는 (프랑스와 소련의) 공산주의자들에 의해 공식적으로 표명된 '진보주의적' 의도들이, 마르크스에 의하면 부르주아적 자유주의가 그랬던 것처럼, 무엇보다도 보수적 본질을 가진 정치에 대한 '정신적 명예'에 불과하다는 사실을 깨달았다. 게다가 사르트르는 이것을 다른 곳에서 찾은 것이다. 하지만 그 어떤 것도 사르트르가 진보적 폭력 개념을 포기했다고 생각하는 것을 허락하지는 않는다. 그리고 그가 마오쩌둥, 체 게바라 등이 이용했던 것과 같은 공포를 정당화할 필요가 있다고 한다면, 그가 ── 1956년 스탈린주의에 대한 자신의 논문에서 그랬던 것처럼 ── 의지해야 할 것은 바로 이 진보적 폭력 개념이다.

몇몇 좌파주의자들("붉은 파시스트들")은 『변증법적 이성비판』에서 '행동'을 위한 '행동'이라는 그들의 집념에 대한 철학적 보증을 발견할지도 모른다. 그러나 이 관점들 사이에 상호성이 있다고는 할 수 없을 것 같다. 오늘날 사르트르가 그렇게 하고 있듯이 좌파적 폭력과 친숙한 것은, 그의 눈으로는 이 폭력이 (소련의 폭력이 과거에 그랬던 것처럼) 그 안에 **진보**의 씨앗을 안고 있기 때문이다. 따라서 우리가 말한 간극은 그대로 남아 있다.

보론 1

우리는 3장에서 『변증법적 이성비판』의 변증법적 체계와 『존재와 무』의 그것 사이에 유사성이 있다는 사실을 보여 주려고 했다. 이 유사성은 두 경우에서 모두 사르트르가 자신의 분석을 **융합**이라고 하는 주제에 맞추었다는 점이다. 의식들이 원초적으로 서로에게 적이라는 사실 때문에, 서로 조우하길 바란다면 **융합하려** 노력하는 선택 이외에 다른 선택이 없다. 하지만 융합하기 위한 노력은 끝을 맺지 못할 뿐만 아니라, 첫 단계에서 죽음의 투쟁의 절망을 야기시키기도 한다. 전략적 용어를 쓴다면 '극단으로의 치달음'이 있다.

융합이라는 주제를 다시 보자. 어떤 면에서 보면 이 주제는 **파생적 특징**만을 가지고 있을 뿐이다. 성적·정치적 면에서 인간의 이상이 융합인 까닭은 인간은 원칙적으로 인간에 대해 늑대이기 **때문이다**. 하지만 이와 같은 분석적 후퇴를 조금 더 앞으로 밀고 나갈 수는 없을까? 또한 융합에 대한 향수 속에서 인간이 인간에 대해 늑대라는 사실의 이유 **자체**를 인정할 수는 없을까? 『존재와 무』를 보자. 사르트르의 추론의 출발점은 소외와 객체성의 동일화라고 할 수 있다. 그러나 객체성은 그 자체로 **이타성**과 하나가 된다. 따라서 문제가 되는 것은, 결국 내가 타자와는 **다르다**는 단순한 사실(그리고 타자는 나와는 **다르다**는 사실)이다. 내가 견딜 수 없는 것은 의식들의 **복수성**이라는 원초적 사실이다.

이 사실은 우리를 어디로 유도하는가? 우선 앞에서 살펴본 사랑에 관한 사르트르의 개념에 대한 해석의 심화로 이끈다. 그렇다면 이 개념은 어디에서 파생하는가? 타자와의 관계는 본질적으로 원초적 갈등이라는 사실로부터인가? 분명 그럴 것이다. 하지만 더 심도 있게는 사르트르에게서 **있는 그대로의 이타성**은 스캔들이라는 사실로부터일 것이다. 사르트르는 의식들이 **하나**가 되고, 또 서로가 그 **어떤** 면에서도 구별되지 않기를 바란다. 이와 같은 비전은 거의 사회적 관계에 대한 자기도취적 비전이다. 그런데 이 비전은 아주 자연스럽게 성적인 차원으로, 그리고 서로에게서 **용해되기**를 호소하는 시선들이라는 주제로 투사된다.

그렇다면 이러한 상황에서 사르트르의 정치 개념은 무엇인가? 사르트르가 『변증법적 이성비판』에서 **객체성**이 아니라 **희소성** 문제로부터 출발했다는 사실을 우리는 알고 있다. 하지만 거기에서 문제가 되고 있는 것 또한 다른 것으로서의 타자의 스캔들이라고 생각할 수는 없을까? 그리고 동지애-공포, **동지-적**의 주제는 시선들의 융합이라는 주제와 마찬가지로 타인이 자기와 하나가 될 때만 타인을 용서하는 자아의 옛 신화와 결부되지 않을까? 우리는 문제를 제기한 것에서 멈추도록 하자.

"누구의 아들도 아닌 나는 나 자신의 고유한 근거였으나, 그것은 오만과 비참함으로 가득 찬 근거였다."[6] 이처럼 사르트르는 『말』에서 스스로를 정의하고 있다. 고백은 더 멀리 나간다. 우리는 우선 정신은 자기 스스로를 생산해 내는 **자기원인자**라고 생각하는 헤겔을 생각한다. 마르크스는 이와 같은 추상화를 다음과 같이 말하면서 바로잡고 있다. 추상화의 현실 세계에 대한 관계는 수음 행위의 사랑 행위에 대한 관계와 같다고 말이다.[7] 하지만 마르크스와 헤겔은 일단 제쳐 놓자. 그러고 나면 한 가지 사실만 남는다. 사르트르(예를 들면 카뮈와는 반대로)가 관계라는 생각을 '사유해야' 한다는 어려움이 그것이다. 사르트르에게서 동일자와 타자의 변증법은 '실패'하지 않고서는 절대로 정립될 수 없다. 이 관계가 실제로 이루어지기는 하는 것인가? 우리는 종종 의심에 사로잡히기도 한다.

보론 2

『변증법적 이성비판』은, 그 제목이 보여 주는 것처럼, 역사에 대한 가지성(可知性)의 근거 및 한계를 결정하는 것을 그 목적으로 하고 있다. 사실 사

---

6 Jean-Paul Sartre, *Les Mots*, p.91.
7 Karl Marx et Friedrich Engles, *Œuvres philosophiques VII* (Œuvres complètes de Karl Marx), trad. Jacques Molitor, Paris, 1938, pp.253~254. 이를 페사르가 인용하기도 했다 (Gaston Fessard, *La Dialectique des Exercices spirituels de Saint Ignace de Loyola*, t.II, Paris, 1966, p.194). 페사르가 이 텍스트에 대해 하고 있는 설명 또한 참조하라.

르트르의 눈으로 보면 역사에 대한(심지어는 총체성으로서의 역사에 대한) 객관적 학문이 존재한다. 그 학문이 바로 마르크스주의이다.[8] 다만 18세기의 뉴턴 물리학과 마찬가지로 마르크스주의는 여전히 정립되기를 요구하고 있다. 그렇다면 **누가** 정립할 것인가? 무슨 권리로? 문제는 **경험적인 것**에서 **선험적인 것**으로, 개연적 판단에서 의심할 여지 없는 것으로의 이행이다. 사르트르가 해결해야 할 문제가 바로 이것이다.[9]

사실 앞에서 살펴본 대로, 『변증법적 이성비판』의 철학은 마르크스주의와 많이 다르다. 『존재와 무』에서처럼, 거기에서 지배적인 것은 정확히 **순환**의 주제이다. 사르트르가 제시하는 이미지에 의하면, 역사는 혁명들과 억압적인 시기들의 끝없는 연속으로 환원된다. 가령 대혁명 이후의 사회에서도 무너진 바스티유 감옥들은 계속 재건되고 있다. 융화집단, 동지애-공포, 복종의 계약, 새로운 융화집단 등으로 이어지는 순환이 끊임없이 계속된다. 인간의 변화 과정은 엄격한 법칙에 복종한다. 그러나 이 변화 과정이 **의미**를 갖는다고는 말할 수가 없다. 여기에서 합리성은 절대로 진보(혹은 심지어는 진보의 **가능성**까지도)와 일치하지 않는다. 간단히 말해 우리는 마르크스보다는 오히려 오스발트 슈펭글러(Oswald Spengler)를 생각하게 된다.

사르트르는 인간들의 관계는 **폭력**에 의해 특징지어진다고 말하기 위해 항상 마르크스와 조우한다. 그리고 그는 이러한 폭력을 이해하고자 한다. 그렇다면 사르트르는 폭력에 대해 어떻게 이해하는가? 이해의 핵심 사

---

8 "인류의 역사에 대한 유일하게 가치 있는 해석은 사적 유물론이라는 사실을 지적하고 또 반복하는 바이다"(Jean-Paul Sartre, *Critique de la raison dialectique*, p.134).
9 "우리의 목표는…… 이론적이다. 이 목표를 다음과 같이 표현할 수 있을 것이다. 어떤 조건에서 하나의 역사에 대한 인식은 가능한가? 드러난 관계는 어떤 한계 속에서 **필연적**일 수 있는가? 변증법적 합리성은 무엇이고, 그 한계와 근거는 무엇인가?"(*Ibid.*, p.135).

유는 헤겔에게서 가져온다. 실제로 사르트르에게서 **선험적인 것**은 경험의 구성적 '방법'에 관여하는 것이 아니라, "모든 경험에 담긴, 그리고 그 경험을 넘어서는 보편성과 필연성"[10]에 관여한다. 사르트르는 합리적-현실적인 것의 이원성을 비난한다. 사르트르에게서 역사 법칙의 자명한 구조로서의 필연적인 것은 대상의 운동 자체에 일치하게 되며, 그 결과 대상 안에서 포착될 수 있다. 가정적 차원이 아니라 상황에 대해 묻고 있는 역사적 존재 그 자체의 차원에 위치해야 한다. 현상적 기술은 비판적 연역을 포함해야 한다.

『변증법적 이성비판』의 도입부에서 사르트르는 논지의 특별한 성격을 길게 정당화시키고 있다. 그리고 곧이어서 그는 **변증법** 개념을 설명한다. 그는 다음과 같은 마르크스의 유명한 구절을 인용하고 있다. "인간들은 이전의 상황에 기초를 두고 역사를 만들어 간다." 사르트르는 이 문장을 이렇게 해설하고 있다. "이 주장이 사실이라면, 이 주장으로 인해 결정론과 인간 역사의 방법과 규칙으로서의 분석적 이성은 결정적으로 배척된다. 이 문장에 완전히 포함되어 있는 변증법적 합리성은 자유와 필연성의 항구적이고 변증법적인 통일에서 나타나야 한다."[11] 달리 말해 인간은 한편으로는 필연성을 따르고, 또 다른 한편으로는 이 필연성을 **만들어 내**는 것이다. 보다 정확하게 말하자면, 인간은 필연성을 따르는 한에서 그것을 생산해 내고, 그것을 생산해 내는 한에서 그것을 따른다. 필연성은 "외부의 내부화와 내부의 외부화에서 불가피하고 피할 수 없는 계기로 제시된다".[12] 이처럼 역사의 법칙은 **이해 가능한** 특징을 갖게 된다. 이는 자연의

---

10 *Ibid.*, p.130.
11 *Ibid.*, p.131.
12 *Ibid.*, p.157.

법칙 —— "사실의 불투명성에 감염된"[13] 것——과는 달리 역사의 법칙은 인간에게 아주 분명한 방식으로 나타난다는 것을 의미한다. 인간에게 역사는 맹목적인 **사실**이 아니고 그의 실천의 지평선 자체이며, 이렇게 말할 수 있다면, 그의 자유의 이면이다. "개인은 변증법을 그가 이 변증법을 만드는 한에서는 합리적 투명성으로 발견하고, 이 변증법이 그에게서 벗어져 나가는 한에서는, 다시 말해 아주 단순히 다른 사람들이 이 변증법을 만드는 한에서는 절대적 필연성으로 발견한다."[14]

이렇게 사르트르의 논의는 정당화된다. "만약 변증법적 이성이 모든 사람들의 모험으로서, 각자의 자유로서, 경험과 필연성으로서 가능하려면, 만약 우리가 이 이성의 전체적 투명함(그것은 우리들일 뿐이다)과 **동시**에 이 이성의 뛰어넘을 수 없는 엄격함(그것은 우리를 조건 짓는 모든 것의 통일이다)을 보여 주어야 한다면, 만약 우리가 이 이성을 실천, 전체화와 사회적 미래의 합리성으로 정초하려 한다면, 만약 우리가 분석적 이성을 비판할 수 있었던 것처럼 그 이성을 **비판해야만** 한다면, 다시 말해 우리가 그것의 범위를 결정해야만 한다면, **우리 자신에 의해** 이 이성의 자명성의 경험이 실현되어야 한다."[15]

이러한 점에서 보면 사르트르에게서 사태는 아주 단순하게 진행된다. 『변증법적 이성비판』의 모든 부분은 결국 다음과 같이 삼단논법으로 요약될 수 있다. • 대전제: 역사철학으로서의 마르크스주의는 역사적 전체의 이해 가능성을 상정한다. 다시 말해 "역사와 개인의 삶 사이의 근본적 동일성"[16]을 상정한다. • 소전제: 그런데 사실 나의 생은 스스로 심화되면서 역

---

13 Jean-Paul Sartre, *Critique de la raison dialectique*, p.136.
14 *Ibid.*, p.133.
15 *Ibid.*, p.134.

사가 된다. ● 결론: 마르크스주의가 정초된다.

앞에서 살펴본 것처럼, 『변증법적 이성비판』의 주된 '범주'는 희소성의 범주이다. 사르트르에 의하면 실제로 사적 변증법의 참다운 동인은 희소성이다. 특히 소외, 계급투쟁 등과 같은 현상들의 이해 가능성을 근거 짓는 것이 바로 이 희소성이다. 이 희소성을 통해 나는 나의 고유한 행동이 사회 영역에서 전개될 때, 왜 그것이 나에게 해를 끼치게 되는가를 이해할 수 있게 된다. 또한 왜 타자가 일반적으로 나에게 적으로 나타나며, 그에 맞서 내가 반격을 준비해야 하는 자로 나타나는지 역시 이해하게 된다. 실천이 반실천으로, 자유가 복종으로 반전되는 것을 설명해 주는 것 역시 희소성이다. 한마디로 역사의 **비극적** 특성(단지 마르크스에 의해 **단정된** 특성)을 알게 해주는 것이 바로 희소성인 것이다.

여기서 사르트르의 비판적 의도에 의해 제기된 문제들을 둘러보는 것은 중요한 것이 아니다. 그저 본질적인 문제를 제기하는 데 그치도록 하자.

레비스트로스가 『야생의 사고』의 마지막 장에서 사르트르에게 가한 반박들을 출발점으로 삼아 보자. 레비스트로스가 보기에 사르트르의 큰 실수는 **체험된** 의미와 **실제** 의미를 혼동한 것이다. 사르트르는 '코기토'에 사로잡혀 있다. 사르트르는 모든 것이 밝혀지기 위해서는 자기 안으로 내려가 보는 것으로 충분하다고 믿고 있다. 그런데 자아의 '명증성'을 경계해야 한다. "인간들에 대한 인식은 스스로를 종종 개인적 주체성의 함정에 빠지게끔 방임하는 자들에게는 더 쉬운 일로 보인다. 그러나 그들은 인간의 문을 스스로 닫아 버린다. …… 개인주의와 경험주의에 의해 상처 입은 — 순진하고 거칠게 되기를 원하는 — 코기토는 사회 심리학의 막다

---

16 *Ibid.*, p.156.

른 골목에서 길을 잃는다. 왜냐하면 사르트르가 그로부터 출발해서 사회 현실의 형식적 조건들을 끌어내리려고 애썼던 상황들 — 파업, 권투, 축구 시합, 버스 정거장에서의 줄 — 이라고 하는 것이 사회에서는 모두 이차적 지표라는 놀라운 사실 때문이다. 따라서 그러한 것들로부터는 근거를 끌어낼 수 없다."[17] 이처럼 사르트르의 현상학은 절대적으로 무용한 것이라기보다는 모든 경우에 있어서 "도달점이 아니라 출발점"[18]이 될 수 있을 뿐이다. 체험된 의미의 요소들이 일단 밝혀지면, 상황에서 벗어나 있는 관찰자만이 완수할 수 있는 진정한 작업 — 해석 작업, 해독 — 이 시작된다. 왜냐하면 진리가 드러날 수 있는 기회가 오는 것은 정확히 이와 같은 거친 요소들과 거리를 두면서이기 때문이다.[19] 학문은 본질적으로 후퇴, 곧 "멀리서 바라보기 위한" 노력이라는 말이다.[20]

이러한 관찰을 통해 사르트르의 논지의 전개에 있어서 문제의 소지가 무엇인지가 잘 드러난다. 레비스트로스는 결국 코페르니쿠스적 혁명이라는 그 유명한 칸트의 개념을 다시 취했다. 칸트에 의하면, 객체성의 정복은 객체로부터 추상화하기 위해 주체가 기울이는 노력과 불가분의 관계에 있다. 우리의 인식은 세계에 대해 더 이상 조정(措定) 기능을 행사해서는 안 된다. 이와는 반대로 세계가 우리의 인식에 대해 조정 기능을 행사해야 한다.[21] 레비스트로스도 같은 식으로 추론한다. 그에 의하면 사르트르의 잘못은 순박한('신화적'인[22]) 의식의 차원에 머무르고 있다는 점, 그리고 과학은

---

17 Claude Lévi-Strauss, *La Pensée sauvage*, Paris, 1962, pp.329~330.
18 *Ibid.*, p.331.
19 *Ibid.*, pp.336~337.
20 *Ibid.*, p.326. 레비스트로스는 여기에서 루소를 인용하고 있다.
21 Immanuel Kant, *Critique de la raison pure*, trad. André Tremesaygues et Bernard Pacaud, Paris, 1967, p.19.

본질적으로 후퇴이며 **재구성**이라는 점을 이해하지 못한 점에 있다. 사르트르는 역사와 마찬가지로 다른 곳에서도 사고(思考)는 생으로부터 **멀어지면**서 객체성에 이를 뿐이라는 점을 보기를 원치 않았던 것이다.

하지만 이 점에 대해서는 고전적 반박이 나온다. 그와 같은 거리두기가 **가능한가**라는 반박이 그것이다. 역사학자 혹은 역사철학자는 자신의 대상으로부터 (물리학자가 대상으로부터 멀어지는 것처럼) **똑같이** 멀어져야 하는가? 칸트 역시 이와 똑같은 어려움에 직면했다. '코페르니쿠스적 혁명'이 역사에서 가지는 한계를 칸트가 인정하고 있는 그 유명한 「능력들의 갈등」이라는 텍스트를 우리는 알고 있다. "만약…… 인간적 사태들의 흐름이 우리에게 의미 없는 것으로 나타난다면, 그것은 아마 이 흐름을 관찰하는 좋지 않은 관점에서 기인한 것일 터이다. 지구에서 바라본 행성은 뒤로 가거나, 서 있거나 혹은 전진한다. 하지만 관점이 태양으로부터 취해진다면, 이것은 이성만이 취할 수 있는 것인데, 그 행성들은 코페르니쿠스의 가정에 따르면 규칙적으로 그것들의 운행을 한다……. 그러나 — 그리고 정확하게는 거기에 불행이 있는데 — 우리는 자유로운 행동이 문제시될 때, 이와 같은 관점에 설 수가 없다. 왜냐하면 그 관점은 **섭리**의 관점일 것이기 때문이다. 그런데 이 섭리의 관점은 모든 인간의 예지를 넘어서며, 또한 인간이 어쩌면 **알** 수는 있지만 확신을 가지고 **예측**하는 것은 불가능한 인간의 **자유로운** 행동들에까지 퍼져 간다(신의 눈으로 보면 거기에는 아무런 차이도 없다). 그도 그럴 것이 이 마지막 경우에 있어서 자연법칙에 따라 신에게는 구속이 필요하지만, 다가올 **자유로운** 행동은 그런 방향이나 지시 없이 이루어져야 하기 때문이다."[23]

---

22 Claude Lévi-Strauss, *La Pensée sauvage*, p.336.

레비스트로스는 이와 같은 반박을 거절할 것이다. 그에게 사실 인간의 자유 문제는 제기되지 않는다. 과학의 입장에서 인간은 개미와 유사하다.[24] 인간은 개미처럼 그가 **있는 것**으로 존재한다. 따라서 그는 **인식의 대상**이 될 수 있다. "인문과학의 마지막 목표는 인간을 구성하는 것이 아니라, 그를 해체하는 것이다."[25] 다른 곳에서와 마찬가지로 거기에서도 분석가의 임무는 "불변적 요소"[26]를 발견하는 것이다. 이렇게 해서 레비스트로스는 코페르니쿠스적 혁명이 인류학과 역사에서 그 한계를 발견한다는 사실을 부정하게 될 것이다. 아마 그는 구조인류학의 정립이라는 사실로 인해 코페르니쿠스적 혁명이 지금부터 **획득된 것**이라고 말하는 데까지 나아갈 것이다.

이러한 관점에서 사르트르와의 토의는 어떻게 제시되는가? 레비스트로스와 마찬가지로 사르트르도 예견의 비전으로의 환원불가능성이라는 칸트의 논의를 받아들이지 않을 것이다. 사르트르에게서 인간과 역사에 대한 객관적 학문은 완전히 사유 가능하다. 왜냐하면 자연과 마찬가지로 역사는 필연성이라는 법칙에 의해 지배되기 때문이다. 그런데 이 필연성의 법칙은 예견과 비전을 일치시키는 것이다. 다만 —— 그리고 거기에서 사르트르는 레비스트로스와 갈라지는데 —— 역사에서의 필연성은 특징을 갖게 된다. 실제로 그것은 **자유의 이면**에 불과하다는 특징이 그것이다. 달리 말해 그 필연성을 생산해 내는 것은 **인간 자신**이다. 사적 결정론은 공허한 말이 아니다. 그것을 생성해 낸 것은, 자신의 고유한 작품에서 소외된 인

---

23 Immanuel Kant, *La Philosophie de l'Histoire*, trad. Stéphane Piobetta, Paris, 1965, pp.168~169. 필로넨코는 다음 책에서 이 텍스트를 깊이 있게 해설한다. Alexis Philonenko, *Introduction aux* Réflexions sur l'éducation *de Kant*, Paris, 1966, pp.25~26.
24 Claude Lévi-Strauss, *La Pensée sauvage*, p.326.
25 *Ibid*.
26 *Ibid*.

간의 자유로운 실천 이외의 다른 것이 아니다. 또한 이 필연성 역시 **즉각적으로 인지 가능**하다. 그것을 포착하기 위해서 '뒤로 물러날' 필요는 전혀 없다. 필요한 것은 오히려 그 역의 과정이다. 삶과 친숙해지는 것, 삶에서 **융기**하는 것, 이러한 것들이 그 경우에 아주 훌륭한 방법이다. 사고와 실천(사고와 **삶**)은 하나가 되도록 불리운 것이다.

이처럼 칸트와 마찬가지로 사르트르도 역사를 다루기 위해 인간의 자유를 참조한다. 하지만 사르트르가 그렇게 하는 것은 자연과학 차원에서의 코페르니쿠스적 혁명이 인류학과 역사의 차원으로 확대되는 것이 불가능하다는 사실을 보여 주는 것을 목표로 하는 것은 아니다. 오히려 그 확장이 **무용**하고, **부적당**하다는 사실을 보여 주는 것을 목표로 한다. 우선 무용하다. 왜냐하면 역사의 논리가 자유의 논리인 한에서,[27] 역사적 객관성은 **즉각적으로** 도달 가능하기 때문이다. 그다음으로 부적당하다. 왜냐하면 인문과학에서도 자연과학에서와 마찬가지로 추론하고자 하면서 인문과학의 대상이 인간이라는 사실을 정확하게 **잊어버리는** 위험을 감수하기 때문이다. 혹은 그때는 레비스트로스처럼 인간을 개미로 환원시키게 된다.

우리는 이렇게 해서 다음과 같은 근본적인 문제에 도달하게 된다. 역사의 논리는 실제로 어느 정도까지 자유의 논리일 수밖에 없는가? 인류학을 정초하기 위해 체험된 것을 묻는 것이 어느 정도까지 충분한 작업일까? 사르트르는 마치 사회성은 종합적으로 보아 희소성과 다른 실천에 부딪친 개인적 실천에서만 나올 수 있는 것처럼 추론하고 있다. 하지만 사르트르는 이렇게 해서 "철학적 소설"[28]을 향해 가는 것은 아닐까? 사르트르가 다

---

27 Jean-Paul Sartre, *Critique de la raison dialectique*, p.156.
28 Jean-Daniel Reynaud, "Sociologie et raison dialectique", *Revue française de sociologie*, n° 2, 1961, p.60.

다르는 세계는 "어느 정도는 상상적인"[29] 것이 아닐까? 우리는 이러한 각도에서 레비스트로스의 비판의 발톱을, 그리고 그것을 통해 코페르니쿠스적 혁명의 문제를 다시 발견하게 된다.

아무런 이의 없이 역사의 '비밀'을 알기 위해 가능한 유일한 출발점은 바로 현재, 그리고 **체험된** 현재이다. 역사는 진행 **중**이며, 역사는 인간 실천의(달리 말해 **자유**의) 산물이다. 따라서 우리가 그 역사로부터 벗어나려고 해도 소용없는 일이다. 그런데 체험된 것은 우리에게 그 전체성으로 보여질 수 있을까? 사르트르는 이 점을 단언하면서 특히 독단적인 모습을 보여주고 있다. 분명 현재는 진화된 과거, 즉 '외부의 내재화'에 의해 다시 포착된다. 하지만 외부를 내재화하는 방식, 과거를 전체화하는 방식은 오직 하나만 있는가? 사르트르는 그 답으로 『변증법적 이성비판』을 제시하고 있다. 하지만 『변증법적 이성비판』은 ─ 레비스트로스를 다시 한번 인용하자 ─ 프랑스대혁명이라는 신화에 의해 보기 좋게 이루어진 역사의 재구성화가 아니라면 무엇인가? "이른바 좌파라고 말하는 인간은 아직도 실천적 명령과 해석의 도식 사이의 합동에 대한 특권을 자기에게 면제시켜 준 현재 역사의 순간에 머물고 있다. 역사적 의식의 이러한 황금기는 아마도 벌써 지나갔다. 그리고 우리가 적어도 이러한 개연성을 생각한다는 것은, 거기에서 단지 우연한 상황이 문제가 된다는 사실을 증명해 준다. 마치 광학 도구의 대상과 초점이 서로가 관련된 움직임을 갖는 우연한 '맞춤'이 그러는 것처럼 말이다. 우리는 프랑스대혁명에 대해 아직도 '적시'(適時)의 상태에 있다. 하지만 만약 우리가 조금 더 일찍 체험했다면, 프롱드의 난[30]에 대해서도 역시 그랬을 수도 있다."[31]

---

29 Georges Gurvitch, *Dialectique et sociologie*, Paris, 1962, p.161.

역사는 지나간 삶의 현재에 의한, 그리고 현재를 위한 재구성이다. 그러나 현재는 그 자체로서 삶이며, 끊임없는 가변성이다. 따라서 현재가 제공하는 시각은 부분적일 수밖에 없을 것이다(물론 이 사실이 무관심을 의미하지는 않는다).

보론 3

이렇게 파악된 사르트르의 정치는 결국 아주 단순한 것이다. 사르트르가 뉘앙스로 인해 곤란해한다고는 할 수 없다. 사르트르가 머무르면서 추론한 범주는 모든 것 아니면 무의 범주이다. 국가가 문제라고 하자. 사르트르에게서 모든 것은 분명하다. 어떤 국가가 전제적이냐 민주적이냐를 묻는 것은 의미가 없다. 국가는 **본질상** 전제적이기 때문이다. 공식적인 형태가 어떠하든 간에 모든 국가는 마지막 분석에서 주인-노예의 관계로 환원된다. 이처럼 사르트르는 마키아벨리적 비관주의에 가세한다. 사르트르에게 민주주의는 한갓 신화일 뿐이다. "주권자 안에 구현되어 있는 국민주권이라는 생각은 신화이다."[32] 지배 관계만이 있다고 말할 것인가? 이와 마찬가지로 적어도 지배 관계라는 **사실**이 지배가 행사되는 **방식**을 포함한다고 말할 것인가? 사르트르는 이 구별을 모른다. 그리고 이러한 사실로 인해 사르트르의 시각에서 보면, 이와 같은 구별은 별다른 의미를 갖지 않는다. 사르트르를 사로잡고 있는 것은 **자유**의 문제가 아니라 **안전**의 문제이기 때문이

---

30 1648~1653년에 일어난 프랑스의 내란으로 부르봉 왕가에 대한 귀족세력의 반란이었다. ── 옮긴이
31 Claude Lévi-Strauss, *La Pensée sauvage*, p.337.
32 Jean-Paul Sartre, *Critique de la raison dialectique*, p.609.

다. 사르트르의 출발점은 만인에 대한 만인의 전쟁이다. 그런데 어떻게 하면 만인에 대한 만인의 전쟁에 끝을 볼 수 있는가? 대답은 홉스에게 있어서와 마찬가지이다. 개인적 차이를 줄이면서, 자유라는 요인을 제거하면서이다. 자유는 갈등의 가능한 원천이며, 그리고 사르트르에게는 모든 갈등이 죽음의 투쟁으로 이어지는 경향이 있기 때문이다. 이처럼 자신의 평화적 기능을 가장 잘 수행하는 권력은 **절대적** 권력이다. 혁명 기간에 구성원들에게 행사되는 집단의 힘, 평상시에 군주가 신민들에게 행사하는 권력이 그것이다. 중요한 것은 어쨌든 간에 **파당주의**를 배제하는 것이다. 그리고 이 파당주의를 피하기 위해 사회적 규율은 전체적이어야 할 것이다.

카뮈의 입장과의 대조는 뚜렷하다. 카뮈는 분명 '무정부주의자'가 아니다. 다만 그에게서 두드러지는 것은 자유에 대한 관심이다. 우리는 그 이유를 잘 이해한다. 카뮈의 눈에는 인간은 인간에 대해서 늑대가 아니라 신이다. 사르트르가 홉스를 따른다면, 카뮈는 루소를 따른다. 루소와 마찬가지로 카뮈는 타자와의 관계가 **긍정적** 특징을 갖는다는 원초적 생각을 옹호한다. 그때부터 '복종의 계약'이라고 하는 것이 무슨 소용이 있는가? 이 점에 대해서도 카뮈는 역시 루소에 동의한다. 연합은 그 자체로 충분하다. 하나의 국가와 그 지배자들이 필요할 수도 있다. 그럼에도 그것들은 **대리인들**에 불과할 수밖에 없을 것이다.[33]

그런데 우리는 다음과 같은 사실을 물을 수 있다. 카뮈의 입장은 사르트르의 입장과 **정확히** 대척에 있기 때문에, 카뮈 역시 문제들을 어느 정도 단순화시킨 것은 아닌가 하는 물음이 그것이다. 결국 정치는 다음과 같은 '혹은…… 혹은'으로 환원될 수 없다. 혹은 인간이 인간에 대해서 늑대이든

---

33 Jean-Jacques Rousseau, *Le Contrat social*, III, I. *O.C.*, t.III, p.396을 참조하라.

가, 혹은 신이든가가 그것이다. 혹은 중요한 것이 안전이든가 혹은 자유이든가 등이 그것이다. 이러한 선택은 절대 안에만 있을 뿐이거나, 아니면 한계적으로만 있을 뿐이다. 사실상 모든 것이 섞인다. 인간은 인간에 대해 늑대이며 **동시에** 신이기도 하다. 따라서 안전의 문제가 제기되지 **않는다고도**, 또 그 문제만 제기되어야 한다고도 말할 수는 **없다**.

우리가 이 책의 서론에서 언급했던 두 저자는 이 사실을 잘 이해하였다. 주인-노예 변증법과 남자-여자 변증법으로 잘 이해한 페사르와 아롱이 그들이다. 논의를 마치기 위해 아롱에게로 고개를 돌려 보자.

분명한 것은 아니지만, 아롱도 사르트르와 마찬가지로 마키아벨리적 전통에 속한다. 아롱에게는 국가 정치가 최종적으로는 **지배** 관계로 환원된다는 것은 의심의 여지가 없다. 모든 제도는 **과두적**이다. 다시 말해 모든 제도는 특권자들을 포함하고 있고, 또 강제력에 대한 호소를 담고 있다.[34] 그런데 아롱에게서 진짜 문제는 그 위에 제기된다.[35] 국가 조직의 불가피한 과두적 성격에 대한 단언은 출발점이지 도착점이 아니다. 실제로 —— 사르트르가 관심을 표명하지 않은 이 문제의 여러 면모가 아롱에게는 근본적이다 —— 과두정치가 존재한다. 소수의 지배자들은 다소간 자유주의자들이다. 피지배자들이 향유하는 안전에 대한 보증 또한 중요하다. 그리고 이 점에 있어서 우리는 민주주의와 전체주의의 구별을 본다. 물론 루소적(카뮈적) 의미에서의 민주주의는 아롱에게 있어서는 신화에 불과하다. 주권은 항상 위임되고 '소외된다'. (이데올로기적·정치적 다수가 허용되는) 서구의 헌정제도와 나치즘이나 공산주의 같은 형태의 이데올로기적 제도를 같은

---

34 Raymond Aron, *Démocratie et totalitarisme*, Paris, 1965, p.134.
35 *Ibid.*, p.135.

차원에 둘 수도 있다. 사실 어떤 경우에는 주권의 '소외'가 약하고, 내적 분열에 의해 마비되고, 또 법을 지키는 소수자들에게 이롭도록 행해진다. 또 다른 경우에는 그 소외는 적들에게 가차없고, 게다가 완전한 지배의 의지에 의해 고무된 '무장된 예언자들'에게 이롭게 행해진다. 그런데 사소해 보이는 이 차이는 매우 크다.

아롱은 이처럼 카뮈와 사르트르의 중간에 위치한다. 사르트르와 마찬가지로 아롱은 국가의 문제를 복종에 연결시킨다. 그러나 이와는 반대로 아롱은 즉각적으로 유리한 복종(민주주의)과 사악한 복종(전체주의)을 구별한다. 그리고 이 과정을 통해 그는 카뮈와 합류한다.

자유인가 안전인가? 카뮈와 마찬가지로 아롱은 선택을 미룬다. 분명 아롱은 사람들이 자신들의 자유를 **남용할** 수 있다는 사실을 모르고 있지는 않다. 다른 누구보다도 파당 정신의 위험을 과소평가하지도 않는다.[36] 그러나 아롱에게 있어서 자유는 **선험적으로** 공공의 평화에 대한 요구와 대립되는 것으로 보이지는 않는다. 자유는 갈등의 원천이다. 그러나 거기에서 아직도 다음과 같은 사실을 구별해야 한다. 선거전은 군사전이 아니라는 점이 그것이다.[37] 그리고 어떤 것도 선거전이 필연적으로 군사전을 낳아야만 한다고 말하지는 않는다. 카뮈가 이기주의, 권력의 의지에 관심을 갖는 것 이상으로 아롱 역시 그런 것들에 관심을 표명한다. 그러나 육식동물인 인간에 대한 이론은 아롱에게는 단순한 것으로 보인다.[38] 사실 아롱은 안전(통일, 공공의 평화) 문제가 먼저 해결되었다고도 생각하지 **않고,** 또 이 문제

---

36 Raymond Aron, *Démocratie et totalitarisme*, p.184.
37 Raymond Aron, *Max Weber et la politique de puissance* (conférence prononcée au XVᵉ Congrès des sociologues allemands). *Les Étapes de la pensée sociologique*, Paris, 1967, p.651에서 재인용. 아롱은 대립에 대한 베버의 철학을 비판하고 있다.
38 Raymond Aron, *Démocratie et totalitarisme*, pp.349~350.

를 해결하기 위해 자유를 제거해야만 한다고도 생각하지 **않는다**. 개인과 집단 사이의 경쟁은 조직되어야 하는 것이지 제거되어서는 안 된다. 분명 권력은 필요하다. 하지만 **절대** 권력이 필요한 것은 아니다. 이처럼 모든 것이 뉘앙스의 문제이며 **신중함**의 문제이다. 이처럼 아롱은 혼합된 것 속에 자리 잡는다. 아롱은 환상에 사로잡히지 않는다. 민주주의는 과대선전과 과두정치의 지나침 사이에서 꿈꾸기를 그치지 않는다.[39] 절제하지 못하는 자들이 때로는 피지배자들이기도 하고, 또 때로는 지배자들이기도 하다. 자신들의 요구 사항을 전달하면서 피지배자들은 종종 전체적인 이해관계의 관점을 잊게 되고, 지배자들의 경우는 자주 효율성의 문제 때문에 어떤 절차들을 '간단히' 하려는 유혹에 사로잡힌다. 이러저러한 의미에서 민주주의의 **부패**가 있는 것이다.[40] 하지만 치료책도 존재한다. 몇몇 극단적인 상황에서는 선택을 해야만 하는 경우도 있다. 자유 아니면 안전을 말이다. 그렇다고 해서 극단적인 상황을 참조해야 할 것인가? 아롱은 그것을 거절한다. 마키아벨리 이전의 전통[41]에 충실한 아롱은 반대로 현재의 규칙, 정상적인 상황을 참조해야 한다는 주장을 한다. 그런데 정상적인 때 최악의 것이 무엇인지는 확실하지 않은 법이다.

사르트르-카뮈의 대립은 극복되는가? 분명 홉스-루소의 대립만큼은 아니다. 하지만 제3의 길이 그려지며, 아마 이 길은 복잡한 현실에 더 합당한 길일 수 있을 것이다.

---

39 *Ibid.*, p.346.
40 *Ibid.*, p.169 이하.
41 Léo Strauss, *Droit naturel et Histoire*, trad. Éric de Dampierre, Monique Nathan, Paris, 1954, p.176.

결론

결론

I

본질적으로 1952년의 사르트르-카뮈 대립은 다음과 같은 하나의 단순한 물음으로 환원된다. 진보적 폭력 개념의 특권을 인정하는 것이 합당한가 그렇지 않은가의 문제가 그것이다. 카뮈는 '역사의 의미'를 믿는다는 조건에서만 그럴 수 있다고 주장했다. 카뮈는 이렇게 말하고 있다. 소련에 특권을 부여하기 위해서는 이 나라가 '절대'의 시기에 이 절대의 실현 도구로서 나타나야만 한다고 말이다. 하지만 '절대'는 과연 접근 가능한가? 카뮈는 그 나름대로 마르크스적 메시아주의를 신봉하는 것을 거절했다. 카뮈가 보기에 ── 『반항하는 인간』에서의 설명에 의하면 ── 역사에 대한 마르크스주의 이론은 유토피아나 혹은 신비화의 문제를 제기한다.

사르트르는 이와는 반대 입장을 지지했다. 사실을 말하자면, 사르트르의 태도는 덜 분명하다. 현실적으로 사르트르는 역사가 어느 정도까지 마르크스에 의해 부여된 의미를 갖는다고 믿었는가? 더 나아가 사르트르는 과연 역사는 하나의 의미를 갖는다고 믿었는가? 사르트르는 그 당시 자신의 최근 철학 저서였던 『존재와 무』에서 인간관계의 특징인 죽음의 투쟁이 극복 불가능하다는 생각을 보여 주고 있다. 이러한 생각이 과연 마르크스의 낙관주의와 일치하는가? 그리고 사르트르가 보여 주고 있는 진정성과 유희를 일치시키는 성향에 대해서는 또 무엇이라고 말해야 하는가? 이 점에 대해서도 역시 여러 문제들이 제기될 수 있다. 어쨌든 사르트르는 「알베르 카뮈에 대한 대답」에서 다음과 같이 쓰고 있다. "역사가 하나의 의미를 갖는가, 그리고 우리가 그 역사에 감히 참여하는가를 알아보는 것이 문제가 아닙니다. 우리가 머리끝까지 그 안에 잠겨 있는 이때에 문제가 되는 것은 오히려 역사에 대해 최선이라고 여겨지는 의미를 주는 것입니다. 이 의미를 요구하는 구체적 행동들에 대해 아무리 미약하다 할지라도 우리의 도움을 주는 것을 거절하지 않으면서 말입니다."[1] 장송은 다음과 같은 문장으로 그 뜻을 명백히 하고 있다. "세계에서 이루어지고 있는 스탈린주의 운동은 우리에게는 진정으로 혁명적으로 보이지 않는다. 그러나 이 운동은 혁명적이라고 자처하는 유일한 운동이다. 그리고 이 운동은 특히 우리에게서 프롤레타리아의 대부분을 결집시키고 있다. 따라서 우리는 이 운동에 대해 반대이기도 하고 또 찬성이기도 하다. 우선 반대이다. 왜냐하면 우리는 이 운동의 방법을 비판하기 때문이다. 하지만 동시에 찬성이다. 왜냐하면 우리는 진정한 혁명이 꿈이 아닌지, 혁명적 시도를 통해 훨씬 더 인간적인 어떤 사회 질서의 제도화가 이루어지기 전에는 먼저 이와 같은 꿈의 단계를 반드시 지나야만 하는 것인지, 그리고 이와 같은 기도의 전복이 현재 상황에서 이것의 무조건적 무화보다 선호될 수 있는 것인지를 모르기 때문이다."[2]

사르트르는 이처럼 카뮈의 입장과는 정확하게 반대되는 위치에 있다. 카뮈에게 있어서는 소련의 지도자들을 그들의 **행동**에 따라 판단해야 하는

---

1 Jean-Paul Sartre, "Réponse à Albert Camus", *Situations IV*, p.125.
2 Francis Jeanson, "Pour tout vous dire", *Les Temps modernes*, n° 82, août 1952, p.378.

것과는 대조적으로, 사르트르에게 있어서는 그들을 그들의 의도에 따라 판단해야 했다. 카뮈에게 있어서는, 과거에 독일에서 그랬던 것처럼 소련에 강제수용소가 존재한다는 사실은 공산주의를 가차없이 비난하게 하는 요인이었다. 반대로 사르트르에게 있어서는, 부르주아의 매스컴들이 매일 강제수용소의 존재를 이용하는 것은 용인될 수 없는 것이었다.[3]

정치적으로 말하자면 논쟁은 오늘날 이미 종료되었다. '교조적' 공산주의자들을 제외한다면, 소련의 지도자들에 의해 내걸린 '의도'를 아직도 진지하게 받아들이는 사람은 아무도 없다. 프라하에서의 사태로 인해 이 점에 대한 마지막 환상이 씻겨 버린 것으로 보인다. 그리고 1968년에 소련의 행동을 판단하기 위해 역사철학을 동원하는 것을 포기하면서, 사르트르가 회고적으로 카뮈가 옳았다는 것을 어느 정도 인정했다고도 할 수 있겠다.[4]

---

3 Jean-Paul Sartre, "Réponse à Albert Camus", *Situations IV*, p.104.
4 물론 사르트르는 카뮈처럼 공산주의를 나치즘과 동일시하는 데까지 나아가지는 않는다. 하지만 이와 같은 동일시를 배척하기 위해 사르트르가 어떤 주장에 의지할 수 있는가는 분명치 않다. 『휴머니즘과 공포』의 다음 문장을 상기하자. "파시즘은…… 볼셰비즘의 모방과 같다. 파시즘은 유일당, 선전, 국가라는 정의, 국가라는 진리 등과 같은 볼셰비즘의 모든 것을 가졌다. 본질적인 것, 즉 프롤레타리아 이론을 제외하고 말이다." 달리 말하자면, 파시즘과 볼셰비즘의 유일한 차이는, 볼셰비즘이 '역사의 방향'에 일치하는 반면, 파시즘은 그렇지 못하다는 것이다. 역사의 방향이라는 것을 제외하면, 결국 완벽하게 유사하다…… 스탈린 이후에 사태가 변했다고 말할 수 있을 것이다. 분명 그렇다. 하지만 시베리아 포로수용소는 여전히 존재하고 있다. 이 문제에 대한 전문가이자 역사학자인 로버트 콘퀘스트의 말에 의하면, '최소한 100만 명'이 그곳에 갇혀 있고, 그 중 10%가 정치범이며, 이 수치는 '평화 시에 나치의 포로수용소에 갇혔던 수보다…… 더 많은 것'이다(Robert Conquest, *La Grande Terreur*, p.480). 스탈린 시대의 600~700만 명에 해당하는 포로들의 숫자에 비하면 분명 상당한 '변화'가 있는 것은 사실이다. 하지만 양적인 측면에서 볼 수 있는 이러한 변화는 러시아 정치체제의 공포에 근본적으로 아무런 영향도 주지 못하는 것이다. 결국 사람들이 뭐라고 하든 간에, 전체주의적 특징을 가진 러시아의 기구들은 스탈린 사후로 커다란 변화를 겪은 것이 아니다. 나치즘이든 볼셰비즘이든 간에, 전체주의의 전형적인 특징인 수용소 제도에 대해서는 다음 책을 참고할 것. Hannah Arendt, *The Origins of Totalitarianism*, London, 1958. 공산주의와 나치즘에 대한 일반적 관계에 대해서는 다음 책을 참고할 것. Gaston Fessard, *De l'actualité historique*, t.I, p.39. 또한 Gaston Fessard, *Autorité et Bien commun*, Paris,

하지만 설령 **정치적** 입장에서 1952년의 불화가 오늘날에는 극복되었다고 하더라도, **철학적** 입장에서는 그 양상이 전혀 다르다고 할 수 있다. 소련의 시도가 형성 중에 있는 '절대'의 구현인가를 아는 문제가 부정적으로 끝났다고 해도, 본질적인 문제는 그대로 남아 있다. 즉 어느 정도까지 '절대'가 형성되는가? 역사는 어떤 정도까지 하나의 **의미**를 지니는가?

흔히들 말하는 대로, 우리 시대는 역사에 대한 집착에 의해 지배되었다. 종교적 혹은 형이상학적 지표는 거의 완전히 사라졌고, 그러고 나서 '본질적인 것'으로 여겨지는 것은 이제 시간적 모험일 뿐이다. 편리한 용어를 쓴다면, '수평적' 지평이 '수직적' 지평에 의해 대치된 것이다. 전통적으로 '이론적'이었던 '절대'와의 관계가 '실천적'이 된 것이다……. 이러한 관점에서 진보적 이데올로기는 쉽게 정의된다. 진정한 역사적 사유에 대한 진보적 이데올로기의 관계는 신앙에 대한 **미신**의 관계와 같다. 사실 인간의 형성을 **무한한** 과정으로, 인간에게 있어서 자기-극복을 위한 항상 새로운 노력과 연결된 과정으로 ── 이것이 사실 진정으로 '충실한' 관점인데 ── 여기는 대신에, 진보주의자는 당, 국가, 나아가서는 인간에게 인간 조건의 구성적 모순들을 해결하라는 임무를 떠맡긴 것이다. 그 진보주의자의 눈에 '종말'은 형성의 지평에 위치한 하나의 이념이 아니라, 사람들이 유일한 가치를 부여하는 한정된 하나의 사건이다.

그렇다면 거기에서 출발해서 논리적으로 제기될 수 있는 문제는 과연 어떤 것일까? 근본적으로 두 가지이다.

1969, pp.135~136. 페사르는 **반유대주의**와 러시아 **제국주의**라는 이중의 문제에 대해 특히 강조하고 있다. 그는 또한 히틀러의 다음과 같은 예언을 인용하고 있다. "독일이 볼셰비키화되지 않을 것이다. 오히려 러시아가 국가사회주의화될 것이다"(Gaston Fessard, *Autorité et Bien commun*, p.129).

우선, 분명히 진보적 이데올로기에 대한 소송은 상대와 절대의 혼동이라는 문제를 야기시킨다는 것이다. 역사의 **층위 자체**에 위치한 역사의 종말에 대한 생각에 대해 철학적으로 사유하는 것이 어느 정도까지 가능한가? '종말'을 인간사의 과정에서 한정된 한순간으로 환원시키기 위해 우리는 어느 정도까지 합당한 근거를 가지고 있는가? 이러한 관점에서 보면 진보주의는 칸트적 유형의 비판을 야기한다. 역사적 이성의 이상향을 주어진 한 당의 행동에(혹은 소유권에 관한 결정된 체제에) 일치시키는 것을 포함하고 있는 원칙의 실책에 대해 토의할 수 있을 것이다. 시간적인 것들의 모든 신성화에 내재한 위험을 상기시킬 수 있을 것이다.[5]

그러나 더 멀리 나아갈 수 있다. 역사적 이성과 이런저런 시간적인 시도와의 혼동에 의해 제기된 문제를 넘어, 사실 역사적 이성 **그 자체**에 대한 문제가 제기된다.

본질적으로 사르트르와 카뮈의 불화가 자리 잡는 지점은 바로 이 차원에서이다. 실제로 이들 사이의 불화의 대상은 소위 **진보적 미신**이라기보다는 **휴머니즘적 신앙**이다. 대체 역사는 어느 정도까지 **의미**로 정당하게 정의되는 것이 가능할까? 그리고 '절대'와의 관계는 어느 정도까지 **실천적으로** 정립되는 것이 가능할까? 이와 같은 문제들이 바로 여기에서 토의된 문제들이다.

그런데 분명하게도 이와 같은 문제들은 시사성을 전혀 잃지 않고 있다. 그 어느 때보다도 사실 '역사적인 것'은 우리 시대에서 가장 커다란 문제로 나타나고 있다. 그 어느 때보다도 사람들은 정복적 특징을 가진 휴머니즘의 의미와 한계들을 묻고 있다.

---

5 여기에서 무엇보다도 레이몽 아롱의 『지식인들의 아편』을 인용하자.

그럼에도 다시 한번 하나의 구별을 도입하는 것이 좋을 것 같다. '역사의 의미'에 대해 말할 때 우리는 무엇을 말하는가? 가장 빈번히 다음과 같은 두 가지 생각이 혼재되어 있는 것으로 보인다. 역사는 하나의 의미를 지닌다는 생각이 그 하나이고, 역사가 의미의 원천이라는 생각이 다른 하나이다. 그런데 이 둘은 같은 것이 아니다. 만약 역사가 의미를 지니지 않는다면, 역사는 분명 우리의 삶에 어떤 의미도 줄 수 없을 것이다. 그러나 역사가 어떤 의미를 갖는다고 하더라도, 다음과 같은 문제는 여전히 남게 될 것이다. 인간의 삶과 인간이라는 종(種)의 삶 사이에는 어떤 관계가 있는가? 인간 종이 진보한다는 것이 어떤 점에서 우리에게 흥미로울 수 있는가? 역사의 전성은 단지 "하룻밤 사이에 바보가 얘기하는 광인의 이야기"와는 다르다. 그러나 그것이 하룻밤 사이에 바보가 얘기하는 광인의 이야기와 다르다는 사실은 우리에게 우리가 그 이야기에 어떤 중요성을 부여해야 하는가를 말해 주지 않는다. 이 마지막 문제를 해결하기 위해서는 개인의 유한성에 대한 사고가 여전히 필요하다.

이렇게 해서 이중의 문제가 드러난다. 하나는 어느 정도까지 역사는 진보인가(혹은 적어도 진보의 가능성인가)이다. 다른 하나는, 그리고 더 심각한 문제는, 역사가 진보라는 사실(이 사실을 인정한다면)이 '인간의 비참함'을 어떤 면에서 제거할 수 있는가?

앞에서 살펴본 대로, 휴머니즘적 신앙에 반대하기 위해 카뮈는 두번째 문제의 차원에 위치한다. 사실 『반항하는 인간』의 주요 주제는 바로 피하기이다. 역사는 인간의 유한성을 치료한다고 주장한다. 그런데 카뮈는 이러한 치료를 의사(擬似)치료일 뿐이라고 말한다. 희망을 노래하는 다음날들(그날들이 희망을 노래한다고 가정하자)은 우리를 걱정이나 '부조리'로부터 해방시켜 주지 못한다. 게다가 ── 그리고 거기에 아마도 카뮈의 논의의 요체가 있는데 — 우리는 '부조리'를 피하려고 해야 하는가? '부조리'는, 그것이 정확하게 '부조리'인 한에서, 우리에게 의미의 문을 열어 주지 않는가? 이러한 관점에서 보면, 역시는 다만 의사치료만이 아니다. 그것은 독이기도 하다. 왜냐하면 우리를 '부조리'에서 해방시킨다고 주장하면서 역시는 우리를 지금-여기에 묶어 놓고 있기 때문이다. "유럽의 비밀은 유럽이 더 이상 삶을 사랑하지 않는다는 데 있다."[6] "유럽인들은 …… 미래를 위해 현재를 잊고, 권력의 허망함을 위해 인간의 희생을 잊고, 찬란한 도시를 위해 교외의 비참함을 잊고, 헛된 약속의 땅을 위해 일상의 정의를 잊고 있다. 그들은 개인들의 자유에 절망하고, 인류가 가진 기이한 자유를 꿈꾸고 있다. 그들은 고독한 죽음을 거절하고, 또 엄청난 집단적 고뇌를 불멸성이라고 부르고 있다. 그들은 있는 그대로의 것을, 세계를, 살아 있는 인간을 믿지 않는다."[7]

이것이 바로 『반항하는 인간』에서 카뮈가 전개하고 있는 논지이다. 그럼에도 「『현대』지 편집장에게 보내는 편지」에서 카뮈는 의미의 원천으로서의 역사에 대한 문제를 드물게 언급할 뿐이다. 앞에서 살펴보았던 대로, 카뮈가 참조하는 것은 특히 의미로서의 역사의 문제이다. 사실 카뮈의 제안은 모순을 드러내는 것을 목표로 한다. 사르트르가 한편으로는 소련의 시도를 특권화하기 위해 화해라고 하는 휴머니즘적 이상향을 상기시켰으면서, 다른 한편으로는 『존재와 무』에서 이와 같은 이상향이 꿈에 불과하다고 선언했다는 것이다. 그런데 카뮈는 이 두 가지 중 하나를 선택해야 한다고 주장하고 있다.

---

6 Albert Camus, *L'Homme révolté*, *O.C.*, t.II, p.708.
7 *Ibid*.

앞에서 했던 분석으로 다시 돌아가지 않고 간단하게 여기에서 제시된 문제의 중요성을 끌어내 보자.

칸트는 『순수이성비판』의 2판 서문에서 다음과 같이 쓰고 있다. "나는 신앙에게 자리를 내주기 위해 지식을 내팽개쳐야 했다."[8] 이 문장은 아주 유명하고 종종 다양한 해석이 가해지는 문장이다. 어떻게 보면 이 문장 안에 현대의 모든 휴머니즘의 싹이 포함되어 있다. 마르크스는 후일 이렇게 말한다. 필요한 것은 세계를 관조하는 것이 아니라 세계를 변화시키는 것이라고 말이다. 그런데 이러한 생각은 이론적 '이성'에 대한 실천적 '이성'의 우위라는 생각과 함께 칸트에게 이미 존재한다. 칸트에게 있어서 인간이 '절대'의 차원과 연결될 수 있는 것은 '지식' 차원에서가 아니라 '의무' 차원에서이다. 그리고 상호적으로 '절대'는 형이상학적 실체가 아니라 하나의 과제, 역사에게 의미를 주는 과제이다. 세계의 변혁이 실현되는 것은 역사 안에서, 그리고 역사에 의한 것이라는 한도에서 그렇다. 또한 '의무-존재'가 스스로 구현되는 것의 한도에서 그렇다. 역사는 철학의 전성-세계이다.[9]

아니면 역사는 적어도 그렇게 되게끔 되어 있다. 왜냐하면 휴머니즘적 이상향이 고정되어 있는 것과 동시에 여러 문제들이 제기되기 때문이다.

---

8 Immanuel Kant, *Critique de la raison pure*, p.24.
9 물론 우리는 논의를 단순화했다. 칸트에게서 모든 것이 역사로 환원되지는 않는다. 역사는 실천철학에 의해 열리는 여러 관점들 중 하나이지, 그것이 유일한 것은 아니다. 또한 종교적 관점 역시 고려해야 한다. 칸트의 관심을 끈 것은, 시간 속에서 인간 종의 종말론과 마찬가지로 저 너머에서의 개인의 종말론이다. 그런데 우리가 (필로넨코를 인용하면서) 주장한 것처럼, 철학이 칸트에게서 처음으로 역사철학으로, 좀더 정확하게 말해 역사의 가공적 실천으로 나타나는 것은 아니다(한편으로 칸트의 역사철학, 다른 한편으로 종교철학의 애매성에 대해서는 Pierre Hassner, "Situation de la Philosophie politique chez Kant", *Annales de philosophie politique*, n° 4, Paris, 1962, p.84 이하를 참조하라).

특히 다음과 같은 문제가 제기된다. 철학은 어느 정도까지 세계가 될 수 있는가? 더 정확하게는 이렇다. 우리는 권리상 철학의 실천적 이상, 즉 화해의 완성을 언제(게다가 이 시간은 무한에 위치할 수도 있는데) 어느 정도까지 기대할 수 있는가?

우리는 칸트가 그 자신의 입장에서 이 문제를 어떻게 해결했는가를 알고 있다. 그는 철학적 이상향의 실현이 불가능하다는 것을 **증명**하는 데는 이르지 못할 것이지만, 그래도 우리는 희망을 품을 수 있다고 주장하고 있다. 그런데 그의 눈으로 보면 이러한 불가능성은 증명되지도 **않았을** 뿐만 아니라, 또한 우리로 하여금 다음과 같이 생각하게끔 하는 여러 징후가 있다. 그러니까 철학적 이상향의 실현이 미리 보장되어 있는 것이 아니라(역사에서 코페르니쿠스적 혁명이 부딪힌 한계에 대해 우리가 지적한 것을 상기하자), 적어도 그것이 긍정적으로 **가능**하다고 하는 생각이 그것이다. 칸트는 프랑스대혁명, 더 정확하게는 이 혁명에 의해 야기된 **열광**을 참조한다. 그는 이 열광은 "인간이라는 종족의 도덕적 성향 이외의 다른 원인을 갖지 않는다"[10]고 말하고 있다.

하지만 회의주의자들이 있다. 그들은 무엇이라고 말하는가? 그들은 **인간은 인간에 대해 늑대**라는 주제를 다시 취한다. 만약 인간이 본성상 인간에 대해 늑대라면, 어떻게 역사가 **의미**라는 사실(또는 그 자체로 의미의 가능성이라는 사실)을 믿는가? 우리는 이 주제에 대한 반향을 사르트르의 철학 저서에서 볼 수 있다(그럼에도 불구하고 사르트르는 「알베르 카뮈에 대한 대답」에서 역사는 **만들어져야 할** 것, 따라서 역사는 **행해질 수 있는** 것이라고 단언한다).

---

10 Immanuel Kant, "Le Conflit des facultés", sec.2, *La Philosophie de l'Histoire*, p.171.

"모든 인간은 자연적으로 서로를 미워한다. 사람들은 탐욕을 공공의 이익에 봉사할 수 있게끔 하기 위해 가능한 한 탐욕을 이용한다. 그러나 그 것은 속임수일 뿐이며, 자비심의 거짓 이미지일 뿐이다. 왜냐하면 그것은 결국 증오일 뿐이기 때문이다."[11] 회의주의자는 자신의 의사를 이렇게 표 명하고 있다. 마지막에 가서는 휴머니즘적 신앙이 그것에 대항하게 된다. 만약 인간의 본성이 **본질적으로** 부패되었다면, 우리는 권리상 역사로부터 무엇을 바랄 수 있는가?[12]

II

『존재와 무』와 『시지프 신화』 사이에서 우리는 유의미한 몇몇 공통점을 지 적할 수 있다. 카뮈는 『시지프 신화』에서 이렇게 쓰고 있다. "우체국 견습 직원과 정복자는, 만약 두 사람 모두 똑같은 의식을 가지고 있다면, 서로 아

---

11 Blaise Pascal, *Pensées*, fr.451.
12 카뮈는 홉스적 주제를 거부한다. 하지만 카뮈는 역사로부터 아무것도 기대하지 않는다. 사 실 카뮈의 입장은 아주 독특하다. 카뮈에게 있어서 가치는 **지금-여기**에 연결되어 있다. 따라 서 이 가치들은 **즉각적으로** 실현 가능하다(사람들이 명석한 상태에 있기만 한다면, 오해가 없을 수 있다). 이처럼 역사에는 **정복해야** 할 것이 아무것도 없다. 모든 것이 단번에 **주어졌다.** 사르트 르는 『존재와 무』(또는 『변증법적 이성비판』)에서 역사를 비관주의에 의해 부인한다(인간은 인간 에 대해 늑대). 반면 카뮈는 『반항하는 인간』에서 역사를 낙관주의에 의해 부인한다(인간은 인간 에 대해 신). 우리는 여기에서 부수적으로 (칸트에서부터 마르크스에게 이르는) 휴머니즘적 사유 의 기저에 놓여 있는 가정이 어떤 것인지를 알 수 있다. 한편으로는 인간의 사악함이라는 가 정이고, 다른 한편으로는 인간의 **완벽함**이라는 가정이다. 한편으로는 '존재'는 '존재-의무' 에 **충분하지 못하다**고 말한다. 다른 편으로는 '존재'는 언젠가 거기에 충분하게 될 것이라고 말한다. 휴머니즘은 **정복하는** 사유이다. 정복할 것이 **아무것도 없으면**(인간이 천성적으로 선하 기 때문에), 혹은 역으로 아무것도 정복될 수 없다면(인간이 결정적으로 악하기 때문에), 휴머니 즘이라는 사유는 무너지게 되거나, 아니면 이 사유와 더불어 역사가 하나의 의미를 가질 수 있게 될 것이다. 그때부터는 다음 두 가지 중 하나이다. 인간의 전성은 하룻밤 사이에 바보가 얘기하는 광인의 이야기라고 말하든가(홉스, 사르트르), 아니면 중요한 것은 **지금-여기**이고, 그것에 의해 드러나는 가치라고 말하든가(루소, 카뮈) 말이다.

무런 차이 없이 동등하다."[13] 그런데 정확하게 같은 생각이 『존재와 무』의 말미에 나타나고 있다. "이렇게 해서 시민들을 인도하든가 아니면 고독하게 만들든가의 문제로 되돌아온다. 만약 이러한 행동의 한편이 다른 한편에 승리한다면, 그것은 그 현실 목표 때문이 아니라, 그 의식이 이상적 목표를 소유하는 의식의 정도 때문이다. 그리고 이 경우에 고독한 술주정뱅이의 정적주의(靜寂主義)는 시민들의 안내자의 쓸데없는 행동에 대해 승리를 가져오게 될 것이다."[14] 이 두 주장 사이에 있는 것은 일치인가, 아니면 영향인가?

좀더 멀리 가보자. 『시지프 신화』와 『존재와 무』는 모두 파스칼적 영감과 어조에 속하는 책들이다. 사르트르와 카뮈 둘 모두 인간의 유한성 문제에 대한 그들 각자의 제안에 중점을 두고 있다. 물론 이 유한성의 이면은 '존재'에의 욕망이자 '절대'에의 향수이다. 사르트르와 카뮈는 모두 이런저런 방식으로 인간의 비참함을 '피하고자' 하는 자들, 그리고 그것을 감추려고 노력하는 자들의 '자기기만'을 비난하고 있다. 사르트르에게서 그것은 '행동'에 대한 비판으로 나타나고 있고, 카뮈에게서는 희망에 대한 비판으로 나타나고 있다.[15] 아롱이 지적하고 있는 것처럼, "진정성에 대한 동일한 의지, 환영이나 혹은 그럴듯함에 대한 동일한 거부, 세계에 대한 동일한 충돌, 일종의 적극적 금욕주의"는 『존재와 무』와 마찬가지로 『시지프 신화』의 특징들이기도 하다.[16] 무엇보다도 명확히 보고, **명석한** 의식을 가지는 것이 중요하다.

---

13 Albert Camus, *Le Mythe de Sisyphe*, *O.C.*, t.II, p.150.
14 Jean-Paul Sartre, *L'Être et le néant*, pp.721~722.
15 Albert Camus, *Le Mythe de Sisyphe*, *O.C.*, t.II, p.102.
16 Raymond Aron, *L'Opium des intellectuels*, p.62.

하지만 우리는 벌써 사르트르와 카뮈 사이의 차이를 볼 수 있다. 사실 인간의 비참함에 대한 저항이 사르트르보다 카뮈에게서 더 **과격하다**는 사실에 주목할 필요가 있다. 결국 사르트르는 자신의 저서를 오히려 낙관적인 어투로 끝맺고 있다. 유희하자, 그러면 구원될 것이다라고 말이다. 이처럼 사르트르는 '피하기'와 '뛰어넘기'의 유혹에 양보하고 있다. 사실 이와 같은 뛰어넘기는 다른 것과 닮지 않았다. 사르트르는 그 자신이 '존재'를 목표로 하고 있다는 사실을 **의식하고** 있다. 그는 단지 '존재'는 시간 **밖에서** 가 아니라 시간 **안에서** 추구되어야 한다고 생각하고 있다. 파스칼적 관점이 뒤바뀐 것이다. 우리는 운동 내에서만 살 수 있을 뿐이기 때문에 ── 영원히 '추구하는 도피'의 방식으로밖에 존재할 수가 없기 때문에 ── 우리들의 사실상의 조건을 떠맡아야 하고, '본질'과 '실존'의 구별을 포기해야 하는 것이다. 그러나 카뮈의 입장과의 대조는 더욱 눈에 두드러지게 나타날 뿐이다. 방금 살펴보았듯이, 아롱은 카뮈와 사르트르를 '금욕주의자들'로 규정하고 있다. 이 용어는 카뮈에게는 완전히 들어맞는다. '부조리'와 정면으로 맞서며, **지금-여기**로 편입되는 인간에게 말이다. 그렇다면 그 용어는 사르트르에게도 들어맞는가? 사르트르는 오히려 몽테뉴와 피론(Pyrrhon) 학파에 더 가까운 것으로 보인다.[17]

그렇다면 차원을 바꾸어 보자. 『시지프 신화』에서 타자와의 관계는 별로 문제가 안 된다. 그러나 『결혼』, 『안과 겉』 등을 참조해 보자. 거기에서 한 가지 사실이 분명하게 떠오른다. 카뮈에게 '사회성'은 현실적으로 전혀 **문제**가 안 된다. 사르트르는 『말』에서 자신이 '그 자신의 고유한 원인'이었다고 말하고 있다. 반대로 카뮈는 그 자신의 본연의 모습, 그것을 무엇보다

---

17 이 책 2부 4장의 각주 13번을 볼 것.

도 타자들에게 빚지고 있으며, 그리고 우선 자기 가족에게 빚지고 있음을 반복해서 지적하고 있다.[18] 그의 저서들(『결혼』에서 『반항하는 인간』까지)의 주요 주제는 바로 이 관계라는 주제이다. 우선 당연히 세계와의 관계, 그리고 타자와의 관계가 그것이다. 형제애는 원초적으로 주어진 여건이다. 더군다나 그것은 개인의 존재 그 자체이기도 하다.

우리는 이렇게 해서 본질적인 문제로 다시 돌아온다. 근본적으로 사르트르와 카뮈는 어떤 점에서 대립하는가? 그들은 타자와의 관계에 관련된 문제에서 각자의 관점의 처음부터 끝까지 대립한다. 카뮈에게서 타자와 맺는 관계의 원초적 특징은 긍정적이다. 반대로 사르트르에게서는 이 특징이 부정적이다. 카뮈는 루소적 낙관주의의 전통(인간은 자연적으로 사회적이다)의 유산을 이어받은 자이고, 사르트르는 홉스적 비관주의의 전통(자연적인 것은 죽음의 투쟁이다)의 유산자이다. 젊은 시절의 카뮈와 젊은 시절의 사르트르의 글을 비교해 보면, 보통 이러한 대조에 대해 생각해 볼 수 없다. 그러나 1952년의 단절이 이 대립에 그 뿌리를 두고 있다. 정확히 이와 같은 대립을 통해 우리는 카뮈와 사르트르가 전쟁 후에 각자 정치적으로 다른 노선으로 경사되는 것을 이해할 수 있게 된다. 투사적 반전체주의와 반-반공산주의가 그것이다.

인간은 원초적으로 인간에 대해 늑대라고 하는 생각으로부터 홉스는

---

18 『안과 겉』의 서문을 참조하라. "글도 읽을 줄 모르던 이 가족이, 그 침묵과 겸허함과 타고난 질박한 자부심만으로 가장 드높은 가르침을 나에게 주었던 것이며, 그 가르침은 지금도 계속되고 있다"(Albert Camus, O.C., t.II, pp.6-7). "내가 …… 한 어머니의 저 탄복할 만한 침묵, 그리고 그 침묵에 어울릴 수 있는 정의, 혹은 사랑을 찾기 위한 한 사나이의 노력을 다시 한번 더 그 작품의 중심으로 삼아 보겠노라고 머릿속에 그려 보는 것을 가로막는 것은 아무것도 없다"(Ibid., p.13). 『말』과 비교할 것. "나는 내 자신을 창조하는 것을 멈추지 않았다. 나는 증여이자 증여물이었다. 내 아버지가 살아 있었다면, 나는 내 권리와 내 의무를 알았을 것이다. 아버지는 죽었고, 나는 그것들을 알지 못했다"(Jean-Paul Sartre, Les Mots, p.22).

전제주의의 '필요불가결성'이라는 결론을 내리고 있다. '복종'이 '연합'의 전제 조건이라는 것이다. 역으로 루소는 타자와의 관계에 대한 낙관주의적 비전에 근거를 두고, '연합'이 그 자체로 충분하다는 것을 주장할 수 있었다. 분명 인간들이 서로를 죽이는 것을 막기 위해서는 필수불가결하지만, 전제자에게의 호소는 사회성 문제가 **선험적으로** 해결되면 무용하다는 것이다. 여기에서 동일한 문제에 대한 논쟁이 다시 나타난다. 카뮈는 민주주의가 **가능하다**고 생각한 반면, 사르트르는 그것을 **불가능하다**고 보았다. 카뮈는 질서가 자유와 관계를 맺을 수 있다고 본 반면, 사르트르는 그렇지 않았다.

그렇다면 역사는 어떤가? 1952년의 불화를 관통했던 주요 주제가 **진보**였다는 점을 지적하지 않았던가? 물론 그렇다. 하지만 우선적으로 이 진보에 대한 불화에서 문제가 되는 것은, **의식들 사이의 화해**가 언제 가능한가를 알아보는 것이다. 달리 말해 근본적인 문제는 항상 타자와의 관계 문제이다. 지금 갈등으로 있는 관계(그렇다고 가정하자)에서 언제 우정으로 변하는가? 부정적 관계에서 긍정적 관계로 언제 변하는가? 문제는 바로 이것이다. '진보주의자'는 현재에 대해서는 홉스처럼, 미래에 대해서는 루소처럼 추론한다. 우선 현재에 대해서는 홉스처럼 추론한다. 왜냐하면 진보주의자는 현재에 전제주의에 대한 대안이 없다고 판단하기 때문이다. 그 다음으로 미래에 대해서는 루소처럼 추론한다. 왜냐하면 진보주의자가 보기엔 언젠가는 민주주의가 가능할 것이기 때문이다. 그리고 이 진보주의자의 공산주의적 전제주의에 대한 정당화는 정확히 이러한 관점들의 이중성 위에서 이루어진다. 진보주의자에 의하면 그 자신이 공산주의적 전제주의에 특권을 부여하는 것은, 이 공산주의가 '진정한' 민주주의로 이어질 것이기 때문이다.

그러나 그 이상의 것이 있다. 처음에 제시했던 도식을 복잡하게 할 필요가 있지 않은가? 그리고 적어도 사르트르-카뮈의 대립에서는 이 진보의 문제를 추상화하는 것이 가능하지 않겠는가?

물론 여기에서는 모든 것이 우리가 고려하는 사르트르의 입장에 달려 있다. 선전하는 태도나 혹은 신문기자적 태도를 지닌 사르트르가 문제된다면, 사태는 분명 난해하다. 자신의 '현교적'(顯敎的)[19]인 글들(특히 「알베르 카뮈에 대한 대답」)에서 사르트르는 실제로 역사, 진보 등을 계속 참조하고 있다. 그러나 '비의적'(秘意的)인 사르트르, 즉 『변증법적 이성비판』을 집필한 사르트르를 보자. 거기에서 진보의 개념은 완전히 사라지며, 전제주의에 대해서 사르트르가 제시한 정당화는 절대적으로 홉스의 그것이다. 사르트르는 만인에 대한 만인의 전쟁과 공포를 조직하는 필요성만을 참조할 뿐이다. 그것은 훨씬 더 단순한 시각이면서도 훨씬 더 냉소적인 시각이기도 하다. 전제주의가 평가를 받는 것은 그 자체를 위해서이다. 전제자가 인간의 구원을 실현한다고 주장하느냐 그렇지 않느냐 하는 문제는 전혀 중요하지 않다. 본질은 질서의 지배를 부과하는가 그렇지 않은가의 여부에 있다.[20]

이와 같은 사르트르주의의 비의적인 견해를 카뮈적인 정치와 비교해 보자. 우리들은 거기에서 홉스와 루소 사이의 대립을 고스란히 다시 발견하게 된다. 그리고 여기서 딜레마는 바로 우리가 제시한 그것이다. 민주주의인가 아니면 전제주의인가이다. 또한 어떤 것이든 간에 자유와 함께하는

---

19 '대중적으로 교육될 수 있는'의 의미이다. — 옮긴이
20 깨알 같은 글자로 쓰여진 『변증법적 이성비판』의 755여 쪽이 이와 같은 진리만을 '담기'에는 너무 광범위하지 않은가! 사르트르는 분명 이 저서에서 몇몇 '입문자들'에게 말을 하고 있는 것이 사실이다. 사르트르는 자신의 철학 체계의 비밀 안으로 아무나 다 들여보내는 것을 원치 않았다.

질서인가 아니면 자유가 **없는** 질서인가이다.

이보다 더 심각한 종말이 또 있을까?[21]

III

사르트르와의 결별 이후 4년이 지나 카뮈는 『전락』을 발표한다. 이 작품에서 문제가 되는 것은 무엇인가? 제목이 그것을 보여 준다. 인간의 **탈자연화**가 그것이다. '자연의 손으로부터 나온 대로의 인간'은 인간에 대해 신이다. 그렇다면 '인간에게서 태어난 인간'은? 우리는 그 답을 너무 잘 알고 있다. 늑대보다 더 지독한 인간이다. 우리 시대는 서로가 완전한 지배를 위해 가차없이 싸우는 '고문자-철학자', '재판관-속죄자'의 시대이다. "그렇습니다. 우리는 빛을 못 보게 되어 버렸어요. 아침을 잃었고, 자기 스스로를 용서하는 자의 고귀한 순진함을 잃어버렸어요."[22]

인간의 탈자연화라는 주제는 단순한 대립(우리가 잘 알고 있듯이 카뮈

---

21 여기에서 '종말'이라는 단어는 이중의 반론을 전제하고 있다. 하나는 '마키아벨리주의'이고, 다른 하나는 '진보주의'이다. 마키아벨리주의자들에게 있어서, 민주주의는 전제주의와 그 근본적인 면에서 하등의 차이가 없다. 따라서 그들이 보기에는 대안이 **없는** 것이다(혹은 대안이 있다고 해도, 민주주의에 비해 전제주의를 선호해야 한다. 왜냐하면 질서를 더 잘 보장해 주고, 무정부주의를 실패로 더 잘 몰아가는 것이 바로 전제주의이기 때문이다). 반면 진보주의자들에게 있어서, 현재 참다운 대안은 민주주의냐 아니면 전제주의냐가 아니라, 혁명적 폭력이냐 아니면 보수적 폭력이냐이다. 무슨 대답을 해야 할까? 마키아벨리적 논의에 대해서는 단지 조금 전에 우리가 지적했던 점을 반복하도록 하자. 즉 모든 사회는 권위주의적이고, 다만 더 권위주의적인 사회와 덜 권위주의적인 사회가 있을 뿐이라는 것이 그것이다. 진보주의적 논의에 대해서는 우선 카뮈를, 그다음으로 아롱의 『지식인들의 아편』을 참고하도록 하자. 오늘날 역사는 전제자들을 위한 좋은 알리바이이다. 물론 역사는 의미를 갖지 않을 수도 있다. 하지만 역사가 의미를 갖는다 해도, "어떤 수단에 의해, 또 어떤 동반자들과 함께 그 의미에 이르게 되는지"(Raymond Aron, *L'Opium des intellectuels*, p.333)를 정확하게 말할 수가 없을 수도 있다. '세속적 종교'를 경계하자.

22 Albert Camus, *La Chute*, O.C., t.I, p.1548.

에게 익숙한 것)에 의해 암시된다. 지옥과도 같은 북극과 낙원과도 같은 남극의 대립이 그것이다. 한편으로는 중앙집중식 운하를 가졌으며, 지옥을 환기시켜 주는 암스테르담이 있고, 다른 한편으로는 사바, 시칠리아, 특히 그리스의 섬들이 있다. "선생께선 그리스에 가 본 적이 있나요? 없으시다구요? 더 잘 됐군요! 거기에서 뭘 하겠어요? 뭘 하겠냐구요? 그곳에서는 순수한 마음이 필요해요. 거기에서는 남자 친구들끼리도 둘씩 손을 잡고 거리를 산책한다는 걸 아십니까? …… 말해 주세요. 파리의 길거리에서 선생께서도 내 손을 잡고 걸을 수 있어요?"[23]

　　하나의 중요한 생각이 이 이야기의 전체를 지배한다. 인간의 이중성이라는 생각이 그것이다. 화자 클레망스가 이야기한다. "요컨대 피조물이 그렇듯이 나는 이중의 직업(재판관-속죄자의 직업을 암시한다)을 가진 자예요."[24] 조금 뒤에 가서는 "친애하는 선생, 인간이란 이래요. 이중의 얼굴을 가졌지요. 자신을 사랑하지 않고서는 남을 사랑하지 못한다 이 말씀입니다."[25] '존재'와 '드러남'은 둘이다. 우리는 서로 대립하며, 거짓일 수밖에 없다. 그리고 우리가 **타인들**에게만 거짓말을 하는 것은 아니다. **우리 자신**에게도 거짓말을 한다. 왜냐하면 만약 우리가 **현실적으로** 존재하는 그대로를 고려한다면, "우리는 고통 때문에 미쳐 버릴 것"[26]이기 때문이다. 우리가 스스로 견딜 수 있기 위해서는 우리의 존재의 **표면**에 머물도록 항상 노력해야 할 것이다. 요컨대 우리는 계속적으로 우리 자신에게 유희를 해야 할 것이다.

23 Albert Camus, *La Chute*, *O.C.*, t.I, p.1523.
24 *Ibid.*, p.1478.
25 *Ibid.*, p.1490.
26 *Ibid.*, p.1497.

클레망스는 자존심의 문제를 환기하고 있다. 하지만 클레망스는 거기에만 머물러 있지 않는다. 클레망스에 의하면 인간은 이기주의적일 뿐만 아니라("나, 나, 나, 이 '나'라는 말은 내 소중한 인생에 후렴처럼 붙어 있어요"[27]), 권력의 의지, **지배하는 리비도**이기도 하다. 클레망스는 이렇게 말하고 있다. "누구나 맑은 공기를 필요로 하듯이 노예를 필요로 하는 법이지요. 명령하는 것은 숨 쉬는 것과 같이 필수적이죠. 어때요? 그렇지요? 그런데 아무리 불우한 사람이라도 숨은 쉬거든요. 사회의 가장 밑바닥에 있는 인간에게도 하다못해 배우자, 혹은 자식은 있죠. 독신이면 개라도 한 마리 가지고 있죠."[28] "사실 지적인 사람은 누구나…… 깡패가 되는 것을 꿈꾸고, 순전히 폭력으로만 사회를 지배하는 것을 꿈꾸는 법입니다."[29]

클레망스는 이 꿈을 오랫동안 '억압'했다. 그러나 여기에서 클레망스는 이 꿈을 다시 의식하게 된다. 클레망스는 어떤 방식으로 반응하는가? 클레망스는 우선 잊어버리려고 노력한다. 술, 방탕, 여자들, 클레망스는 이 모든 것을 시도해 본다. 하지만 소용없는 짓이다. 일단 드러나면 진리는 더 이상 '억압'을 허용하지 않는다. 그것에 적응해야 한다. 그렇다면 무엇을 해야 하는가? 클레망스의 해결책은 간단하다. 필요성을 덕으로 만드는 것이다. 클레망스는 "이중성을 개탄하기보다는 기꺼이 받아들인다"[30] 그렇게 되면 클레망스는 모든 것을 스스로에게 허락하게 되며, "가끔씩 큰소리로 자기 자신의 추악함을 털어놓게 된다"[31] 게다가 이것 역시 클레망스의 전략에 속한다. "내가 나 자신을 고발하면 할수록 당신을 심판할 권리도 더

27 *Ibid.*, p.1498.
28 *Ibid.*, p.1496.
29 *Ibid.*, p.1502.
30 *Ibid.*, p.1546.
31 *Ibid.*

확고하게 되는 겁니다."³² 그리고 판단하는 것은 복종시키는 것이다. "자기 자신이 하느님 아버지가 된다고 느끼는 도취감! 잘못된 삶과 풍속에 대해 결정적 증명서를 발부할 수 있다고 느끼는 도취감! 나는 저질의 천사들에 에워싸인 채 네덜란드의 하늘을 높이 날면서, 최후의 심판에 끌려 나오는 많은 군중들이 안개와 물에서 나와 내게로 올라오는 것을 보고 있습니다."³³ 이처럼 클레망스는 자신의 목표를 냉정하게 자백한다. 전체로까지 퍼진 노예화가 그것이다. "철학과 마찬가지로 정치에서도 나는…… 인간에게 순진함을 거부하게 하는 모든 이론에 찬성이고, 또 그를 죄인으로 만드는 모든 실천에도 찬성입니다. 저는 노예제도에 대해 훤히 알고 있는 지지자랍니다."³⁴

우리는 흔히 클레망스가 어느 정도까지 카뮈였고 그렇지 않았는가를 자문한다.³⁵ 이 문제를 검토하기 전에 다른 문제를 제기해 보자. 클레망스는 어느 정도까지 사르트르와 일치하는가? 사실 『전락』에서 누군가가 겨냥되었다면, 그는 바로 사르트르이다. 그리고 클레망스가 스스로 요구하는 철학이 있다면, 그것은 바로 『닫힌 방』이나 『존재와 무』의 철학이다. 이처럼 클레망스는 그 자신이 자유란 '껍데기'에 불과하다는 사실을 알게 될 때까지 오랫동안 이 자유를 그의 '핵심 단어'로 삼았다고, 또한 결국 이 자유를 포기하는 것이 더 나았다고 설명하고 있다. "모든 자유의 끝에는 판결이 있습니다. 그렇기 때문에 자유는 짊어지고 다니기엔 너무 무거운 것입니다. 특히 열이 있거나 아픈 경우, 혹은 아무에게도 사랑을 느끼지 않는 경우

32 Albert Camus, *La Chute*, *O.C.*, t.I.
33 *Ibid.*, p.1547.
34 *Ibid.*, p.1541.
35 논란이 되는 이 문제에 대해서는 『전락』에 대한 로제 키요의 섬세한 주해를 참조하라(Albert Camus, *O.C.*, t.I, pp.1999~2006).

에 더욱 그렇죠."³⁶ 조금 뒤에서는 이렇게 말하고 있기도 하다. "약혼도 변함없는 사랑도 없으니, 그렇다면 폭력과 채찍이 동반되는 야수적인 결혼일 수밖에요. …… 그러니 그게 누가 되건 하늘의 법을 대신할 지배자 나으리 만세다, 이거죠!"³⁷

다만 클레망스와 사르트르 사이에는 차이가 있다. 그것은 클레망스에게는 우리 모두가 **실망한** 존재들이라는 점이다. 달리 말하자면, 만약 인간이 인간에게 끔찍한 금수라면, 그것은 그의 **자연적** 형성에서가 아니라 그의 **역사**에서 기인하기 때문이다. **소외**가 있었다. "오오! 태양이여, 바다여, 그리고 무역풍에 씻기는 섬들이여! 생각만 해도 가슴 저리는 젊음이여!"³⁸ 클레망스의 주요 동기는 결정적으로 『반항하는 인간』과 조우한다. 카뮈와 마찬가지로 클레망스는 원초적인 순진함의 향수에 사로잡혀 있다. 오늘날에는 상실된 순진함, 그리고 우리가 기억만을 부과하는, 그러나 인간을 인간**으로서** 특징짓는 그러한 순진함 말이다.

그렇다면 클레망스는 이처럼 사르트르를 넘어서서 카뮈와 동일시되는가? 완전히 그런 것 같지는 않다. 클레망스의 독백 중에서 마지막 문장에 주의를 집중해 보자. "이제는 때가 너무 늦었습니다. 언제나 너무 늦은 것일 겝니다."³⁹ 달리 말하자면 클레망스에게 있어서 우리는 결정적으로 우리의 존재론적 뿌리로부터 **단절**되었고, 따라서 우리 스스로를 다시 찾으려고 애쓰는 노력, 우리가 현재 있는 그대로의 자기가 되려는 노력은 무용한 것이다. 그것은 완전한 절망이다. 그런데 카뮈는 결코 절망하지 않는다.

---

36 *Ibid.*, p.1542.
37 *Ibid.*, p.1543.
38 *Ibid.*, p.1547.
39 *Ibid.*, p.1549.

『반항하는 인간』의 마지막 부분이 그 증거이다. 분명히 우리는 잘못된 길을 걸어왔다. 우리는 프로메테우스에 의해 유혹되도록 스스로를 방치했다. 그렇다고 이 유혹에 대응하기에 '너무 늦은 것'은 아니다. 율리시즈와 마찬가지로 우리들은 아직도 우리 자신에게로 **되돌아올** 수 있다. 카뮈는 이렇게 말하고 있지 않은가! '주인이여, 누구이건, 살아라!'라고 말이다. 하지만 카뮈는 또한 반대로 인간의 '내면성', 즉 그의 기억에 호소하고 있다. 요컨대 카뮈는 허무주의에 자신을 내맡기기는커녕 자유와 정의를 부르짖고 있는 것이다.

한편으로 클레망스와 사르트르의 관계, 다른 한편으로 클레망스와 카뮈의 관계는 이제 쉽게 정의된다. 사르트르, 클레망스, 카뮈는 적어도 다음과 같은 점에 대해서는 동의한다. 즉 우리가 살고 있는 이 시대가 **만인에 대한 만인의 전쟁**(bellum omnium contra omnes)의 시대라는 점이다. 하지만 사르트르에게는 이러한 상황이 **자연적**인 반면, 클레망스와 카뮈에게 있어서는 이것이 **역사의 산물**이라는 점이다. 그리고 클레망스에게는 이 역사가 **비가역적**인 반면, 카뮈는 **뒤로 되돌아가는 것**이 아직 가능하다고 믿고 있다. 카뮈와 마찬가지로 클레망스도 '인간의 인간'과 '자연의 인간'을 구별한다. 그는 선(先)역사를 참고한다. "그리스가······ 내 기억의 한 구석에서 표류한다."[40] 그러나 분명하게도 그리스는 **표류한다**. 절대로 다시-태어남이나 다시-뿌리내림은 없을 것이다. 과거는 결정적으로 **극복된** 것이다. 이렇게 해서 클레망스는 사르트르와 조우한다. 그렇다. 그리스는 있다. 하지만 "그리스의 섬으로 가려면 우리는 가기 전에 몸부터 오랫동안 씻어야 할 겁니다. 그곳은 공기가 맑고, 바다도 쾌락도 청정하니까요. 그런데 우리

---

40 Albert Camus, *La Chute*, O.C., t.I, p.1523.

는……".[41] 클레망스는 포기한다.

"당신은 역사에게 오류의 덤터기를 씌웠습니다. 그리고 그 흐름을 해석하기보다는 오히려 역사에서 부조리를 하나 더 보기를 원했을 뿐입니다. …… 당신은 말로(André Georges Malraux), 카루즈(Michel Carrouges)에게서, 그리고 수많은 다른 사람들에게서 '인간의 신성화'라는, 나로서는 알 수 없는 개념을 빌려 옵니다. 그리고 인간 종을 단죄하며 당신은 그 옆에 서 있습니다. 그러나 마지막 아벤세라즈처럼 열 밖에 서 있습니다."[42] 이처럼 사르트르는 「알베르 카뮈에 대한 대답」에서 자신의 의견을 밝히고 있다. 사실 두 가지 문제가 있다. 하나는 **인간**에 관련된 문제이고, 다른 하나는 **역사**에 관련된 문제이다. 카뮈가 비난한 것은, '인간 종'이 아니라 인간이 프로메테우스적 유혹에 굴복했다는 사실, 그리고 '삶을 배반했다'는 점이다. 카뮈에게 있어서 인간은 **선**하다. 단지 역사가 그를 **부패시킨** 것이다. 우리는 정확하게도 거기에서 (위에서 이 단어에 부여한 의미에서) 휴머니즘적 주제의 이면을 본다. 역사는 **진보**가 아니라 **전락**(파국)이다. 역사는 인간들을 화해로 이끌기보다는 만인에 대한 만인의 전쟁으로 이끈다.

그러나 그 이상의 것이 있다. 카뮈에게 있어서 오늘날의 인간은 ── 역사를 넘어서서 ── 스스로를 '회복'할 수 없을 **정도로** 부패한 것은 아니라는 점이다. 오늘날 원초적 투명함은 어두워졌고, 모든 것은 혼동일 뿐이다. 그러나 누가 우리에게 암스테르담의 안개가 언젠가는 걷히지 않을 것이라고 장담할 수 있는가? 정열에 침묵을 부여하자. 지금-여기에 집중하자. 자연의 목소리를 다시 한번 들을 수 없겠는가? 우리는 본연의 자기가 될 수

---

41 *Ibid.*, pp.1523~1524.
42 Jean-Paul Sartre, "Réponse à Albert Camus", *Situations IV*, p.121.

없을 것인가? 카뮈는 믿음을 갖고 있다. "이 암흑의 끝에 이르면…… 하나의 빛이 나타날 수밖에 없다. 우리가 이미 그 빛의 조짐을 예견하고 있으니, 그 광명의 도래를 위해 투쟁해야 할 뿐이다."[43]

카뮈에게 이 마지막 말을 일임하자.

---

[43] Albert Camus, *L'Homme révolté*, O.C., t.II, p.707.

참고문헌

Arendt, Hannah, *The Origins of Totalitarianism*, London, 1958.

Aron, Raymond, *Démocratie et totalitarisme*, Paris, 1965.

_____, *Les Étapes de la pensée sociologique*, Paris, 1967.

_____, *L'Homme contre les Tyrans*, Paris, 1946.

_____, *L'Opium des intellectuels*, Paris, 1955.

_____, *Marxismes imaginaires*, Paris, 1970.

_____, *Polémiques*, Paris, 1955.

Beauvoir, Simone de, *La Force de l'âge*, Paris, 1960.

_____, *La Force des choses*, Paris, 1963.

_____, *Pour une morale de l'ambiguïté*, Paris, 1962.

Bondy, François, "Jean-Paul Sartre et la révolution", *Preuves*, n° 202, décembre 1967.

Burnier, Michel-Antoine, *Les Existentialistes et la politique*, Paris, 1966.

Camus, Albert, *Carnets I et II*, Paris, 1962 et 1964.

_____, *Œuvres complètes* (Pléiade), t.I et II, Paris, 1962 et 1965.

Champigny, Robert, *Sur un héros païen*, Paris, 1959.

Conquest, Robert, *La Grande Terreur*, Paris, 1970.

Cranston, Maurice, "Jean-Paul Sartre", *Encounter*, avril 1962.

Deleuze, Gilles, *Spinoza et le problème de l'expression*, Paris, 1968.

Descartes, René, *Œuvres et lettres* (Pléiade), Paris, 1953.

Épistémon, *Ces idées qui ont ébranlé la France*, Paris, 1968.

Fessard, Gaston, *Autorité et Bien commun*, Paris, 1969.

_____, *De l'actualité historique*, t.I et II, Paris, 1960.

_____, *France, prends garde de perdre ta Liberté*, Paris, 1946.

_____, *La Dialectique des Exercices spirituels de Saint Ignace de Loyola*, t.II, Paris, 1966.

Goguel, François et Grosser, Alfred, *La Politique en France*, Paris, 1964.

Gurvitch, Georges, *Dialectique et sociologie*, Paris, 1962.

Hassner, Pierre, "Situation de la Philosophie politique chez Kant", *Annales de philosophie politique*, n° 4, Paris, 1962.

Hegel, Georg W. F., *La Raison dans l'histoire*, trad. Kostas Papaioannou, Paris, 1965 [*Vorlesungen über die Philosophie der Weltgeschichte*, 1822].

Hersch, Jeanne, *Idéologies et réalité*, Paris, 1956.

Jeanson, Francis, "Albert Camus ou l'âme révoltée", *Les Temps modernes*, n° 79, mai 1952.

_____, "Pour tout vous dire", *Les Temps modernes*, n° 82, août 1952.

Kant, Immanuel, *Anthropologie du point de vue pragmatique*, trad. Michel Foucault, Paris, 1964 [*Anthropologie in pragmatischer Hinsicht*, 1798].

_____, *Critique de la faculté de juger*, trad. Alexis Philonenko, Paris, 1965 [*Kritik der Urteilskraft*, 1790].

_____, *Critique de la raison pure*, trad. André Tremesaygues et Bernard Pacaud, Paris, 1967 [*Kritik der reinen Vernunft*, 1781].

_____, *La Philosophie de l'Histoire*, trad. Stéphane Piobetta, Paris, 1965 [*Vorlesungen über die Philosophie der Weltgeschichte*, 1837].

_____, *Théorie et pratique*, trad. Louis Guillermit, Paris, 1967 [*Über den Gemeinspruch: Das mag in der Theorie richtig sein, taugt aber nicht für die Praxis*, 1793].

Kanters, Robert, "Pour et contre Camus", *Le Figaro littéraire*, 5-11 janvier 1970.

Kojève, Alexandre, "Hegel, Marx et le christianisme", *Critique*, n°s 3-4, 1946.

_____, *Introduction à la lecture de Hegel*, Paris, 1962.

Lacroix, Jean, "Les catholiques et la politique", *Esprit*, juin 1945.

Lévi-Strauss, Claude, *La Pensée sauvage*, Paris, 1962.

Lichtheim, George, *Marxism in Modern France*, New York and London, 1966.

Lilar, Suzanne, *À propos de Sartre et de l'amour*, Paris, 1967.

Lukács, György, *Histoire et conscience de classe*, trad. Kostas Axelos et Jacqueline Bois, Paris, 1960 [*Geschichte und Klassenbewußtsein: Studien über marxistische Dialektik*, 1923].

Marx, Karl et Friedrich Engles, *Œuvres philosophiques VII* (Œuvres complètes de Karl Marx), trad. Jacques Molitor, Paris, 1938 [*Marx-Engels Gesamt Ausgabe*, Abt.I, Bd.V].

Merleau-Ponty, Maurice, *Humanisme et terreur*, Paris, 1947.

_____, *Les Aventures de la dialectique*, Paris, 1955.

Morin, Edgar, *Autocritique*, Paris, 1959.

Mounier, Emmanuel, "Débat à haute voix", *Esprit*, février 1946.

Nicolas, André, *Une philosophie de l'existence, Albert Camus*, Paris, 1964.

Nietzsche, Friedrich, *Ecce homo*, trad. Henri Albert, Paris, 1921 [1888].

Onimus, Jean, *Camus*, Paris, 1965.

Papaioannou, Kostas, *L'Idéologie froide*, Paris, 1967.

Pascal, Blaise, *Pensées*, éd. Léon Brunschvicg, Paris, 1930.

Philonenko, Alexis, *Introduction à la* Doctrine de la Vertu *de Kant*, Paris, 1970.

_____, *Introduction aux* Réflexions sur l'éducation *de Kant*, Paris, 1966.

_____, *Théorie et praxis dans la pensée politique et morale de Kant et de Fichte en 1793*, Paris, 1968.

Rauschning, Hermann, *La Révolution du nihilisme*, Paris, 1939.

Reynaud, Jean-Daniel, "Sociologie et raison dialectique", *Revue française de sociologie*, n° 2, 1961.

Rousseau, Jean-Jacques, *Œuvres complètes* (Pléiade), t.I, III et IV, Paris, 1959~1969.

Rousset, David et al., *Le Procès concentrationnaire pour la vérité sur les camps*, Paris, 1951.

Sartre, Jean-Paul, *Critique de la raison dialectique*, t.I, Paris, 1960.

_____, *Huis clos*, Paris, 1945.

_____, *La Nausée*, Paris, 1938.

_____, *Les Communistes ont peur de la Révolution*, Paris, 1969.

_____, *Les Mots*, Paris, 1964.

_____, *L'Être et le néant*, Paris, 1943.

_____, *L'Imaginaire*, Paris, 1940.

_____, *Situations I~VII*, Paris, 1947~1965.

Spinoza, Baruch, *Éthica. Œuvres complètes* (Pléiade), Paris, 1967 [1677].

Strauss, Léo, *Droit naturel et Histoire*, trad. Éric de Dampierre, Monique Nathan, Paris, 1954 [*Natural Right and History*, 1953].

Vigée, Claude, "La nostalgie du sacré chez Albert Camus", *Hommage à Albert Camus*, Paris, 1967.

옮긴이의 말

이 책은 에릭 베르네르(Eric Werner)의 『폭력에서 전체주의로: 카뮈와 사르트르 사상에 관한 시론』(*De la violence au totalitarisme: Essai sur la pensée de Camus et de Sartre*, Paris: Calmann-Lévy, 1972)을 우리말로 옮긴 것이다. 이 책은 저자가 제네바대학에 제출했던 박사학위 논문을 수정·보완한 것이다.

이 책의 주요 내용은 카뮈와 사르트르의 정치·사회사상에 대한 비교 연구이다. 20세기 프랑스 지성사를 화려하게 수놓았던 주인공들인 이들 각자의 문학과 사상, 또 이들의 관계에 대해서는 이미 수많은 연구가 존재한다. 특히 사르트르의 출생 100주년 기념해인 2005년과 카뮈 사망 50주년 추모해인 2010년을 전후해 과거에 비해 더 심층적인 연구들이 이루어졌다. 또한 카뮈 출생 100주년 기념해가 되는 2013년을 전후해 풍성한 연구 성과물들이 쏟아져 나올 것으로 예상된다.

그렇다면 이와 같은 상황에서 1972년에 간행된, 다시 말해 지금으로부터 40년 전에 간행되어 그 시효가 지난 것처럼 보이는 이 책을 우리말로 옮긴 작업의 의의는 어디에 있을까? 그 답으로 크게 다음과 같은 두 가지 점을 지적할 수 있을 것 같다.

무엇보다도 먼저 이 책에서 저자가 보여 주고 있는 카뮈와 사르트르의 정치·사회사상에 대한 균형 있는 설명과 해석을 지적할 수 있을 것이다. 우정으로 시작했다가 결국 이념적으로 갈라서고 만 이들의 관계에 대한 연구에서 특기할 만한 점은, 사르트르가 카뮈보다 더 오래 살았기 때문에, 사르트르의 명성이 카뮈의 명성보다 더 컸기 때문에, 이들의 관계에 대한 많은 연구들의 관점이 어느 정도 사르트르에게 유리했다는 것은 부인할 수 없는 사실이라는 점이다. 정확히 이와 같은 이유로 최근에 행해진 연구들에서는 이러한 시각을 시정하려는 노력이 돋보인다고 하겠다. 하지만 저자는 이 책에서 이들 두 사람이 이념적으로 결별할 수밖에 없는 근본적인 이유를 그 뒤에 출간된 그 어떤 연구에서보다도 더 잘 설명해 주고 있는 것으로 보인다.

저자는 카뮈와 사르트르의 결렬을 '진보적 폭력' 개념을 통해 설명하고 있다. 이 개념은 이들 두 사람과 마찬가지로 20세기 프랑스 지성사의 또 다른 주인공인 메를로퐁티에 의해 주창된 것이다. 그 내용은 더 나은 '미래'의 건설을 위해서는 '현재'에 행해지는 '폭력'은 용인될 수 있다는 것이다. 카뮈는 이 개념에 대해 처음부터 반대했고, 그 입장을 끝까지 유지했다. 이와 같은 그의 입장은 특히 1951년에 간행된 『반항하는 인간』에서 이론화되기에 이른다. 반면, 사르트르는 메를로퐁티에 동조하면서 '진보적 폭력' 개념을 옹호하게 된다. 그러면서 사르트르는 '필요한 폭력'과 '불필요한 폭력' 개념을 내세운다. 또한 거기에서 멈추지 않고 「공산주의자들과 평화」라는 글을 발표하면서 사르트르는 더 과격한 입장을 취하게 된다. 사르트르는 『변증법적 이성비판』에서 자신의 입장을 체계적으로 정리하게 되고, 그 결과 절친한 친구였던 아롱으로부터 '폭력의 사도'라는 달갑지 않은 칭호를 받게 된다.

그런데 이 책의 저자는 카뮈와 사르트르 사이의 이와 같은 관계를 루소와 홉스의 정치·사회사상의 연장선상에서 해석하고 있다. 저자에 따르면 카뮈는 '인간은 인간에 대해 신'이라는 입장에서 인간과 인간 사이의 관계를 '계약'을 통해 긍정적인 방향으로 유도해야 한다는 루소의 전통에 속한다. 이에 반해 사르트르는 '인간은 인간에 대해 늑대'라는 입장에서 인간과 인간 사이의 관계를 '리바이어던'과 같은 거대한 힘을 가진 존재에 대한 '복종'을 통해 긍정적인 방향으로 유도해야 한다는 홉스의 전통에 속한다는 것이 저자의 해석이다. 그런데 이와 같은 해석은 그 뒤 카뮈와 사르트르의 정치·사회사상 연구는 물론이거니와 이른바 '냉전시대'로 일컬어지는 1950~60년대 프랑스 지성계를 이해하는 데 아주 유력한 해석으로 자리 잡은 것으로 보인다.

또 하나 이 책의 번역 출간의 의의를 지적한다면, 그것은 2011년부터 본격화되었고 또 지금까지도 계속되고 있는 아프리카 여러 나라들에서 목격할 수 있는 민주화를 위한 투쟁과 무관하지 않다. 소련과 동구권의 몰락 이후 미국을 중심으로 한 자유민주주의 진영에서 승리의 찬가가 하늘 높이 울려 퍼지는 가운데 지구의 한편에서는 여전히 '진보적 폭력' 개념의 유효성이 증명되고 있는 기묘한 상황이 연출되고 있다. 조금 과장해서 말하자면 이와 같은 상황은 과거 카뮈와 사르트르 사이에 벌어졌던 이념적 논쟁을 다시 보는 듯한 착각마저 일으키게 한다. 이와 같은 착각이 있다는 것은 결국 이 책이 40년의 시차를 두고 간행되었다고 해도 아직 그 유효성이 완전히 사라지지 않았다는 사실을 보여 주는 것이라 하겠다.

항상 그렇듯 이 책의 번역에 많은 사람들의 도움이 있었다. 오늘도 한 줄 한 줄 번역 뜨개질을 하고 있을 우리 '시지프' 회원들, 특히 원고를 꼼꼼하게 읽어 준 성범에게 고맙다는 인사를 전한다. 사랑하는 익수와 윤지에게도 고맙다는 인사를 전한다. 녹록지 않은 내용을 담고 있는 이 책의 번역을 결정해 주신 그린비출판사에 감사의 말씀을 전한다. 궂은일을 도맡아 주신 김현경, 김재훈 두 분께 감사의 말씀을 전하며, 편집을 맡아 깔끔하게 책을 다듬어 주신 고아영 씨에게도 감사의 말씀을 드린다.

시지프 연구실에서

옮긴이

카뮈-사르트르 연보

	주요 사건	카뮈	사르트르
1905			프랑스 파리에서 출생
1913		알제리 몽도비에서 출생	
1914	제1차 세계대전 발발(~1918)		
1917	러시아 혁명		
1924		알제의 그랑 리세 입학	고등사범학교에서 수학 (~1928)
1927	트로츠키의 추방과 스탈린 체제의 시작		
1929	세계대공황		보부아르와의 교제 시작 철학교수자격시험 합격 군 복무(~1931.2)
1930		폐결핵으로 알제 대학 중퇴	
1931	마르크스의 청년시절 저작들 출간		
1933	히틀러, 나치 독일 총리가 됨 코제브의 헤겔 강의(~1939)		베를린 체류(~1934)
1934		시몬 이에와 결혼	
1935		공산당 입당 친구들과 '노동극단' 결성	
1936	스페인 내전(~1939) 모스크바 재판(~1937)	철학 학사학위 수료	『상상력』
1937		『안과 겉』	
1938	뮌헨 협정	『알제 레퓌블리캥』지 기자 활동 『결혼』	『구토』
1939	독소 불가침 조약 체결 독일의 폴란드 침공 제2차 세계대전 발발	르포 기사 「카빌리의 비참」	『감동론 소묘』, 『벽』
1940	독일의 프랑스 점령	시몬 이에와 이혼 프랑신 포르와 재혼	포로수용소에서의 생활 『상상계』
1941	독일의 소련 침공		수용소에서 석방

1942	스탈린그라드 전투	『이방인』, 『시지프 신화』	
1943		『콩바』지 편집장 역임	『존재와 무』
1944	파리 해방	「오해」, 「칼리굴라」	『닫힌 방』
1945	미군과 소련군의 엘베 강 점유 나치 독일 패전 제2차 세계대전 종전	『독일 친구에게 보내는 편지』	『현대』지 창간 미국 각지에서 강연
1946	페사르, 『프랑스, 자유를 잃지 않기 위해 조심하라』 메를로퐁티, 『휴머니즘과 공포』 초고	미국 체류 및 강연 「희생자도 가해자도 아닌」	『실존주의는 휴머니즘이다』
1947	프랑스공산당, 내각서 축출 마셜 플랜	『콩바』지 편집장 사임 『페스트』	
1948	소련의 프라하 점거 베를린 봉쇄		민주혁명연합(RDR) 결성 및 활동
1949	북대서양조약기구 (NATO) 조인	남미 순회 강연 폐결핵 악화	
1950	한국전쟁 발발(~1953)	「정의의 사람들」	
1951		『반항하는 인간』	
1952		『반항하는 인간』을 둘러싼 『현대』지에서의 지상 논쟁 (「『현대』지 편집장에게 보내는 편지」)	「공산주의자들과 평화」 「알베르 카뮈에 대한 대답」
1953	스탈린 사망 동베를린 사태 한국전쟁 휴전		「르포르에 대한 대답」
1954	알제리전쟁 시작(~1962)		소련 방문
1955	아롱, 『지식인들의 아편』 메를로퐁티, 『변증법의 모험』		중화인민공화국 방문
1956	20차 소련 공산당 전당대회 흐루시초프 보고서 부다페스트 사태 수에즈 운하 분쟁	『전락』	「스탈린의 망령」

1957		노벨 문학상 수상	
1958	프랑스 제4공화국 종식 드골 대통령 취임	『스웨덴 연설』 『시사평론 III: 알제리 연대기』	
1960		교통사고로 사망	『변증법적 이성비판』
1962	에비앙 협정 알제리 독립		
1964			『말』 노벨 문학상 거부
1968	프랑스 5월 혁명 프라하의 봄		
1973			『리베라시옹』 창간 갑작스러운 실명
1980			폐부종으로 사망

찾아보기